普 通 人 的 买 房 落 地 指 南

写在前面

读万卷书，行万里路。

对于每一个普通人和家庭来说，

买房是人生大事，甚至是极为重要的事。

在做这件事之前，应该做好充足的准备。

我希望每一个普通人，

在买房路上别走得那么艰辛。

通过我的积累和经验，

我希望帮你扫除盲区、少走弯路，

当你真正买房或换房时，

本书内容可以助你一臂之力！

愿读到本书的你，

早日住进梦想的房子，

拥有舒适、恬静的生活！

本书的付梓，

我收获了太多太多人的帮助，

诚意感谢所有帮助我的人，

感恩遇见。

2021 年 4 月

谨以此书

 献给所有怀揣买房梦想的人

诚挚感谢如下创作团队人员 ★ ★ ★ ★ ★

项目统筹：子 安

项目指导：马晓娜

项目负责：潘 昱　李俊晔

推广支持：佩 娜　毛钥漪

文字支持：孟富仙　蔡园园　曾勇杰　周燕佩
　　　　　周 媛　陈衣萍　泳 锦

素材支持：云小漫　王力伟　杨月萍

封面设计：张 娜

版式设计：张 娜

项目援助：张 萍　孙丽丽　敏 杰　仙 庆　彦 彦

买房可以很简单：实操版

子安 / 佩娜 / 勇哥 / 肖洁 著

成都时代出版社
CHENGDU TIMES PRESS

图书在版编目（CIP）数据

买房可以很简单：实操版 / 子安等著 . -- 成都：
成都时代出版社 , 2021.6

ISBN 978-7-5464-2830-7

Ⅰ . ①买… Ⅱ . ①子… Ⅲ . ①房地产投资—基本知识
—中国 Ⅳ . ① F299.233.53

中国版本图书馆 CIP 数据核字 (2021) 第 086466 号

买房可以很简单：实操版

MAIFANG KEYI HEN JIANDAN : SHICAO BAN

子安　佩娜　勇哥　肖洁 著

出 品 人	李若锋
策划编辑	周佑谦
责任编辑	樊思岐
责任校对	李　航
装帧设计	张　娜
责任印制	张　露
出版发行	成都时代出版社
电　　话	（028）86618667（编辑部）
	（028）86615250（发行部）
网　　址	www.chengdusd.com
印　　刷	北京金特印刷有限责任公司
规　　格	147mm×210mm
印　　张	10.375
字　　数	330 千
版　　次	2021 年 6 月第 1 版
印　　次	2021 年 6 月第 1 次印刷
书　　号	ISBN 978-7-5464-2830-7
定　　价	69.80 元

序言 1

选定关键赛道，让买房可以很简单

财务自由之路充满不确定性？创富到底是因为运气，还是能力？有没有一套科学的、可复制的创富方法？

每个追求财务自由的人都坚信自己的道路与众不同，都竭尽全力追求财务上的成功。然而，只有极少数人能成为大家羡慕的有钱人，而大部分人只能在煎熬中度日如年。少数的创富成功者之所以成功，貌似运气使然，然而，事实真是如此吗？

我从2004年开始看罗伯特·清崎的书，当时自己还是大学生，他的财富理念给了我很强烈的震撼。大学毕业工作后，我一边工作一边寻找科学致富的方法。在银行工作六年间，因为要打理客户的财富，帮他们做贷款的申请审批，我有幸了解到不同家庭的财富故事，以及他们一路的成长轨迹。这些财富故事和生命故事一直都是我十分感兴趣的板块和领域，也是我研究财富之路和实践财富教学的重要基础。因为有这么多的案本供我参考，我才能够不需要摸着石头过河。

在实践中，我不断用罗伯特·清崎的财务自由模式来探究案例中成功的共性部分，以期待洞见他们成功背后的规律，探得他们的致富之道。所以，尽管很多人是因为在房爸爸平台受益而认识我，但我更喜欢以《富爸爸，穷爸爸》的作者罗伯特·清崎财务自由模式落地中国方案的缔造者自居。

"肉身填坑大法"，试错代价太高

众所周知，大多数人经常使用的致富方法是"肉身填坑大法"，比如 P2P 老板跑掉了，钱没了；比如本金借给亲朋好友要不回来了；比如企业陷入了三角债当中，应收款收不回来，应付款天天被催着缴；比如常年研究银行固定理财却跑不赢通货膨胀；比如用借来的钱去买股票，结果股价暴跌；比如被营销买保险，每年却用家庭一半的收入买了一大堆永远都用不上的保险……通过血淋淋的教训和失败来让自己增长财富经验，代价太大了。

在探索创富的道路上，我也并非没有栽过跟头。我曾经以为自己找到了赚钱的捷径而从银行裸辞，导致自己成为半年的无业游民，筹划的项目也落空，自己给家人立下的豪言壮语、种种承诺不仅无一兑现，还让整个家庭的财务都受到了致命撞击，没有经历过惨痛失败的人很难体会那种痛不欲生的挫败感和绝望感。投资理财错误的成本比我们想象的要大得多。而事实上，很多人、很多家庭都输不起。

查理·芒格说过："如果知道我会死在哪里，那我将永远不去那个地方。"同样地，如果我能提前认知此处有坑，能够看见坑、判断坑，那我就可以绕开它。这本书的目的就是教大家避开买房道路上的这些坑，永远不到已经有足够多人"死"过的地方。我复盘了我的近百位高端银行客户，他们都是在财务上获得了成功的人。针对"你觉得关于成功，自己最重要的是做对了什么？"这一问题，我发现最高频次的答案是：选对关键赛道！

选对关键赛道，高效做对关键决策

所谓投资理财的路，就是选对关键赛道。赛道对错决定生死，能力强弱决定快慢。我们身处的商业时代有两大主题：不断变化的互联网化和少数难以被时代改变的传统行业。互联网化加速了市场、用户、需求、技术、模式等商业核心要素的不确定性，而企业要想成功，就要在这些加速变化的要素中组合出一条属于自己的确定性成长之路。这是新时代的一种创富方式。

世界首富贝佐斯有过这样一个观点：要把战略建立在不变的事物上。比如人们喜欢买更便宜、更实惠的东西，那么这类相关领域就不容易被世界和时代所改变，所以我们通过个人经验和能力的积累在这些领域能更容易获得优势。与走在互联网的风口浪尖、引领着整个时代的变化相比，我遵从了贝佐斯的指引，选择了不容易被时代所改变的房地产行业。房地产在100年前是一个好生意，在100年后依然是一个好生意，它不容易被时代所改变。因此于我而言，通过不断积累个人经验，我更具有超过大部分人的"不公平的"优势。

互联网让全球变"平"了，这给商业带来了信息文明，也带来了饱和竞争。不管你选择哪一个行业，在你颤颤巍巍刚投资起步时，就要面对全国乃至全球的竞争对手，直接在同一个维度上展开竞争，展开市场份额和用户的争夺。投资变成了聪明人之间的赛跑，这就意味着在现今时代，每一个风口、每一条赛道对关键决策的容错率也越来越低。

但是我们没必要过分悲观，无论互联网化多么激烈，它带来的竞争永远是区域性的竞争，也就是说，你无须去关注全球化的竞争，只要在方圆3公里之内的买卖竞争中制胜，你就大概率跑赢了。所以，只要你把方圆3公里内的关键赛道摸透，在储备足够丰富的经验基础上做出关键决策，你就容易赢得区域性竞争。

在过去的10年里，我在厦门、深圳、广州做长租公寓，并通过课程和讲学接触大量刚需改善型和新手上车型客户，从他们身上我深刻理解到房子对中国人的重要性；基于这些经验，我发现大多数人之所以在关键赛道上做出了错误决策，有以下两个原因。

第一个原因：认知的盲区。它会误导你掉进坑里，我们可以将认知盲区理解为无知。每个人的失败，都夹带着他对自己的盲目自信和无知。记得《格列佛游记》里有句话，"盲目可以增加你的勇气，因为你无法看到危险"。有这样一个故事，一个人为了挽救公司，卖掉了3套一线城市的房产，可是把钱投进了公司却血本无归，公司最终破产，而他也背负了千万元的个人债务。这件事印证了哈佛大学前校长德里克·博克曾说过的一句刺耳又实在的话："如果你认为教育的成本太高，试试看无知的代价。"

在决策过程中，更可怕的不是无知，而是一知半解。无知，会让你做出错误的决策；而一知半解，不仅会让你做出错误的决策，还会让你坚信自己并"正确"地执行到底。学错了知识，并错误地付诸实践，很大可能会让自己辛苦赚来的钱付诸东流。

第二个原因：人性的弱点。贪婪，会让你非理性地追求利润、无限制地加大杠杆，忽略风险，追求规模；虚荣，会让你静不下心来，无法把本应该做的事做实、做好；自负，会让你听不进不一样的声音；恐惧，会让你错失良机；骄傲，会让你远离理性和市场，一条路走到黑……在买房道路上，所有人性的弱点都会被暴露无遗；所有决策的后果都会被无限放大。

要事第一，房产理财不该被忽略

对我们而言，越重要的事情，越应该被重视。在普通人的家庭里，房子占了家庭资产的60%～80%，所以，最重要的资产应该被放在最重要的板块考虑，也应该被倾注最多的时间来关注。

我们可以举个最简单的例子：一个家庭有1000万元资产，其中房产占了800万元，股票只占了50万元。假如股票上涨50%，也就是挣了25万元，占原总资产的2.5%；房产上涨50%，也就是赚到了400万元，占原总资产的40%。即使房产只增长10%，也可以盈利80万元，占原总资产的8%。所以，"本大利小利不小"。

要事第一，重要的事情值得被排在最重要的位置上。简单来说，就是把自己更多的时间分配到当下最重要且能带来巨大财富改变的事物和决策上。我们要学会为真正有价值的事物买单，让20%的事物产生80%的结果。选择大于努力，选择对路，并付出不亚于任何人的努力，我们才能更大概率地获得成功。

家庭房产理财体系：对的财富赛道、稳健的财富决策

家庭房产理财体系是以人和能力教育为核心，构建长期、稳定的现金流，使用良性杠杆买入三个中心标准（又称"三中原则"）的物业。没有现金流，在创富之路上走不远；没有三个中心标准（中心城市、中心区域、中心地段）的物业，资本增值走不快。在构建家庭房产理财体系的过程中，好的资产加好的贷款等于良性负债，它会帮助我们通过负债撬动杠杆，以享受时代的红利，使我们从"富债"变"富人"。

以上所有步骤的关键，在于构建多级防火墙。在本书中，我会主要阐释三级防火墙。

第一级防火墙：低于市场价买入未来有成长性的三个中心标准的优质物业。

第二级防火墙：要留出至少支撑12~36个月生活开支及月供的资金，确保我们在任何状况下都有稳定的现金流，而不会因为意外比明天先来导致现金流断裂，从而让计划中途破灭，无力等到春天的到来。

第三级防火墙：我们要为所拥有的负债构建保险。也就是说，当负债出现问题，或者家庭的主要劳动力没有办法还供时，保险可以缓解我们的困境。这样，无论发生怎样的意外，我们所构建的资产中的所有负债都不会使家人的生活受太大的影响。

很多家庭并不看重被动收入，大多数家庭的收入结构都靠主动收入支撑，只有很少一部分人有意识建立自己的多元收入管道。这些人的收入来源更多元化，因此他们的家庭财务抗风险能力更强，具有更大的安全感和底气让自己不绝对受制于主动收入所带来的束缚，也有更大的自由和能力去选择做自己喜欢的事情，所以他们的生活幸福感当然也更高。

如果你也想创建自己的多元收入，但是苦于无从下手，这本书可以给你带来很多的指引。

我建议你可以从买房增值、长租公寓、民宿运营、财商传播来构建多种收入管道，再加上主动收入，你就可以拥有四种以上的收入。通过这些管道的收入，你就更有可能购买到核心城市具有成长性的物业。如果再加之良性杠杆，你的财富雪球会越滚越大，在自己的财务自由之路上可以稳健而致远。

买房可以很简单

一个人的力量毕竟是有限的，我很荣幸遇到了佩娜、勇哥和肖洁，他们把自己的领域积累和财富经验分享出来，让我更有自信呈现给读者这本装有绝对干货的创富秘籍。

在过去十多年里，我深耕在房产财商教育领域，深知房子对整个中国家庭和个体的重要性。我之所以创立房爸爸平台，也是想尽可能地帮助更多的家庭安居乐业。只有安居才能乐业，实干兴邦，实业兴国。我们要解决的就是让人民群众安居的问题，帮助每一个家庭通过建立多种管道收入来拥有核心资产，以搭建家庭刚需买得起、置换换得好的优质房产。

虽然我们死磕的是房产这个传统行业，但是在互联网时代，我们可以借助移动互联网和团队的力量，去跟世界上更多地方的人建立链接，也期待将来有机会把中国的财富智慧惠及全球华人。

买房可以很简单，我之所以这么说，并不是否定在买房这件事上会遇到的问题和困难。事实上，对于想要买房的小白及渴望换房改善生活质量的普通家庭来说，如果缺乏财商思维和实操经验，那么在选房、看房、谈判、签约等任何一个买房环节都会冒出很多难题，让买房、换房之路走得艰辛而无力。而我希望自己的积累及心得能够助买房的普通人一臂之力，让买房之路变得稳妥、踏实、省心。拥有房子是每个家庭的梦想，我更希望每个家庭在不让生活更受束缚而是更自由的前提下拥有自己的房子，并能通过房产理财体系的建立来使财富倍增。国是千万家，家是最小国。每一个家庭的稳定与富足就是国家的强盛富足，帮助一个个家庭实现安居乐业，助力每一个家庭梦的实现，就是助力中国梦的实现。

人和人之间不是命不同，而是使命不同。人生皆有意义，使命必将降临。作为华夏儿女，我们的使命是：家庭复兴，有我一份！家族复兴，有我一份！中华复兴，有我一份！

子安

2021.1.10

序言2

做人生最关键的20%的事

我相信你一定跟我一样，听过二八法则。19世纪末20世纪初，意大利经济学家巴莱多发现，在任何事物中，最重要的部分只占20%，其余80%尽管是多数，但都是次要的，这被称为二八法则。

我们身边不乏一些朋友，每天看起来异常忙碌，忙到连自己的身体、家庭都无法兼顾，但不管从财富积累的角度，还是从事业成绩的角度，能够拿得出手的成就少之又少。不是这些朋友的时间管理做得不够好，而是他们没有把80%的精力用在人生中能产生关键价值的20%的事情上。

对我个人而言，在认识子安老师以后，我也成了房爸爸理念的受益者和传播者。在房爸爸平台，仅用短短几年的时间，通过打造现金流、财商传播等方式实现财富增值的例子比比皆是。而这些伙伴在过去的人生里，也并非都拥有耀眼的简历和超凡的能力，更多的都是跟你我一样的普通人。他们也许就是坐在你办公桌对面的小王，也许昨天还跟你挤同一趟地铁，也许曾经拥有着一份你怎么也看不上的主业，但是他们学着去用财商思维来实现自我能力提升和价值变现，学着去经营自己、打造个人品牌，让自己能够在更短的时间内在人生赋能的路上走得更快。

我很幸运，一路跟房爸爸平台一起成长，也见证了这些伙伴的成长，而我本人，恰好是通过财商传播实现财务自由的代表。

提起财务自由这个话题，每个人的理解都不尽相同。有人觉得不用工作，被动收入超过支出就是财务自由；有人则有更明确的目标，比如年收入达8位数就是财务自由。

财商传播，就是传播正确的财商理念，从而帮助更多人拥有更好的积累财富和管理财富的能力。如今越来越多的人在聚会时不避讳谈钱，也热衷于谈如何赚到更多钱，但很少有人谈到"财商"。然而当某人谈起财商背后的意义和价值时，比如，如何正确地积累财富，如何有效地管理财富，如何让财富实现稳健增值等，大家又会非常认可，而且迫切地想要了解和学习。这就是为什么当我选择做社群传财商这件事的时候，能够迅速引起许多人共鸣的原因。

　　关于社群传财商这件事，在本书的第五章中，我会把我和房爸爸平台近1000位合伙人正在使用的方法告诉你，这些方法简单到只需要拥有一部手机和几个核心步骤。

　　点人成金。我希望可以帮助你重新梳理人脉，你在看完这部分内容后，能对自己尤其是自己的人脉资源，进行一次全新的梳理和理解，这也将是你实现价值变现的开始。

　　吸金发售。就是让你的朋友圈能够带上吸引别人关注、咨询的属性，我会给你一些简单有效的技巧，让你一学就会。

　　7字心法。这是我做社群的心法所在，也是一直以来支持我做好这件事的核心秘密。如果你能够认真研读，不管是在社群传财商这件事，还是其他方面，一定会有意想不到的收获。

　　最后一部分，我会跟你分享常用的工具。工具是辅助，能帮你更加高效系统地实现社群传财商、价值变现的目标。

　　这本书能让更多人了解财商对于家庭、家族的重要性。对于绝大多数普通中国人来说，这是一件非常难得的事情。当子安老师邀请我参与到这本书的创作时，我很荣幸可以共同去做这件有意义的事情。

这是一个普通人都有机会实现逆袭的赛道，我所能分享的，也是我正在使用且被更多合伙人验证有效的方法，希望你在进行阅读和学习后，能对社群、财商和使用社群传财商有新的理解和收获。

在构建家庭房产理财体系中，财商传播是非常重要的一部分，它可以让你实现被动收入，但是如果你想要在买房、换房之路上走得更稳健、具有更多确定性和更少风险，建议你最好手捧此书，从头到尾细细揣摩。我相信你读完后，一定有很大收获。

佩娜

2020.12.15

序言3

什么样的人才能获得真正的自由？

十几年前，我从一个默默无闻的小山村走出来，做过打工人、股东、创业者，最终成为一名职业投资人……往后余生，我永远只做自己最感兴趣、最擅长且能够利他的事情！如何能在35岁成功退休？你或许会认为等到钱足够多的时候，在我看来却未必。你了解了我的人生故事之后，肯定会有更深的思考。人生确实需要从0到1的智慧，但也需要从1到0的勇气。

上面这一段话是我在2021年1月1日跨年分享时所写的前置词，结果随后就得到一个好消息：我们共同编写的《买房可以很简单：实操版》即将出版！在跨年分享中，我用上面这段话对自己这么多年的蜕变做了总结，而当我写这篇序言时，这段总结也成了我迫切想在开篇分享的。是的，我曾经也是一名怀揣着1000块钱的农村打工人，在靠着拼体力与时间的挣钱道路上日复一日，年复一年。当时的我觉得拥有足够多钱的人一定是自由的。后来在创业、理财中，我的财务越来越良性，但依然不自由，我在想：到底什么样的人才能获得真正的自由？在我看来，真正的自由不仅包括财务自由，还包括时间自由和心灵自由。

带着这样的思考，我到全国各地学习，也走过很多的弯路，学费花了100多万。庆幸的是，我终于遇见了房爸爸平台。对，就是这样一个把罗伯特·清崎的财商知识真实落地的平台，才是我真正想要寻找的。平台创始人子安的人格魅力和严谨的理财逻辑深深吸引我。通过这个平台，我将自己所学用于利他，帮助很多人实现了买房梦，拥有了人生第一套房子。我通过实践所积累的房屋交易、谈判、被动收入打造等技能日渐专业、系统、成熟。这些都归功于这个平台，在此特别感恩能与子安老师、佩娜老师、肖洁老师一起为大家呈现我们真实的人生。

我在书中所呈现的内容，基于我的实战和人生经历。我通过摸爬滚打所得来的这些经验，能让你以最小的代价把买房知识学懂、学会。我相信这些实践经验一定会对你有所启发，让你在这条道路上走得不那么辛苦，带给你化梦想为现实的勇气和力量。

每个人的命运到底因何而改变？我经常问自己这个问题。我们难以通过一本书就使自己的能力得到迅速提升，却能因改变某一些观念而取得巨大突破，比如真正理解支配权和拥有权，搞清楚"给人金钱是下策，给人能力是中策，给人观念才是上策"。至于原因，请在书中寻找答案吧。

当然在整个家庭房产理财体系中，金融并非单独使用的分支，理财效果的达成依赖于房产选筹、高效盘产和金融支配，是一个综合的体系。所以我希望你通读全书，能有所收获。本书蕴含着很多富爸爸和穷爸爸的底层逻辑，并通过中国的市场来落地践行，让你的买房之路更简单、更轻松、更安全。

房子从来就不是终点，而是人生路上的一个工具。在传播财商的同时，我们还生发出一个值得一辈子去做的事情：为10000个留守儿童家庭提供房产定制方案，让这些留守儿童留在大城市，留在父母身边。

什么是留守儿童？即使在家衣暖饭饱，只要他们不能常年留在父母身边，都算留守儿童。他们长期缺少父母的陪伴，安全感和自信心不足，再加上乡村教育落后，隔代教育存在鸿沟，城市化发展也来不及完全顾及他们。随着国家城市化进程的推进，这种现象会越来越严重。我与太太黄逸娜经过研究发现，传统教育、心理咨询都不能解决他们的问题，他们的根本性问题是父母买不起学区房，因此他们无法留在大城市，无法留在父母身边，无法同父母幸福地同住在一套房子里。

这与我们分享的财商知识有什么关系呢？如果能解决他们在大城市读书的问题，就能解决很大一部分留守儿童的困境。但大多数父母困于固有的观念根本都不敢想这件事情，即使买房首付只有30~50万元。使孩子在一线城市接受9年义务教育，同时全家还能住得有尊严，是很多人的梦想，这本书或许能帮助这些人将梦想照进现实。

人的观念最难被改变，但一旦改变，影响就是一生，而且有可能是下一代的一生，所以这件事情也特别有意义。我期待用真实的思维与经验，带给你的人生一缕阳光。

上医治未病，财商防留守。运用财商思维，为10000个留守儿童家庭提供房产定制方案，让这些留守儿童留在大城市，留在父母身边！这是我的使命，也是我期待促进社会进步做出的贡献。

勇哥

2021.1.1

序言4

开间民宿，让买房之路春暖花开

2021年是我进入城市民宿行业的第四年。在这四年里，我的人生发生了很多变化，个人也获得快速成长。随着不断地输入、输出、复盘、反馈，我积累了成熟的民宿运营经验，也逐渐形成了对民宿设计的独到见解。我一直乐于做授人以渔的事情，31岁前的我是一名教师，我将课本的文化知识传授给孩子们；现在我作为一名民宿导师，也想将自己多年的经验与心得与大家分享。我陆续改造了30多套的房子作为城市民宿，其中不乏一些老房子，也帮身边的学员们改造了四五百套房子。除了民宿设计，我也慢慢学着思考不同城市在民宿设计风格和民宿品牌定位上的差异。

在运营民宿和传授民宿知识的过程中，我遇到过许多对民宿感兴趣的人。在聊天的过程中，我发现不少人都对未来运营民宿会遇到什么问题、碰到什么状况一无所知。一些正在运营民宿的人虽然现在看起来成绩也不错，但似乎并没有想过自己是如何做到的。在我看来，成功在很多时候是可以复制的，而这种复制就需要我们不断总结、梳理和优化自己的思维方式和行为方式。

在不少人看来，开一间城市民宿就是租一间房子或者将自己的房子简单装修一下，挂上平台就可以开始运营了。虽然大家开民宿的目的各不相同，有人想赚钱，有人想遇见不一样的故事，有人只是怀有一颗文艺的心。但是无论你的初衷是什么，我都觉得你应该正视和重视开一间民宿这件事。它不是一个简单的事情，而是有其内在逻辑，涉及选址、设计、拍照、运营、售后等各项技能。民宿运营得好坏，会给民宿生意带来两极性的结果。一间民宿运营得好，不仅可以满足你的成就感，还可以为你赢得稳定、可观的现金流，成为你买房、供房的重要收入管道。

在我运营民宿的这些年里，我走访了全国和世界很多国家的民宿，亲自去住了那些不起眼的普通民宿或一房难求的网红民宿。和那些民宿主聊天，也成为我的乐趣和学习渠道。大家身处不同的地域，有着不同的文化背景，但谈起民宿来，都各有各的苦、各有各的乐，唯一相同的就是大家对民宿这个行业的共同期待。我们都很确定，这个行业的明天会很好。我们也希望通过不断自省和交流，可以探寻出城市民宿的成功生存之道，帮助更多人找到可以复制的方法。

一间民宿，设计成什么风格？提供哪些服务？怎么提高入住率？怎么节约成本？遇到难缠的客户应该怎么办？去哪里找优秀的管家？为什么只是简单的换洗被褥和擦洗桌面，保洁阿姨也常常完成得不甚理想……问题有很多，而且这些问题常常超出你的想象，甚至让一些刚入门的民宿主濒临崩溃。但事实上解决方法有很多，有些问题我们还可以从源头上将它杜绝。因此我希望这本书可以给大家一些帮助和提醒，让你在开民宿这条路上走得稳一点、远一点。

我也想过以后自己会做什么，大概还是会继续开民宿，有空的时候亲自接待一些客人，和他们聊一聊自己的故事，同时听一听他们的人生。我可能还会继续改造老房子，用自己的双手，用自己的纸和笔，将那些垂垂老矣的房子重新装点，让它们焕发生机，然后去迎接未知的客人，迎接未知的故事和人生。对此，我乐此不疲。

最后，我想对很多还没有进入这个行业的人、在行业外观望幻想或者跃跃欲试的人说：开城市民宿是一件简单的事，开城市民宿也是一件复杂的事。如果你没有做好准备，请不要随意开始；如果你做好准备了，请用尽全力奔跑。我们的生活可以更美好，请你眺望前方，有诗有海，有山有树，有自由。

肖洁

2021.1.28

目录

CONTENTS

第一章　重塑财商：建立正确的家庭财商认知

第二章　构建四种收入管道之买房增值

1

重塑财商：建立正确的家庭财商认知 | **第一章**

PAPA HOMES

子安 愿景：坚持价值投资57?

- ⭐ 房爸爸平台创始人
- 📍 深圳

👍 最有成就的三件事

① 跟偶像罗伯特·清崎同台演讲

② 撰写《买房可以很简单》书籍
  让更多人了解房产理财

③ 搭建房爸爸平台
  让更多人可以学习房产理财

⭐ 我能给大家提供的资源

① 人人都需要的房产理财知识

② 由1000+房产大咖构建的平台

🟧 我对房产的理解

① 用房子构建家庭稳健资产

② 没有资本利得走不快，没有现金流走不远

③ 良性杠杆让富债变富人

④ 投资必须先以风控为核心

万物皆有迹可循，
你不需要盲目试错，
因为致富是一门可以复制的科学。

第一节　健康结构：财务自由方程式

扎心三问：自查家庭财务状况

首先问大家三个非常扎心的问题。

第一个：你的家庭每年能存多少钱？

第二个：如果家庭里所有的经济支柱都失业了，收入断了，家庭的现金和现金流还能撑多久？

第三个：30年后，你拿什么养活自己？

思考完这三个问题，你有怎样的感受？你是否发现自己每年确实收入不菲，可是所剩无几。而一旦自己失业，仅有的存款也只能维持很短时间内的正常生活。30年后，你拿什么养活自己？等到那个时候，自己早已临近退休，甚至已经退休，还能像现在这样加班加点赚钱养家吗？想到这里，你的危机感会油然而生。

事实上，我们身边的大多数人都处于很忙的状态，由于工作忙碌，他们没有时间和精力去思考怎么赚钱。而我们本书的主要任务就是帮你完成没有时间思考的这个重要事情，并把其中的秘密分享给你。

在学习如何赚钱这件事之前，你最需要做的是通过填写家庭现金流量表清楚自己家庭的财务状态。通过填写家庭现金流量表，你可以清楚了解自己每年能存多少钱，有多少支出，并预估自己家庭的经济条件在极端条件下可以支撑多久（见表1-1）。

表1-1 家庭现金流量表（单位：元）

家 庭 现 金 流 量 表	
编制人：	起止日期： 年 月 日至 年 月 日
一、固定主动收入	一、固定支出
工资：	食品餐饮：
奖金／分红：	交通通信：
津贴福利：	居家生活：
二、可变主动收入	子女教育：
兼职：	保险支出：
知识产权：	房租：
其他项：	房贷／车贷月供：
三、资产型被动收入	二、变动支出
租金：	日常购物：
存款／债券利息：	人情往来：
股息／红利：	医疗保健：
四、事业型被动收入	休闲娱乐：
公司运营：	学习进修：
其他项：	其他项：
总收入：	总支出：
总盈余：	

下面教大家如何来填写这张重要的表。

第一步，在"编制人"处写上自己的名字，在"起止日期"处填写去年的今天至今年的今天，如2020年12月5日至2021年12月4日。

第二步，填写表格主体。主体分左、右两个部分，左边部分是收入项，右边部分是支出项。固定主动收入包括工资、奖金／分红、津贴福利，可变主动收入包括兼职、知识产权、其他项，资产型被动收入包括租金、存款／债券利息、股息／红利，事业型被动收入包括公司运营或其他项收入等。所有这一切收入的总和就是你一整年的总收入。

支出项包括固定支出和变动支出。固定支出包含食品餐饮、交通通信、居家生活、子女教育、保险支出、房租、房贷/车贷月供，变动支出包括日常购物、人情往来、医疗保健、休闲娱乐、学习进修及其他项支出等。根据自己的情况属实填写即可。

　　填写完后，你可能会发现一个有趣的情况：在左边部分的收入项中你只能填写一两项，其余全部是空格；而在右边部分的支出项中你填写的明细远远涵盖不了自己的全年支出实况，除了表中的13个方面，你可能还会列出另外的10个、20个方面，甚至上百个方面。这就是我们大多数人的财务现状。

　　填写这张表的目的是梳理自己的家庭状况，了解自己的财务处于何种状况，然后我们才能知道自己要从哪里出发，去往哪里。如果没有平日收支记账的习惯，你可能会发现自己并不清楚自己的收入都花到什么地方了。这很正常，当微信、支付宝把钱变成一串串数字后，我们的消费行为已经变得非常无意识，不知不觉，我们的钱就在一笔笔成交中消失掉了。科技进步便利了我们的生活，但是几乎每个生活软件都推出的"借贷"服务也在透支着我们的财富。一年下来，当我们打开支付宝、京东、微信的付款账单时，我们会被自己的消费行为吓一跳。在消费越来越便捷的现代生活下，我们更有必要花点儿心思打理自己的家庭收支状况了。

　　根据这个表格，我们的总盈余就是总收入减掉总支出。家庭现金流量表的功能就是让我们给自己的财富状况拍一次X光，使我们清晰知道自己的财富结构。如果你在填表时发现收入减掉支出，还有不少盈余，那说明你的财富结构是健康的。比如你一年收入10万元，但是一年下来存到了5万元，这就是很健康的财富结构；如果你年收入100万元，一年下来你的盈余是负5万元，这说明你的财富结构很不健康。这时候，你就需要改变财富结构，启用更健康的财务方程式。

思维破局：有钱人跟你想的不一样

如果说我们以前的财富结构不够健康，那么我们想改变时有没有可以遵循的财务方程式呢？想要启用新的财务方程式，首先要进行思维的破局。

罗伯特·清崎在《富爸爸，穷爸爸》中把现实生活中的大多数人分为四个象限——E、S、B、I。其中，E（employee）指雇员，S（self-employed）指自由职业者，B（boss）指企业家，I（investor）指投资者。E象限的雇员靠出售自己的时间和劳动力赚钱，为别人工作，别人决定他的生活，财务是没有自由的；S象限的自由职业者为自己工作，但是时间不自由，只有工作才能赚钱，不工作无法赚钱，比如牙医诊所、律师事务所、个体工商户；B象限的企业家是让系统为自己工作，至少雇员500个人以上，并且企业的发展不受限于自己的存在，即便自己离开企业一段时间，企业也可能运营得很好，人群基数中只有5%的人可以进入这一象限；I象限的投资者是用金钱创造金钱，有时间并且有财富，能把钱作为赚钱的工具（见图1-1）。

图1-1　四象限人士图　来源：罗伯特·清崎

从不同象限人士的关系来看，I 象限投资者是投资于 B 象限的企业家，也就是投资于至少雇员500个人以上的有系统工作的企业家；对于一个个体的发展来说，如果你想实现财务自由，你的整个人生应该是从左边的 E、S 象限往右边的 B、I 象限不断递进的一个过程，这也是实现财务自由的过程。

富人不为钱工作：三种现金流模型

富人不为钱工作，那到底为了什么工作？最开始，我对于这个观点心存疑问，经过多年的实践以后，我发现富人真的不为钱工作，他们为了获得资产工作。为钱工作和为获得资产工作有什么不一样？为钱工作，获得的是一次性收入，工作一分赚一分，不工作就没有收入；但是为获得资产工作，获得的是重复性收入，工作一次就可获得100次甚至1000次收入，这就是富人不为钱工作、为资产工作的秘密。

比如我第一次做长租公寓时，耗费了八个月的时间构建了我的第一个百万收入的项目，这个项目就是一个有现金流流入的资产，因为我只需要付出一次的劳动，就能产生持续的收入。长租公寓的主要收入模式是通过每月收租实现的，所以那一次，我仅仅一次性工作了八个月，就获得了累计数年的收入。

我们通过构建资产获得收入跟去跑一趟出租只获得一次的收入是完全不一样的。通过构建资产，只需付出一次的劳动就能获得多次的收入；而通过付出时间和劳动力却仅能获取一次的收入。所以说，富人不为钱而工作，富人只为构建资产而工作。

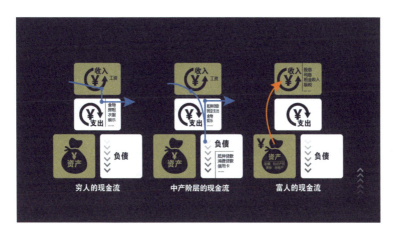

图1-2　各类人群现金流实况图　来源：罗伯特·清崎

穷人都在为钱工作，富人都在为资产工作。那么他们的现金流分别是如何的呢？穷人、中产阶层和富人这三个社会阶层拥有完全不同的现金流（见图1-2）。我们一生都致力于从穷人向中产阶层再向富人的现金流的转换。你处在E、S象限，还是B、I象限，是通过全年现金流来衡量的。

穷人的现金流中只有支出，没有工资以外的其他收入；收入等于支出，没有资产和负债。所以，穷人的现金流走向就是工资进来，然后支出、消费出去。穷人的支出最终变成食物、房租、衣服、娱乐及其他。由于穷人没有用钱去构建资产，因此他们必须不断工作，不停工作，一旦停止工作就会失去收入，没有饭吃，没有衣服穿，没有房子住，没有水喝，没有电用，这就是穷人的现金流。穷人一直处在这样的现金流循环里，他没有时间去构建资产，也没有时间去获得额外收入，所以穷人没有资产——这是大多数普通人的状态，也曾是我的状态。

而中产阶层有收入，并且收入还不低，也许一年有50万元，甚至100万元的收入。但是中产阶层的收入往往都以车贷、房贷、娱乐及生活固定开支等方式消费掉，所以中产阶层有支出也有负债，他们的现金流走向就是：收入进来，变成负债，再变成支出，消费出去。这样看来，中产阶层的现金流其实在不断购买自己以为是资产的负债。

　　那富人的现金流状态是怎样的？富人有收入，而且收入来源不止一种，如股息利息、租金收入、版税收入、房地产收入、证券收入、企业收入、股权收入等，这是富人与中产阶层、穷人最核心的区别。

　　富人的收入除用于适当开支外，多半用于购买资产，通过购买资产产生现金流，进而使收入变得更多，然后再用更多的收入去买资产。富人的现金流就是这么一个不断购买资产、不断增加收入的正循环系统。所以，富人会越来越有钱。

　　几乎所有人的收入结构都可以用这三种类型来概括。你可以根据自己的现金流情况来衡量自己属于哪一个模式：穷人、中产阶层，还是富人。

健康结构：财务自由方程式

　　每个人都想实现自由，但是实质上建立在财务自由基础上的人身自由才是人们追求的真正自由，真正自由的前提是财务自由。几乎所有人都想达到财务自由的状态。下面这套公式是一条可以遵循的财务自由方程式，它可以指引你实现财务自由。

图1-3　财务自由方程式

　　财务自由方程式，从构建主动收入和储蓄开始。每个人都有主动收入，只要工作，就有主动收入。但是并不是每个人都有储蓄。如果支出不够合理，将主动收入全部用于支出，你就不会有储蓄。这时候，财务自由方程式中只有收入到支出这部分，不会再发生后面这些环节了，这是不健康的（见图1-3）。

　　而健康的、完整的财务自由方程式中，先是构建主动收入，在合理的支出后进行储蓄，进而构建自己的资产型被动收入，比如，构建中心城市、中心区域、中心地段的核心区域房产，构建长租公寓，购买企业股份，投资知识产权，赚取股息、债息等。这些资产能够为我们构建更多的被动收入，可是有一个重要前提：你需要有很多钱去购买资产。

　　除了构建需要投入很多钱的资产型被动收入外，还可以构建事业型被动收入，就是通过耗费自己的时间和精力经营所得到的收入。比如，自己创办企业、民宿，加盟优秀企业，加盟知识产权，做财商传播等。

它的特点是不需要投入很多钱，但是需要花时间、花精力、动用聪明才智才能构建起来。因此，事业型被动收入具有投入少、产出高的特点。

这两种被动收入可以为我们提供源源不断的收入。但是，在构建被动收入时，除了主动收入存余的储蓄外，还需要借助良性负债这一良性杠杆。良性负债就是负债带来的收入大于负债利息支出的负债，如银行借我们100万元，贷款利息是5%，那每年利息就是5万元（100万×5%），如果借助这100万元每年多挣了50万元，但是仅仅需要支付5万元利息，收入远远大于支出，这就是良性负债。如果同样的情况下，一年连5万元的利息都赚不到，收入低于付出，那就叫做不良负债。良性负债的存在能够抵抗通货膨胀，并且我们借助杠杆可以加速资产型被动收入和事业型被动收入的构建。

在财富之路上，我们每个人都在构建和完善属于自己的财务自由方程式。有些人已经构建得很完善，而有些人只是完成了方程式的其中一部分。如果你对目前自己的财富状况不满意，那一定是没有完成财务自由方程式所有部分的构建，这时候，我们就需要学习如何去找到未完成部分，并想办法完善。

我的财务自由方程式

有钱人之所以有钱，源自他们做对了财务自由方程式里面的循环。

第一步：主动收入→合理开支→储蓄

我最开始的财富状况与很多人相同，只有主动收入。2007年，我在银行做职员，月薪1200元，经过我的不断努力，在三年后的2010年，我作为银行理财经理的最高月收入可达87200元，同时我把开支控制在合理的状态，因此我能存的钱就越来越多。这是我储蓄的来源，我完成了财务自由方程式的第一个板块——主动收入和储蓄部分。

第二步：主动收入、储蓄→良性杠杆→复利投资→资产型被动收入

这时，我开始购买物业[1]，以三成首付、七成贷款的条件买房，构建我的资产型被动收入。再后来，我从银行辞职开始经营长租公寓，让它成为我的被动收入，这样我就不需要工作一次才获得一次收入，它能为我提供多年的持续被动收入。

在构建长租公寓上获得成功后，我开始做财产传播，分享成功经验，我写的书销量近2万册；同时，书作为我的知识产权，带给我另一项被动收入——稿费。

第三步：构建事业型主动收入→自动化→事业型被动收入

我专注于做自己的房产理财事业，通过开课授业帮助别人朝着财务自由努力，我帮助他们将财务状况变得更好，我帮助很多家庭从一穷二白到身价几百万……在这个过程中，我每帮助他们赚10块钱，我就能获得1块钱；我每帮助他们赚100块钱，我就能获得10块钱，因此它成为我的事业型主动收入。再后来，我搭建房爸爸平台，更多的合伙人加盟，我获取了加盟费，同时和更多合伙人一起精进，帮助更多人买到理想的房子。我的合伙人在传播财商、帮助他人的过程中构建了我的事业型被动收入，因此我拥有了事业型被动收入。

这就是我个人的财务自由方程式的落地过程。

第四步：财务自由方程式复利再投资循环

当你的财务自由方程式建立好后，在实践中还需要不断去复盘，在投入产出比高的部分加大投入，在投入产出比低的部分减少倾注，让自己的收入管道更稳健，在带来收入和回报的同时抵御市场经济环境的影响。

---

1 物业：指已经建成并投入使用的各类房屋及与之相配套的设备、设施和场地。

来自杭州的灵龙，从事旅游行业13年，2020年因为疫情防控需要，国家对人口流动严格限制，整个旅游行业都遭受致命打击，灵龙的单一主动收入来源被迫中断。2020年3月他找到我时，他的整个家庭已经三个月没有任何收入，而仅剩的储蓄也日渐紧缩。在给他进行财富诊断时，我发现他犯过一个很多人会犯的错误：有打造多管道收入的意识，但是却不会正确选择多管道。比如，他曾经以首付六成的条件购入杭州2套住宅，但为了增加现金流，他投资了外汇金融P2P，而且进行了民间借贷，可是因为遭遇疫情，他投在外汇上的钱全部打了水漂，而借的款也被催着还，错误的收入管道让他的财务状况雪上加霜。

我首先建议他开源节流，压缩公司办公空间，并将富余出来的空间分割出租出去。通过这样的举措，他每个月增加了2万元办公室出租收入。然后，他对于公司业务进行调整，开展长租公寓业务，并从原业务部门中抽调人员组建新业务运营团队。截至2020年底，历时短短7个月的时间，他已经成功落地5套长租公寓的出租，每个月租金收入达7500元。这两种被动收入对于他的生活和公司经济来说犹如雪中送炭，更重要的是让灵龙重生希望。他学以致用，不但无损退了一套公寓的首付，同时构筑更厚的防火墙，带公司全员度过了生存的难关。

对于我们任何人来说，除了经营自己的主动收入、合理控制支出并获得储蓄外，我们还可以构建其他的收入种类，以拓宽、加大自己的收入管道。我们可以在维持主业的同时构建自己的多管道收入来源，以加速财务自由方程式的落地。

 第二节　家庭房产理财体系的逻辑

| 房产：60%以上的家庭资产

我们每个家庭的大多数钱都花在了房子上，这就意味着我们要去关注、做好最重要的事情——房产理财，假设我们把主要精力用在改善不重要的事情上，我们的财富并不会发生根本性改变。比如我们不改善家庭资产占比最大的房产，而去改善那些占比低的理财产品收益率，我们的家庭财富情况并不会发生本质改变。所以对大多数家庭而言，管理好占据家庭资产60%以上的房产，对于一个家庭构建稳健、保险的理财体系至关重要。

家庭理财可以直接改变一个家庭的发展大局。事实上，很多人也明白这个道理，但是碍于买房所需要的本金太大，甚至高不可攀，因此放弃了毕生买一套属于自己房子的念想。但是事实上，这条道路看似遥不可及，却近在咫尺，只要你掌握了科学的技巧和方法。

我们对比来看，假设你投入500万元本金购买一套房产，其利润率每年上涨10%，那么它第一年的收益是：500万元 × 10%＝50万元；假设你投入50万元本金购买一只股票，想要获得同样50万元的收入，那其每年的利润率需要上涨100%（翻倍）。而事实上，房产平均年利润增长率突破10%是非常普遍的现象，而股票年平均利润增长率突破100%却非常不现实。

所以说，投入本金数额小的项目，虽然产生的利润率可能很高，但是因为投入的本金少，项目收益并不多；而投入本金数额大的项目，虽然它的利润率可能很低，但由于投入本金多，项目的收益并不少。

房产是应用杠杆最好的工具之一

如果你想借500万，借期为30年，年利率只有5%，你根本不可能跟任何一个人借到。除非这个人是你的爸爸、妈妈，或者银行，除了这三者，几乎没有任何其他可能性。但是能一次性拿出500万的父母少之又少，这时候，最可能帮助你的就是银行。

大多数人购买房子都会面临贷款这个问题。买过房的人，除非经济实力强劲，应该都接触过房贷这件事情。一般对于普通人来说，现在可以使用的房贷标准是融资比例最高可达70%、贷款年限最长可达30年、贷款市场报价利率（LPR）[1]约5%（这几乎是常人可以接触到的最低利率）的房屋抵押贷款，简称房贷。房贷是常人最容易接触、成

1　贷款市场报价利率（LPR），指贷款基础利率，创设于2013年10月，该利率是由18家全国范围内、综合实力较强的大中型银行通过自主报价的方式，确立出来的一个最优贷款利率，供全行业进行定价参考。自2019年8月20日起，中国人民银行授权全国银行间同业拆借中心于每月20日（遇节假日顺延）9时30分公布贷款市场报价利率，公众可在全国银行间同业拆借中心和中国人民银行网站查询。各银行应在新发放的贷款中主要参考贷款市场报价利率定价，并在浮动利率贷款合同中采用贷款市场报价利率作为定价基准。存量贷款的利率仍按原合同约定执行。各银行不得通过协同行为以任何形式设定贷款利率定价的隐性下限。

本最低的杠杆工具。房贷这个杠杆工具不但很好地解决了房产投入本金大的问题，同时将房产理财的收益扩大了三倍。

举个例子，我们购置一套房产，首付三成，按揭贷款七成，这就意味着贷款加了3.3倍杠杆，那么如果这套房产总值翻了1倍，我们相当于赚到了3.3倍的获利。也就是说，如果用200万元作为三成的首付买价值600万元的资产，且资产翻倍，我们能挣到600万元；而如果投200万元用于买股票，那即使股票翻倍，我们也只能挣200万元。两者的差距是三倍。

当然，理财产品有很多，如外汇、期货等，这些产品加的杠杆可以超过10倍、50倍甚至100倍，但是我们十分清楚，这些产品是有保证金制度的，而且更容易破产。例如加了1倍杠杆，虽然涨的时候收益增加1倍，但是只要下跌超过50%就爆仓了，也就是本金归零，更有甚者，出现急跌无法平仓的局面，你不但会血本无归，还会因此背负巨额负债。

而中国的房产则不然，只要房贷月供不断，无论房价跌多少，这个房子的所有权都是你的，而且负债是固定的数值，不会因此而增长更多。

中房，是世界上最好的资产之一

房地产作为一个复合产业链具有巨大影响力，小到影响家庭幸福，大到影响国泰民安。从大方向来说，我们将人生大部分财富配置成商品房，这相当于和政府成了更强的利益共同体。

为什么这么说呢？房地产包含三个核心要素：土地、建筑和其建筑上的产权。其中，房是建筑、地是土地、所有权是产权，只有这三个核心要素同时存在，这个房地产才是标准的商品房。如果三个要素没有同时存在，它就不是商品房，属于小产权房、农民房、军产房、地皮或其他类别。像商品房这种类型的房地产是十分稳健的，正是因为稳健，各行各业都有肉吃，都可以分得一杯羹，对业主、装修公司、地产开发商、中介公司、银行、政府等都有益处，从社会层面看还可以促进社会的和谐、昌盛。

我们购入的商品房，在房地产开发初期，政府可以通过出售土地使用权，从房地产开发商中收获资金；而在房地产行业开发的过程中，金融行业提供融资，建筑业运输行业、能源行业等提供建设服务，钢铁行业、水泥行业等提供建筑材料，家具家电装修行业提供内部装修服务……因此，房地产开发的过程，也是为社会各行各业提供就业和业绩的过程，其间接增加了政府资金，解决了社会就业问题。

楼盘开发完成后，在房地产销售的过程中，需要中介行业进行销售；我们购入一手商品房又会为金融业提供按揭贷款需求，为政府提供税收；后续商品房进入二手市场后，又会持续需要中介行业和金融业提供服务，为政府提供税收；而商品房在使用的过程中又需要家政等服务业提供服务，政府也可以选择收取房产税以增加税收。

所以房地产行业在发展过程中可以为社会提供大量就业机会，为政府提供税收。我们常说，房地产行业收益的稳定增长有利于社会长期稳定。反之，行业的发展都会受到影响——就业岗位减少、政府税收减少、社会不稳定因素增加……

房产增值稳定，收益稳健

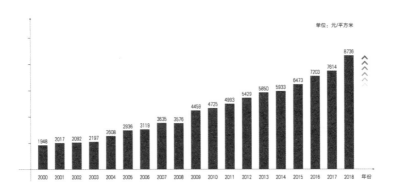

图1-4　全国平均房价　来源：国家统计局

　　根据国家统计局公布的历年全国平均房价，我们可以发现，全国平均房价从2000年到2018年整整18年的时间里一直呈现节节攀升的趋势。这么看来，在过去近20年的时间里，在任何一个时间节点买房，都是赚钱的。

　　房产收益稳健，增值稳定。买房后，人们的心理上会很踏实。不只是你踏实，你的买家踏实，你的父母踏实，你全家人都踏实。如果你买彩票中了500万元，一家人会很开心讨论这500万元怎么花。但如果你说拿500万元全买股票，全家人都会否决，最多同意你投入50万元去做；而如果你想拿500万元去买一套房，多数情况下全家人会全票通过。

　　因为房地产稳健保险的特质已经扎根在每个人心中，它已成为一个强大的IP，一个所有人都认可的强大IP，一个不只是一代人，而是很多代人都认可的 IP。我有一个澳大利亚的合伙人，他和我讲他在当地投资的情况，他移民过去已经22年了，他会把当地的房子作为价值投资产品，而且他反馈目前华人圈的物业都已经达到了一个很昂贵的水平。美国前总统罗斯福也说过："不动产，不会被偷，遗失，也不会被搬走，只要注意适当的管理，它就是世界上最安全的投资。"由此可见，房地产价值投资已经形成了一种世界性的文化。

我经常说房地产在100年前是一个好生意，100年以后依然是一个好生意。所以在家庭理财当中，我们要以房产为出发点，构建安全、稳健的资产包。

家庭房产理财体系的底层逻辑

家庭房产理财体系落地的过程中有一个房产财商底层逻辑：构建不断升值资产包。家庭房产理财体系的落地核心就是通过构建一个不断增值的资产包来实现房子的保值、增值。这也是房爸爸平台所有学员想要达成的一个共同目标：通过构建资产包，让善良和正直变成看得见的财富。

图1-5　房产财商底层逻辑

如图1-5所示，家庭房产理财体系的核心是人。图的三角中间是一个人，这代表人是一切。人与人最大的差别在哪里？不在于身高、体重、穿着，而在于大脑。不同的人脑中装着不同的价值观、信念、思维和逻辑，这些是每个人所接受的财商教育的结果，是一个人的内在软件。而这个软件象征了个体所受的财富教育，所形成的商业思维，所积淀下来的人生观和价值观。所以，一个人自我教育的程度、终身成长的信念，是建立其他所有一切的核心。

而一个人的内在软件的优劣，呈现在外，就是其构建一个增值资产包的能力。一个不断增值的资产包需要三个核心的要素，第一个是长期稳定的现金流，第二个叫做良性杠杆，第三个是三个中心标准的物业。这三个要素构成了一个金三角——最稳固的图形。家庭房产理财体系中除了需要配置长期稳定的现金流、三个中心标准的物业和良性杠杆后，还需要构建一个多级防火墙，来防护家庭的资产规模和结构。

这就是我所建立的房爸爸平台的理财体系：构建一个有稳定收入、良性负债、优质资产和多级防火墙的不断升值的资产包。这个理财体系是以人为核心，人是所有一切的根源，人与人之间不是命不同，而是使命不同。什么叫使命？使命就是一个人这一生要去做的事情。对我而言，我立志帮助更多家庭拥有自己的家，理出更多的财，这就是我的使命；我把我的时间、精力、生命使用在这个地方，这也是我出书和致力于财商教育的意义。

没有人就没有一切，既然体系是以人为核心，首先就要构建保护人的金三角。这个金三角的三条边是长期稳定的现金流、良性杠杆、三个中心标准的物业。在这个金三角的构建过程中，基础是构建长期稳健的现金流，也就是要构建四种管道的收入。这四种管道分别是买房增值、长租公寓、民宿运营和传播财商；借助良性杠杆作为加速器构建优质贷款，最终购买符合三个中心标准的物业，即位处中心城市、中心区域、中心地段的核心资产。

由这三个要素来保护我们，资产才能够持续增值。我们之所以选择三个中心标准的物业，是要解决资产利得"跑不快"、资产增值速度不够快的问题。

比如，用100万元买一套房子，如果涨幅为30%，则能赚到30万元；如果使用良性杠杆，用100万元本金买到价值300万元的房子，在涨幅同样是30%的情况下，就可以赚到近100万元。通过良性杠杆扩大总资产，在增值过程中加速提高净资产，将负债变财富，这就是良性杠杆要完成的部分。但是使用杠杆前，要清楚区分良性杠杆和不良贷款。良性杠杆是通过负债加速四个要素的资本利得并抵抗通货膨胀、将负债变成资产增值的加速器。

长期稳定的现金流是要解决没有现金流"走不远"的问题，因为人类社会发展过程中会不间断出现金融危机等各种危机，需要有长期稳定的现金流支撑度过危机。

完成以上这些部分并没有结束，我们后续还需要构建一个多级防火墙来保护整个体系。不以风控为核心的投资都是不明智的，没有风控意识会导致我们无法抵抗所有的风险，所以我们要构建防火墙。构建防火墙包含预留资金、购买合适的保险，以及建立合适的资金储备池。

由这三个部分构建的防火墙是为了预防我们在买房的过程中出现意想不到的状况，防火墙可以帮助我们抵挡无法控制的意外的发生。我们不知道明天和意外哪一个会先到来，所以我们需要构建防火墙抵御未知意外的到来。

以上这些工作整体构建了一个不断增值的资产包，同时这也是一个完整的家庭房产理财体系。这是我过去十几年经验所得，我希望把这一整套系统给到你，并且教你把这套系统里面的每一个环节都落地完成。

接下来，我用自己买房的切身经历来说明家庭房产理财体系的逻辑。

第一步：计算自身可以用于购房的现金流，打造自己的融资能力。

第二步：购买低于市场价的三个中心标准的物业，低价买入，并构建安全边际。

第三步：撬动良性杠杆，以七成贷款购入这个资产。

第四步：利用资产构建长期、稳定的现金流。

第五步：构建多级防火墙。

首先，2014年，我低于市场价以220万元买进了价值280万元的房子，这样我买到的时候就相当于挣到了60万元。然后，为了能够构建长期、稳定的现金流，我把这个房子以8700元的价格分割出租，而这个房子有约10400元月供，这时候月供和租金的差价只有1700元。对于这部分差价，我短期内可以用长租公寓赚来的钱补足，而随着资产租金的上涨，长期来看最终会实现租金大于负债月供。

为了构建作为防火墙的备用金，我准备了约180万元的备用金。这样我就处于安全之中，即使房价短时间内下跌，我也有足够的资金；即使房价下跌50万元，甚至100万元，我手里还有100多万元资金作为防火墙；即使房子空置没有租金，这笔备用金也足够偿还八年甚至更长时间的贷款月供。

我买的这套房子就是三个中心标准的物业，相当于蓝筹股，在深圳福田核心区域，有优质学区和游泳池的花园式住宅，然后我又用良性杠杆降低了我第一次投入的本金，这一切的发生只因为它是三个中心标准的物业。这就是我的整个家庭房产理财体系架构的一部分，这个项目会变成一个不断增值的资产包，用我这套思维往外延伸，实现多个资产叠加，构建多个现金流，就是家庭房产理财体系的构建。

所以，家庭房产理财体系的逻辑就是关于我们要完成家庭房产理财体系的构建所需要遵循的规则、定理和模式。

来自海口的学员三泥通过房爸爸平台课程体系的学习，按照家庭房产理财体系的逻辑一步步为自己的家庭重构了增值资产包，让她的家庭重新回到一线城市，让孩子享受到一线城市的教育资源。

2013年，三泥和先生决定卖掉上海的房产回到海口，并注册了自己的猎头公司。随后的五六年里公司业务发展不错，三泥陆续在海口买了2套商品房、2套很难出手的公寓、1套限售5年的学区房和1套县城的自建房，这几套房子没有带来多少增值，反而占用了资金和贷款指标，而卖掉的上海房产在两年的时间里就涨了200多万元。

在2019年学习完房爸爸平台的课程并见证了小伙伴们持续落地一线城市房产后，三泥的生命再次被点燃了，她开始按照房产财商底层逻辑的金三角构建可增值的资产包。

第一，构建长期稳定的现金流管道。一是长租公寓。三泥仅用4个月的时间打造了10套长租公寓，实现了每个月8000元的现金流，锁定了6年60万元的收益。二是社群传财商。三泥通过朋友圈和学习圈去影响身边的伙伴，并一对一地去解决他们个性化的需求以获得佣金收入。加上三泥还有来自公司经营的收入，现金流管道构建得很好。

第二，配置三个中心标准的优质物业。受购房资格的影响，三泥放弃了上海和深圳，决定配置广州的房产。在购房资格拿到后，三泥和先生分工合作，先生负责踩盘，三泥负责通过网络和中介获取房源信息作为辅助，最终以低于市场价20万元购置了一套广州天河区金融城板块优质房产，这是符合三个中心标准的资产，签约后五个月房价就上涨了180万元。

第三，运用好良性杠杆。三泥在广州购买的房产总价近400万元，用卖掉海口公寓款来支付首付款140多万元，并办理了30年的住房按揭贷款258万，月供是13000元。这套房产的租金是5000元，剩下8000元正好用10套长租公寓的现金流来补足，因此，每月的现金流已完全覆盖月供，不影响家庭的生活开支，这就是良性杠杆。

本部分内容，我主要阐述了家庭房产理财体系的核心逻辑和内容，你看完后可能还是觉得在实践层面存在卡点。本书后半部分还会呈现更多实操层面的知识，包括：

如何通过长租公寓、民宿运营的方式来构建长期稳定的现金流？

如何通过良性杠杆、传播财商的方式来构建三个中心标准的物业？

如何评判三个中心标准的物业？

如何甄别什么样子的房子不符合购买标准？

在借助金融力量构建良性杠杆的过程中，贷款标准是什么？

如何维护自己的信用，以便与银行和其他人发生更多的良性互动关系？

如何通过整体教育来提高自己的财商？

如何构建多级防火墙来应对黑天鹅事件[1]？

如何在世界发生意外时，自己的计划不被打乱，避免自己的财富归零？

任何投资都有风险，谁都预料不到黑天鹅事件会在什么时候出现。在房产理财这件事情上，我们把这四个要素（买房增值、长租公寓、民宿运营、财商传播）构建好，就可以抓住一次次机遇，让自己在不可抗因素出现时更稳妥地度过危机。

 第三节　如何使用多级防火墙带来超额收益

为什么要构建多级防火墙？

每个人都有可能经历失败，每个人都有生意不顺利的时候。即使我们什么事情都没有做错，但只要行业周期变了，我们一样会处于风险之中，那么我们把这些风险因素考虑进去，并且留出投资的冗余量，这就叫多级防火墙。

1　黑天鹅事件是指难以预测的、可以引发严重影响的重大事件，这种影响往往是负面的。

　　简单来说，我们在做任何事情时，都需要留有空间来应对意外事件。尽管我们常常计划周全、谨慎行事，但是天有不测风云，做任何事情都可能遇上非常难以预测的、不寻常的、会引起市场连锁负面反应甚至颠覆行业的不可抗事件。因此，我们有必要在精力和资金方面给自己留有余地，使自己不至于全盘皆空，这意味着我们要构建多级防火墙，比如留出来足够的紧急备用金、用保险防控风险、创造各种现金流等。这样，在第一波危机来临的时候，一批个人和企业没有抵挡住危机倒下了，而这时候我们的多级防火墙很好地起到了抵御作用，我们可以安然无恙；等第二波危机来临的时候，又有一批个人和企业没扛住危机倒下了，而我们的多级防火墙足够坚固，又可以使我们免于风险和危机。这时候市场萎靡，而我们储备了资金，就可以在市场上以极低的价格买入百年不遇的物业。

　　例如，2020年的黑天鹅事件——新冠肺炎疫情对社会经济冲击巨大，绝大部分人的收入都受到了影响，甚至面临失业。今日有新冠肺炎疫情这个黑天鹅事件发生，明天、后天也一定会有其他意外事件发生。我们常听到"百年不遇的金融危机""百年不遇的经济萧条"等说法，其实，所谓的危机并不需要百年才发生一次，每五年左右就会发生一次！

　　这是真实的，每五年左右就会发生一次黑天鹅事件。所以，作为一个优质的价值投资者，要时刻准备好抵抗黑天鹅事件带来的每一次冲击，然后在冲击过后获得在市场上"捡便宜"的机会。我的一个学员在美国投资股票挣了将近5000万元。他投资的是优质公司，每年都实现盈利，现金流收入状况极好，公司账面现金充沛。即便如此，当市场遇到黑天鹅事件时，其股价一样跌至谷底，但是危机过后又涨回来并突破最高点。这说明，即使投资看似不可能出现任何问题的公司，危机带来的暴跌依然是我们时刻需要考虑和防范的风险，而只要抵御住了风险，危机过后，我们就可能获得超额收益。

而这个获得超额收益的机会一般每五年就会发生一次。危机由危和机两个字组成，危过去了，机会就来了。可惜当每五年才会发生一次的机会来临的时候，由于大部分人都疲于应对危机，等危机过后能获得超额收益机会的优质投资人并不多。

所以，我们应如何在黑天鹅事件出现时转危为机？关键在于能否打造好三个要素——构建更长期、更稳定的现金流，构建更优质抗跌的三个中心标准的物业构建低息长期的良性杠杆；此外，还需要一个多级防火墙来完成对整个家庭房产理财体系的保护。换而言之，构建一个多级防火墙也是能使我们的资产不断增值的举措。

如何构建多级防火墙？

构建多级防火墙主要需要打造三个要素：预留的资金、合适的保险配置及合适的资金储备池。

■ 1.预留的资金

在家庭房产理财体系落地的过程中，即便我们的决策再缜密，也难免遭遇危机。一旦工作发生变动，陷入收入下降至无力支撑月供的境况，而房产的流动性偏偏又比较差，急需用钱时难以短期内迅速变现，这时候我们需要通过预留资金来应对资金危机。

一般而言，我们需要根据房产当地的限售政策预留出24~36个月的资金，用于支付房贷和生活开支。这样，即便失去了生活的全部收入支柱，我们的预留资金也可以撑到房产恢复流动性的那个时间点。那时候，我们就可以通过出售最差的优质房产调整杠杆比例或者获利出局。

■ **2.合适的保险配置**

我们之所以习惯存钱，就是担心生活中发生意外，让自己措手不及。比如家庭成员出现身故、生病等意外事件时，都会让我们的经济情况产生动荡。但是如果在危机到来前，我们已经购买了一种产品，每年只需要付一点费用，就能为人生加装一根保险丝，在危机来临时保险丝会熔断并撬动数倍的杠杆助我们度过危机。这就是帮我们规划意外经济损失的金融工具——保险。

保费是我们为抵御意外所计划支出的成本，而保费对应的保额决定了我们防火墙的厚度。

一旦我们人身发生意外，只储备24~36个月用于供房贷和生活费的预留资金显然不足以使我们支撑到房产恢复流动性的时间点，而且处在意外事件中的人精力大不如前，调整规划将更为吃力。这时候，我们可以通过在生命保障基础上增配保额来保障资产。

首先，我们需要为家庭房产理财体系的核心——人提供生命保障。我们需要在拥有社保的基础上给自己加一份赔付型的百万医疗险，以应对治病所需的大部分费用，再加上多份给付型保险，如意外险、寿险、重疾险等来转移意外、身故、身残、重大疾病病后康复引起的支柱收入中断造成的经济损失。这样做的本质就是增加意外发生时保险赔付的保额，以保障家庭房产理财体系中以人为核心构建的资产包不断增值。

通过前文阐述，我们知道这个不断增值的资产包是由长期稳定的现金流来构建每个月的收入，再用这个稳定收入作为构建良性负债的月供，然后用良性负债获得的贷款总金额来构建三个中心标准的物业。而当意外来临时，如果赔付的保额在提供生命保障之外，还能覆盖所有良性负债，那么我们可以考虑直接用赔付保额偿还所有负债，以直接拥有三个中心标准的物业；如果受制于现实因素保额无法覆盖所有的负债，那我们可以使用保额作为备用金，用以配合长期稳定的现金流以偿还负债，进而延缓贷款断供的风险，为度过危机、调整计划赢得更多时间。

举个例子，在发生意外时，我们可以把意外险的赔付金作为备用金，以调整杠杆比例或将其作为月供；发生重疾时，我们可以通过百万医疗险报销大部分治疗费用，使用重疾险的赔付金作为备用金，调整杠杆比例或将其作为月供；当发生身故时，我们可以使用等额或减额定期寿险，调整杠杆比例或作为月供，甚至直接偿还负债以拥有三个中心标准的物业，余生让资产代替支柱来赚钱保护家人。

在家庭房产理财体系的多级防火墙中，保险作为一个防御性的消费品，应挑选兼顾全面性和"双十原则"的产品。也就是用不多于10%收入的保费构建保额达10年年收入或以上的保险产品，在此基础上运用定期意外险、定期寿险、定期重疾险三种消费型保险的保额覆盖资产负债数目，保费可以做到月供仅需总资产负债额的万分之二点五。

这里需要强调很重要的一点，在选择保险产品的时候，同等保额的情况下要注意：

第一，选择年交保费少的产品配置，这样可以把每年的保费撬动的保障杠杆率做到极致。

第二，只挑选期限合适的消费型产品。先保人身安全，后保资产负债总额，先构建资产再配置保险保额。

第三，保险应后置规划配置，不需要超前配置。即先构建资产，再根据资产的价格配置保险。

第四，保险期限要与风险期限匹配。一笔好的投资，其风险通常在最前面几年，但是对保险公司而言，出险往往在人超过60岁或房产超过30年的不确定未来，所以配置过于长期的保险保费会成倍增加。同时，如果说持有优质资产随着时间的推移，通货膨胀会帮我们偿还良性负债，那么持有过于长期限的保险配置随着时间的推移，通货膨胀会降低保险的保障效果。

所以不要轻易配置长期或终身的保障，假设一个房产配置了30年300万元的良性负债，那么建议为它配置30年期限以内、保额300万元以下的保险。如果配置的良性负债是等额本息的房贷，视情况甚至可以选择保额随着保障期限推移而下降的减额保险产品。

由于随着年龄的增长，人类死亡和罹患重疾的概率呈指数倍上升，所以根据风险期限，选择短期的定期寿险和定期重疾可以减少每年消费的保费，有效通过低保费撬动最大杠杆倍率的保障，避免为了"万一"发生的意外，付出过高成本，影响了"一万"（一定会发生的日常生活）。

■ 3.合适的资金储备池

最后，即使我们已经在预留资金和保险上做了充分工作，危机也可能超乎自己的想象。因此，合适的资金储备池显得尤为必要。本书中所介绍的长租公寓、民宿运营所产生的冗余被动现金流都可以作为储备资金扩充资金储备池。事实上在我们买房时，我们可以根据实际需求向当地银行咨询。银行往往会根据个人信用、财务或资产实况给予帮助。在极端情况下，它的存在会让你心里更有底。

黑天鹅事件下，危与机并存，只要度过了危险，机会就来了，到时候这笔备用金将会让你有更多的资金去采集危机中的遍地黄金。

如何通过保险构建不断增值的资产包防火墙？

在构建多级防火墙时，我们不仅需要给人配置保险，还要给房产配置保险，以抵御未知的风险。

首先，通过每年交几百元保费转移房屋主体被天灾（如台风、地震等）损坏的风险；

其次，将屋内意外发生火灾、水管爆裂等造成的损失转移给保险公司；

最后，如果我们的房产多是用于出租而不是自住，用家财险给租房者配置意外保障或者让他给自己配置意外险，尤为重要。

在家庭房产理财体系的构建中，为了抵抗通货膨胀，用良性负债扩大收益，我们必然会配置相当比例的负债，以致当极端情况来临时，如罹患重疾或意外去世，银行会查封我们的资产。家庭成员假设缺少我们这个经济支柱，必然难以维持原来的现金流或者家庭房产体系，于是只能贱卖我们的物业以保证他们的生活品质，所以负债管理非常重要，而负债管理的其中一部分就是要搭配与负债相匹配的保障。

配置与债务额度匹配的保险就充当了人生和家庭的保险丝。如果我们健康，那可以用20～30年慢慢偿还；如果我们中途发生了意外，那欠下的负债会由保险公司来帮忙偿还。

我过去所在职的银行曾经代销过一种年交16000元、交20年、保额大概200万元左右、年费率约0.8%的"断供险"，用于防止贷款人发生意外导致无法偿还贷款的情况。由于这个保险出险概率低，每年交的保费很高，人们觉得不划算，所以这种保贷款的保险就卖得很少。

由于卖的人少，买的人就更少，于是保险公司就很少设计销售这类产品了。不过，我们可以用另外一个保险方案来对冲还贷的风险。还贷最主要的风险是长期缺乏月供还款能力，没有月供还款能力的情况有很多，其中一种是健康出现了问题，比如意外身故、生病或罹患重疾失去了工作能力。作为对策，我们可以使用人身保险、人身意外险加定期寿险、定期重疾险三款保险来对冲它的风险。

因为这三款保险的保费很便宜，便宜到100万元的保额所对应的保费一年大约只需要3000元。也就是说，配置1000万元，一年只要交3万元保费，假设交20年保费，总共只需要60万元。但实际上，如果20年内出现了意外身故或罹患重疾的状况，我们根本不需要付出60万元的保费成本。举个极端的例子，第一年小王交了3万元保费来承保1000万元的保额，然而当年他就不幸意外身故或罹患重疾，那么他只付出了3万元的成本就拥有了1000万元的经济补偿。这就是极端情况下保险低成本撬动大保障的威力。

我们永远不知道意外和明天哪个先来，可能是5年后来，10年后来，也可能永远不来。但是无论来不来，我们只要把月供一直供下去，20年后房产将获得不小的涨幅。

下面，我们通过具体案例来呈现多级防火墙的构建过程。

勇 杰

男，"90后"
城市：广州
职业：工程师

　　勇杰，广州人，在2017年购置了一处房产，此时他背负约170万元的负债。在2018年，26岁的他为自己购买如下保险（见表1-2）。

表1-2　勇杰的2018年个人保险配置表

序号	险种	用途	保额（万元）	保险期限（年）	保费（元）	缴费期限（年）	备注
1	意外险	意外身故经济补偿	50	1	150	1	1份
2	医疗险	医疗费用报销	200	1	300	1	1份
3	定期寿险	身故经济补偿	150	30	2300	30	1份
4	终身重疾险	重疾康复经济补偿	100	终身	20000	20	2份

　　此外，勇杰工作单位有为员工配置团体商业险。
　　所以，此时他的个人保险和公司配置的团险合计如下：

意外险88万元；

医疗险202万元（保额足够覆盖医疗费用）；

定期寿险150万元（假设身故，保额足够覆盖170万元负债，另终身重疾含身故保障100万元）；

重疾险120万元（假设身患重疾，保额足够覆盖5年以上月供）。

2019年，在学习房产增值课程后，他抓住机遇在深圳新购置房产一套，增加良性负债约330万元。于是他对自己的保险计划进行调整增配，退保一份30万元保额的终身重疾险，因为它的保额低、保费高，已无法满足保障需求，更换成两份共110万元的定期重疾险。具体情况如表1-3。

表1-3　勇杰的2019年个人保险配置表

序号	险种	用途	保额（万元）	保险期限（年）	保费（元）	缴费期限（年）	备注
1	意外险	意外身故经济补偿	100	1	300	1	1份
2	医疗险	医疗费用报销	200	1	约300	1	1份
3	定期寿险	身故经济补偿	450	30	4200	25~30	2份
4	终身重疾险	重疾康复经济补偿	70	终身	11500	20	1份
5	定期重疾险	重疾康复经济补偿	110	至70岁	7200	30	2份

结合公司配置的团险，合计如下：

意外险138万元；

医疗险202万元（足够覆盖医疗费用）；

定期寿险450万元（假设身故，保额足够覆盖450万元负债的大部分，另终身重疾含身故保障70万元）；

重疾险200万元（假设身患重疾，保额足够覆盖5年以上月供）。

以上配置都是基于已有现金流可以覆盖开支并留有24个月月供的情况下进行的。从保险配置可以看出，重疾险的配置通常占保额的大部分，而从保险配置的变化可以明显看出，他的保障是根据负债的增减进行配置的，负债有多少，就配置多少保额保险；并且，他通过将1份30万元保额终身重疾险换成2份保障到70岁、共110万元的保额重疾险，在增加年供仅200元的情况下却大大增加了重疾风险的保障。

2020年，他进一步对自己的家庭房产配置进行了升级。首先，他将父母名下的一套非三个中心标准全款物业用按揭贷款的方式置换成三个中心标准的贷款物业。在调整月供金额后，他通过置换补足了36个月预留资金家庭流动资产。其次，在保险配置上，在保留原有的意外险、医疗险的基础上，对终身重疾险（表1-3中序号4）进行了调换，置换成一份1年期保额50万元和一份20年期保额50万元的定期重疾险，调整后这部分保额从70万元增加到100万元，年交保费从11500元降至1500元左右。此外，他于2019在深圳持有的房产已增值不少，所以他选择通过房产向银行申请贷款，用贷款额度获得合适的资金储备池，实现了整个家庭房产理财体系多级防火墙的构建。

由此可见，构建家庭房产理财体系的多级防火墙，并结合多渠道长期稳定的现金流、低息长期的良性杠杆、优质的三个中心标准的物业，可以有效抵御危机的多次冲击，并让我们具备危机过后有余力低价收购优质资产、获得超额利润的能力。

第四节　行动力：像富人一样快思考、快行动

我从小到大学习都不算好，可以说相当不好，如果仅仅从学习成绩来判断一个人的人生，那我注定平庸一生了。我曾三次名落孙山。我小学考初中没考好，初中考高中的时候也没考上好的学校，只考上了大专，这使我备受打击。我大学专业学的是工业设计，三年时间里并没有好好学习专业知识，日子也是浑浑噩噩地过。所以在大学毕业以后，我遇到的最难的事情就是找工作，因为不喜欢自己所学的专业，加上专业知识也并没有学得很优秀，所以找到适合的工作对我而言难如登天。

数次的面试都以失败告终，没有一家公司愿意以我满意的薪资录用我。那段时间我时常思考，如果我不想从事与专业相关的工作，我还能做什么事情呢？什么工作才能让我只用一个技能就可以赚一辈子够花的钱呢？

最终我选择转行，在书店一排排通往各个不同行业的书里选择我的人生，我最终选择了学做理财规划师，计划学成以后进银行工作。但是在2007年前，银行工作可是金饽饽，多少名校毕业生都挤破头想进去，身为大专生又无专业基础的我，想进去太难了。幸运的是，我挤进去了，虽然同期同事的月薪在3500~5000元之间，而我只有1200元。

经过三年的奋斗，我的月薪最高已达87200元，但是这个过程并非一帆风顺。自进银行后，我就很拼命地工作，每天7：00起床，晚上11：30才回家。我们银行正常每天晚上9：00都要布控，在红外线报警系统布控后，只要有人进出或有东西动一下就会报警。因为要加班，

我每天都要写布控延迟申请。即使如此，我在2012年的时候还是遇到了瓶颈，因经常加班，我患上了严重的胃病，而且厌烦了领导无限制对我的时间、能力的剥削，受够了每天开三个小时以上不知所云的会议，认清了再拼也拼不过有关系的人的事实，更重要的是，一年如一日，一眼看到终点，这样的生活让我又一次找不到人生的方向了。在没有进入银行前，我做过餐厅服务员，当过电话销售员，在地摊卖过鸡蛋煎饼，甚至因没有收入每月靠信用卡度日。而今虽然有丰厚的收入，但是如果财富需要靠健康来换，那还有什么意义呢？

我不甘心自己一辈子就这样，因此告诉自己一定要改变。2012年4月，我参加了一个为期两天的财商课程，之后就辞职了，开始打造自己的被动收入。这门课程讲的财商观念改变了我的一生，为我2013年在厦门用8个月的时间做了多套长租公寓锁定未来数年的被动收入埋下了伏笔。这次长租公寓的经历为我以后的试错、选择、换赛道积累了丰富的经验。

很多上过我课程的人跟我一样认识到了被动收入和构建资产的重要性，他们的认知和思维也慢慢发生改变，不再只依靠出卖时间来换得收入，也不想全家只靠一个收入支柱活得战战兢兢。通过被动收入实现财富增值，是一条正确的道路，而且是一条可以复制、效仿的捷径。

一生只做好一件事

从2004年我第一次看罗伯特·清崎的书，到2017年我跟罗伯特在广州面向1000人同台演讲，这个过程我花了13年；从我刚接触房地产到现在带千万人买房，我总共花了16年时间。这16年的时间里，我没有通过股票、外汇基金或其他途径赚到钱，我的大部分财富都与房子有关，我就希望能把这一件事做好。我能通过出租赚租金，实现没有房也能收租；我能做公寓也能做民宿，并通过持有房产增值赚钱；我搭建多渠道收入。我目前致力于通过传授自己十几年的经验精华来帮助更多的家庭构建多种收入来源，并让他们的资产发生实实在在的变化。

在过去五年的时间里，我们已经帮助几万个家庭实现了拥有被动收入。这些家庭通过我的理财方法挣到的钱，从几十万到几百万都有，案例多达几千个。这些财富的来源，都基于一件事——房子，而我也仅有这一个技能，但是我呈现了多种不同的变现方式，这些都基于我对于房产的深刻认知。通过房产建立家庭房产理财体系，去实现普通人可以触达的财富秘密——一生做好这一件事就够了，它是我在房产这个行业十几年的积累，也是被几千个成功案例所证明的经验。

提升认知、立即行动，转变思维困局

人是一切的根本，而人与人之间最大的差别是大脑。而导致大脑差别的是教育。所以我会认为所有一切都根源于教育，我们没有办法赚到我们认知以外的钱，如果挣到了那也是运气，用运气赚的钱，终有一天会凭实力而亏掉，因为我们没有办法守住自己的运气。因此，提升认知，提升财商，"换脑子"，是改变人生的第一步。

静　子

女，"90后"
城市：北京
职业：企业主

　　在一次课上，学员静子分享过自己对于认知的切身感悟，非常有代表性。在2008年，受金融危机影响，广州房价下行，当时月薪只有800元的她想要买房，但是父母觉得月供3000元实在是太可怕了，便打消了她贷款买房的念头。2010年，自己老家县城房价才只有每平方米2000多元，但父母依旧坚持想买房就要全款的思路，阻止了她。2013年，眼看房价连年上涨，一家人终于下定决心买房，看过房子交了定金，但母亲回家细算账发现：全款交不起，贷款利息太高，如果贷款买房，供房的年岁里要给银行交太多的利息，很心疼，愣是毁约退了房子。尽管在2017年，全家人终于落实了买房行动，但还是受父母全款买房思维的影响，全款买了两套小商品房。这已经是全国房价连续七年里最高的时期，而且到目前为止，两套房子暴跌，真的是血淋淋的失败经历。

　　物质贫穷不可怕，可怕的是知识的贫穷。

　　如果认知没有改变，我们的世界根本无法改变。这么多年来，我深刻认识到这一点，我通过做培训、以教为学的方式不断地认识到自己身上的缺点，并且不断去改正。每一次的反思和改正都帮助我跨越一个个卡点。同理，如果你现在的财富遇到问题，如果你现在的事业遇到瓶颈，一定是你在某一个环节的认知没有提升到财富或事业所需要达到的标准。

有钱人跟你想得完全不一样，在这个行业里面做了十几年的人跟你想得完全不一样，而且我慢慢相信这个世界上是存在一批有情怀的人的，我称之为开明的百万富翁、开明的千万富翁、开明的亿万富翁，他们是愿意通过分享知识给他人来实现人生价值的。而我也希望自己可以成为这样的人。

如何构建房爸爸的家庭房产理财体系

家庭房产理财体系是以人为核心，构建长期稳定的现金流、三个中心标准的物业和良性杠杆。在这个过程中，三个中心标准的物业是解决没有资本利得走不快的问题，构建长期稳定的现金流是解决没有现金流走不远的问题，良性杠杆是让"富债"变富人。然后，再构建一个多级防火墙，以风控为核心构建不断增值的资产包。那么，如何完成自己家庭房产理财体系的构建呢？

所谓的行动力，并非让你铆足了劲一味往前钻，而是效仿成功人的可复制路径。我花费了近六年时间来打磨家庭房产理财体系，我的学生遍布全球11个国家、52个城市。在教人们实践这套家庭房产理财体系时，我提炼出不同案例成功的共性及可复制部分。通过这套体系来构建属于你的房产理财体系，我相信会事半功倍。

构建的核心主线是两池一流——现金池、资产池、现金流，具体而言，就是从低到高，通过长租公寓和民宿运营等构建长期稳定的现金流，借现金流和金融的力量构建现金池，再用现金池构建资产池。然后，资产池可以产生现金流，实现整个体系的循环。必要时，可以通过资产卖出或资产加金融的力量进一步构建现金池。

我将一一阐述关于构建现金流（收入）的四元素。

第一个：买房。中国95%的房子都是泡沫，而我们需要买到那5%如同金子一般的房子。我买卖过100多套房子，我将用与普通人完全不一样的买房心法和干法，全流程来拆解我过去十几年在实操买房上的四个步骤、选房的七个陷阱及三大黄金标准，实现买到就能够赚到的买房落地目标。如怎样跟房产中介打交道？如何筛选出优质金牌中介？如何让中介站在你的立场帮你找房子？如何与房东谈判？如何匹配最严的风控？……通过这些，你可以建立超前风险投资的风控模型，实现资产升级，建立良性的资产。

第二个：长租公寓。长租公寓可以帮你实现获得长期稳定收入的目标。它的优势是可以在家门口落地，我们将之称为"家门口的黄金"。如果运营得好，一套公寓就可以为你在合同期内获得6~10万元的收入。

用长租公寓可以构建长期稳定的现金流，但是如何选择合适的户型？如何规避选房陷阱？如何进行谈判装修？如何快速出租？如何高效运转……这些都是一门门技术。在本书第三章，我们会深入阐述这些内容，教大家如何通过长租公寓赚到稳定收入，并用此支付月供。

第三个：民宿。民宿已经成为一种新时尚，通过民宿可以打造另一条现金流管道。民宿与长租公寓所服务的人群不同，长租公寓服务的是当地上班的人群，而民宿服务的是外地出差到该城市的人群。肖洁老师原本是一位小学老师，但是她通过做民宿每个月实现了8万元左右的现金流，并通过民宿运营在厦门买了3套房。在本书的第四章，肖洁老师会系统阐述打造民宿的相关知识。

第四个：传播财商。如果说你还没有足够的积累去完成买房落地，也没有时间或者不适合去做长租公寓和民宿，那么传播财商一定是最适合你的收入管道。通过传播财商点亮、成就他人，互相成就，相互成为彼此的贵人。佩娜教练将会在第五章分享自己社群运营的成功经验，通过3招让你实现价值11倍变现。

第一、二、三、四板块能帮你打造多管道被动收入现金流。有了现金流，我们就能通过时间换空间，撬动杠杆，购入三个中心标准的物业，这就是金融的力量。

房子跟金融是一对孪生兄弟，在买房过程中，运用金融思维，通过良性杠杆，我们可以解决刚需买房首付不足的问题，掌握钱生钱的财富公式。勇哥会将自己关于金融方面的研究精华浓缩在本书的第六章。提到金融，不得不提贷款。在买房实操中，一定要区分好的贷款和差的贷款，因为好的贷款能够直接缩减你的成本、节省你的月供支出。而且，我们还要有严格的风控来保障家庭的财富安全。正确的金融思维，能够降低我们的融资成本，优选好的贷款，可以加速买房的进程。

这就是房爸爸家庭房产体系落地交付的四个方式。至于先做民宿还是先做长租公寓，这取决于三个部分：房子本身的硬件条件、投入时间、收益预期。民宿运营相对来说需要更多的精力，而公寓长租需要比较少的精力；在收益预期上，长租公寓相当于把房子10年分割成10个并用一年来做，而民宿是相当于把房子10年分割成3650天来做。当你能获得一定基础的稳定收入以后，就需要借助金融的力量用长租公寓和民宿提供的现金流撬动杠杆，通过购买三个中心标准的物业来完善资产。

关于家庭房产理财体系，最根本的一点就是：永远不要只有一条收入管道。如果只有一条收入管道，也许你现在获得了很好的回报，生活方面也如鱼得水。但是一旦发生颠覆性黑天鹅事件，这种管道就很容易崩塌。我们构建多种管道、铸建多级防火墙的意义，就在于此。

小练习：

请根据自己的实际情况来完成个人财务自由方程式的统计。通过这张表（见表1-4），你可以清晰看到自己哪些收入是可以开拓的，接下来应该构建哪一种管道。

你的个人财务自由方程式目前的实际状况如何？（请勾选出你已经拥有的收入管道）

表1-4　个人财务自由方程式实况表

事业型收入		资产型收入	
☐	工资奖金	☐	知识产权
☐	自有企业	☐	股权/分红
☐	兼职	☐	租金
☐	传播财商	☐	买房增值
☐	民宿运营	☐	长租公寓
☐	其他	☐	其他
其他			
☐	储蓄	☐	玩赚金融 （良性杠杆）

你想要建立的下一种管道是什么？请填上＿＿＿＿＿＿＿＿

构建四种收入管道之买房增值 **第二章**

子安

房爸爸平台创始人

 坐标 深圳

■ **一句话介绍自己** 愿景：坚持价值投资57年

■ **最有成就的三件事**
　① 跟偶像罗伯特·清崎同台演讲
　② 撰写《买房可以很简单》书籍，让更多人了解房产理财
　③ 搭建房爸爸平台，让更多人可以学习房产理财

■ **我能给大家提供的资源**
　① 人人都需要的房产理财知识
　② 由1000＋房产大咖构建的平台

■ **我对房产的理解**
　① 用房子构建家庭稳健资产
　② 没有资本利得走不快，没有现金流走不远
　③ 良性杠杆让富债变富人
　④ 投资必须先以风控为核心

" 我们喜欢房地产，
是因为银行喜欢。

第一节　全计划：买房理想的具象化、系统化、可视化

通过第一章，我们了解了房地产的多重属性，特别是其突出的金融属性让买房成了普通家庭运用杠杆实现财务自由的不二之选。另外，中国人心中深深根植着"有房才有家"的传统观念，买房无疑成为关乎每个人、每个家庭的一件大事儿。

热播电视剧《三十而已》里有句台词引起很多人的共鸣："到了三十岁，好像大家突然就会着急买房子、存金子、生孩子，这些东西都有一个统称，叫'后路'。"所谓"后路"，那是成年人给自己的勇气和底气。房子成了无坚不摧的铠甲，坚固安全的堡垒，给了正在穿越荆棘的成年人脚踏实地的安全感。

对于买房这件大事，有的人当成是幻想，甚至想都不敢想，因为没有足够的钱和魄力；有的人当成是梦想，但为了圆梦付出了万般努力，到最后却落下一地唉声叹气；有的人则当成是理想，定目标、设计划，一步一个脚印，走向笃定的未来。

预则立，不预则废

如果把买房比作一场比赛，你会满盘皆输，还是会取得必然胜利，其实在买房之前就已成定局。买房不是拍脑袋下的决定，不是有钱就可以获得必然胜利的事，能否买到好房是对一个人综合能力的考验。对于大多数人来说，买房就是一个低频行为，而且整个买房的过程跨越的时间周期长，耗费资金量大，资源协同复杂。从想买房到成功买到可以增值的房，这其实是一个复杂的、系统化的过程。

凡事预则立，不预则废。没有计划的买房，实质是一场赌局。赢了，

无非源自幸运；输了，整个家庭的经济命脉会严重受损。想要凭借实力赢得胜利，在买房前就要认真地做好功课，全面地做足计划，以终为始，才会导向买房增值的结果。

任何一个计划，首先要有一个目标。如果目标不明确，计划就有可能一塌糊涂，最后也很难匹配上高效的执行力。因此，如何定义和设置目标，是成功的关键。针对这个问题，我们可以从以下三个方面来审视自己的买房目标是否属于真目标。

■ 1.目标具象化

打个比方，你去机场对服务人员说："你好，我想买一张机票。"

"先生，请问你要去哪里？"服务人员热情地回答。

"我不知道，反正就要买一张机票。"你回答道。

此时的服务人员一定会一脸茫然。

你都不知道自己要去哪里，对方又如何把机票卖给你。买房和买机票是一样的道理，如果你自己都不知道去往哪里，任何人都帮不了你。

关于想买什么样的房子？它在哪个小区，是什么户型，面积是多少，朝向如何？带不带学位，学位是普通学校还是重点学校？总价多少钱，是100万元、500万元还是1000万元？楼层是在10层以内还是10层以上？附近是否有公园、超市、医院？我们可以按照如下的思路（步骤）来将买房目标具象化。

越具象化的目标，越能给你带来行动的力量。如果你的目标可以具象化到这些细节，并且通过实地考察、拍照研究、反复对比，在脑海中形成了对自己所想拥有的房子的感官和认知，那么这就说明，你已经知道自己要去往何方。

我为你提供一张房源信息记录表，你可以把想买的目标房源有关信息填写进去（见表2-1）。

表2-1　房源信息记录表

小区情况	板块：	
	小区：	
	建筑时间：	
	物业类型：	
	物业：	
	物业费：	
	均价：	
	栋数／户数：	
	开发商：	
	学校：	
	小区配套：	小区绿化／会所／游泳池
	周边配套：	学校／超市／医院／地铁站／CBD中心／商圈
	优点：	
	缺点：	
房源情况	房源编号：	（日期、中介缩写、序号）
	报价：	
	单价：	
	评估价：	
	面积：	套内面积／产证面积
	户型：	
	朝向：	
	楼层：	层数／总层数
	楼梯：	楼梯／电梯；梯数／户数
	楼龄：	
	楼栋位置：	
	装修：	精装／简装／破旧／毛坯
	采光：	较好／一般／差
	视野景观：	
	地铁：	
	腾空时间：	
	家电家具：	
	户口：	
	卖房心态（原因）：	

续表2-1

费用情况	参考租金：	
	租金年化回报率：	
	按揭／抵押：	
	产权：	
	原房东买进成本：	房本／中介打听
	付款要求：	
	税费：	满二唯一／满五唯一
总结	亮点：	
	硬伤：	
	自我点评：	
其他	附图：	户型图／各空间图／视野图／小区环境图等

■ **2.目标系统化**

所谓系统化，就是数字化。列出达成目标所需条件的各项数据。比如，首付要准备多少钱？月供需要多少钱？是否具有购房资格？征信报告是否合格？有没有贷款资格？流水是否可以覆盖月供？……把这些问题变成一个个的数据。

通常，我们会按照资金线和时间线来将目标数据化。

从资金线方面来考虑，我们需要了解以下数据。

自有储蓄：到底有多少钱？

外借资金：能借来多少钱？

启动资金：确定首付可承受的范围，有针对性地选择目标。

房产总价：根据启动资金来确定看多少价位的房子。

首期资金：实际首付、税费、中介费等的总和。

贷款金额：了解贷款方式及对应的额度和利率。

税收成本：囊括在首期资金中的税费总和。

房贷月供：根据贷款额度、年限、利率等推算出月供金额。

家庭固定月收入：梳理工资流水。

出租收入：如果不是自住，预估这套房子的租金是多少。

其他收入：除了工资，还有没有其他收入来源，如理财、副业等。

其他融资月供：借款资金如何还，摊销到每月的额度是多少？

家庭固定月支出：每个月保证正常合理生活的刚性支出是多少？

房屋月现金流：一套房子的月现金流 = 月供 + 融资成本 - 出租收入。

特别要注意的是，首付资金不等于首期资金。因此，确定了首付金额后，还要留有一定的资金额度来保证首期资金的全部交付（见表2-2）。

表2-2　首期资金明细表

项目	说明
税费	关于所得税、契税、增值税，咨询房地产交易中心
中介费	0.8% ~ 2%，不超过3%
赎楼成本	不定
按揭成本	不定
融资成本（个人）	不定
杂费	评估费、公证费、工本费等
装修费	不定，轻装修，大效果
总计	

从时间线方面来考虑，我们需要了解以下数据。

购买资格：是否具备购买资格？如果没有，根据当地政策需要花多少时间可以获得购房资格？

贷款资格：银行流水额度是否可以满足银行放贷条件？如果不满足，要提前准备流水。

个人征信：征信是否有问题？要提前处理好个人征信记录。

看房节奏：自己有多少时间和精力实地看房？可以先根据资金情况通过网上 AR 看房，筛选房源，提高效率。

交易时长：根据自己的情况，在购房合同中注明重要的交易时间节点，控制时间成本。

市场节奏：持续关注政策及市场动态，对有上涨趋势的标的把握时机，果断入手。

这个过程有点儿像做数学题，越是把买房这件大事情细化成一个个关于时间和金钱的数字，你的掌控感就越强烈，达成目标的可能性就越大。

当然，真实的数据来源于大量的调查和沟通，没有人能够直接给你一个想要的真实数据。

谢梦斯

女，"90后"
城市：广州
职业：贸易

在广州做传统贸易行业的谢梦斯在没有购房名额和足够的首付资金情况下，决定在深圳置业。于是，她一边办理深圳户口的手续，一边在深圳找了家口碑好的专业房产中介约看楼盘。她通过合理的融资解决了首付问题，加上前期对深圳市场做了学习研究，看了两天盘后，她就在自己的可承受首付范围内定下了一套房子。

拿到这套房子后，谢梦斯通过软装改造实现增值，很好地缓解了自己的月供压力。后来，谢梦斯用同样的思维和方法帮家人在广州成功买下一套房产。她最大的感悟就是：机会来了，就要抓住。而抓住机会的前提就是要明确目标，把它们数据化，根据资金和时间情况做好万全的准备工作。

■ 3.目标可视化

有了具象化和系统化的目标，就需要把目标固化下来。买房这件大事往往耗费的时间周期长，短则两三个月，长则一两年。尤其当它变成你的一个长期目标时，能笃定地坚持下去是不容易的。为了能够回到初心，不偏离目标，不轻易中途放弃，我们一定要把它可视化。通过不断地给自己视觉刺激，把目标种在心田里，让它生根发芽。

可视化并不难，你可以挑选自己喜欢的装修风格图片或喜欢的小区景观照片，又或者直接去看自己想要买的房子或小区环境并拍照，把这些照片存在手机里，或者打印出来贴在床头，让自己随时随地能看到，最后熟悉到闭上眼睛都能想象出每一个细节的程度。

我曾被《活法》中"心不唤物，物不至"这句话深深震撼到。正如稻盛和夫老先生说的："闭上眼睛想象成功的景象，如果它在你头脑里能形成清晰的、符合逻辑的印象，那么你就一定能成功，你的愿望就一定能实现。"

所以我们不能只把目标挂在嘴上，而要将其扎根在心里，以彩色的形象呈现在头脑中。我们的脑海中要存放着彩色的目标、彩色的房子，当我们想得越清晰、越明确、越可视化，吸引力法则显化的速度也会越快，目标达成落地的速度就会越快。

真正的高手，都精通分解目标

印度国宝级导演兼演员阿米尔·汗谈起拍摄《摔跤吧！爸爸》时说："如果你想做成某件很难的事情，却只看最终结果的话，会觉得这太难了，肯定完成不了，这就像登一座高山一样，如果你一直看着山顶，就会觉得永远爬不上去，所以这里有个诀窍，不要看最终的目的地，永远只看下一步，告诉自己下一步要到哪里，集中注意力到下一步就行。"所以，没有计划的目标没有多大意义，而全面的计划是你达到成功目标的加速器。

吴海英

女，"80后"
城市：广东湛江、广州
职业：律师

当我们对买房有了具象化、系统化及可视化的真目标，接下来就需要把目标进行分解，拆分成一个一个的小目标，形成一个详尽的买房全计划。我有一个来自四线城市的学员吴海英，她是一名非常优秀的律师、国际调解员。她在小城生活安逸，没有什么理财规划，属于赚多少花多少的"月光族"，因此她从来没有想过到一线城市置业。2019年，她参加了房产财商课的学习后，开始利用业余时间打造和运营民宿，从1套开始起步，到现在已经打造了4套民宿，为自己每个月带来了1万多元利润的现金流。学习了金融思维后，吴海英勇敢地把在广州买房这个曾经不敢奢望的梦想定为自己的人生小目标。

于是，吴海英从2020年3月开始进行广州落户计划，2020年6月底签订买房合同，以326.6万元在广州天河区购置一套"满五唯一"的大两房；2020年9月拿到广州户口后过户，房子已升值60多万元，价值近400万元。然而，买房前的她手上只有30万元存款，于是她以买房为由收回8万元外债，通过卖掉自己在四线城市的房子获得120万元，她还了自己买房借的75万元，用剩下的45万元和手头的38万元现金凑出83万元。为了凑够首付，她又借了一部分钱。吴海英的4套民宿每月可产生1万多元的利润，而新房以月租金4000元的价格出租，每个月1万元左右的月供对她来说丝毫没有压力。

如果你的计划就是等有钱了再买房，那你大概率永远都只会因为没有钱而买不起房。那么，如何制订一个更详细、全面的买房计划呢？绘制买房蓝图的前提是要选择增值的房源（选择好房源的技巧和心法将会在下一节做详细说明）。找到好房源、确定购房名额后，我们可以从下面四个关键点来落实买房计划。

■　1.首付资金池

2020年开年，我们见证了这个世界的至暗时刻，疫情如同一面让人无所遁形的镜子，映射出大多数人最没有安全感的地带——钱。

首付资金是大部分人买房路上的第一头拦路猛虎。对于刚需型买房者，在买人生的第一套房时，就要充分利用好首房首贷的杠杆，来降低首付资金。也就是说，先上车，不要妄想一步到位。

通常，刚需型买房者的首付资金可以预计用三个月时间来筹备。除了自己的存款，尽量获取父母、亲戚、好友的资金支持。学会求助，学会借力。大多数年轻人在买房时必须借助别人的资金买房，这是很正常的，很多人会觉得背负债务压力山大，但是换个角度来想，这么做相当于预支自己未来几年的收入，而付出的代价只是利息，这么来思考就不会觉得压力大了。

对于改善型买房者，需要购入第二套及以上的房子，或者将原来的房子置换成更优质的物业。相较于刚需型买房者"上车第一"的原则，大多数改善型买房者需要通过卖房来筹集首付资金，因此控制好时间线、让卖出资金能及时到位，这两点非常重要。

关于时间线的选择，有个口诀要牢记：

上行市场，先买后卖；

下行市场，先卖后买；

平稳市场，普标换优标；

优势资产，能抵押就不卖。

■ 2.月现金流

普通人买完房以后，最大的痛苦就是月薪全部用来还月供了。这就导致很多人即便能够买得起房，也往往不敢买，因为害怕买房后自己未来的30年都被困住了，生活品质也因此受到巨大影响。

"买房以后我就成房奴了，我成了一个多么悲摧的人，再也不敢辞职，再也不敢给老板甩脸子，再也不能过舒心的生活，再也没有诗和远方。"参加我课程的学员A在第一次上课时说出了他曾经面对买房时的恐惧感。

不论你是因为刚需还是因为改善生活而买房，月现金流的持续性和稳定性，都影响着买房前的决定和买房后的生活品质。

万达集团董事长王健林曾分享万达打造百年企业最核心的经营理念，就是：追求长期稳定的现金流。他认为不管企业销售额多大，资产多少，核心的问题是能不能看到10年、20年、30年后的现金流在哪里。同样，在买房计划中，不管房子总价多少，能贷款多少，核心的问题是能不能看到3年、5年、10年后的现金流在哪里。

落地的买房计划，一定要充分考虑现金流的设计和准备。建立长期稳定的现金流的关键，除了不断提升自己的能力以提高主动收入外，重点在于打造多种管道的被动收入。本书后面几个章节会详细教你，在尽可能不影响家庭开支的情况下，如何通过长租公寓、民宿运营、传播财商来打造长期稳定的现金流。这是我自己实践的方法，也是全世界各地都盛行的现金流打造方法。这就是富人赚钱的逻辑秘密——只不过富人赚钱的现金流管道不同而已。

■ 3.信用打造

大多数第一次买房的人，常常在看好房源、谈好价格、准备办贷款的时候，却因为流水、征信等问题屡遭波折。甚至有的人因为征信问题，贷款无法顺利办理，而导致毁约，造成损失。我的学员里就有很多人出现过因信用卡逾期还款，或因频繁小额网贷一个月内征信被查多次，而导致银行拒绝办理贷款的情况。

通常情况下，银行办理贷款都需要核查六个月的银行流水，并查询征信信息报告，包括资产处置信息、保证人代偿信息、信用卡、住房贷款和其他贷款实况，这些汇总了你的账户数、逾期账户数及为他人担保的笔数。银行审批一般遵循"连三累六"不予办理的原则，就是五年内连续三次、累计六次逾期就不给办理房贷了，主要包括信用卡逾期、贷款逾期、为他人做担保但对方贷款逾期不还等，这些都会给申请人造成信用污点。如果发生这种情况，你可以去有逾期记录的银行开具"非恶意欠款证明"，一般有了此证明，银行就不会拒绝贷款；否则，就要等到满五年后记录才被清除。对于买房来说，这个时间成本太高。

关于个人征信，有几点需要特别注意。

第一，查询时间不等于报告时间。
"查询时间"只是系统收到查询操作员提出查询申请的时间，"报告时间"是指在系统收到查询申请后生成信用报告的时间。银行核查则是以"报告时间"为准。

第二，账户数不等于信用卡的数量。

征信查询出来的账户数不仅仅是信用卡数，还包括了信用卡账户、住房贷款和其他贷款的数量。特别要注意，很多平台的网贷都会被记入征信报告中。

第三，逾期金额。

逾期金额会影响征信，贷记卡的"逾期金额"是指截至还款日后仍未按时或足额偿还的金额，以及由此产生的利息（含罚息）和费用（包括超限费和滞纳金）。

第四，透支余额和已使用额度。

征信查询上的"透支余额"和"已使用额度"都是反映个人欠银行的本息总数额，只是不同业务种类采用了两种不同的表达方式——准贷记卡展示为"透支余额"，贷记卡展示为"已使用额度"。

买房全计划中，一定不能忽视提前规划流水和征信记录。我们可以根据可承受的房产评估总价，倒推揭贷款所需要的流水额度；把贷款额度用满，年限用满，评估用满，进而充分利用信用度为自己争取最大的贷款额度和最长的贷款年限。

■ **4.市场跟踪**

买房时，对房子的认知和判断是首要条件，时机有时候比资金更重要。认知和判断从何而来？买房前通过对市场的紧密关注和跟踪，获取的正确信息越多，做出正确决策的概率就越大。

跟踪政策：政策是风向标，不论是国家宏观调控政策、城市发展政策，还是购房政策，都决定着房子能不能买、有没有资格买，以及何时买、如何买的问题。

跟踪数据：前文提到买房是一个将目标进行系统数字化的过程。我们应把资金和时间数据罗列出来，对数据进行跟进、核实、调整，做到数据在手，结果在心。

跟踪盘源：不要怕辛苦，要多跑出去踩盘、看房；不要嫌麻烦，要多接触房产中介。我们掌握的楼盘信息越多，就越知道什么房子是真正货真价实、值得购买的好房子。

持续学习：不要自作聪明，要持续学习，浸泡在专业的圈子里，多和房产专业人士沟通和交流，让自己在房产财商方面的认知系统全面升级。

在买房这件事情上，往往行动决定结果，而且建立在市场跟踪上的行动才能导向正确的结果。

PDCA：买房四步骤

买房是我们人生中的一件大事，这件事表面上是安居乐业，实质上是我们人生路上遇见更好的自己的一场修行。买房不仅需要我们不断学习房产知识、金融知识，还需要我们不断增强时间管理、精力管理、资源管理的能力。

美国质量管理专家休哈特博士提出了一个非常有名的质量管理模型——"PDCA"循环，这是全面质量管理所应遵循的科学程序。我将其借鉴并运用在整个买房过程中，作为我们普通人买房的行动准则（见图2-1）。

图2-1 "PDCA"买房四步骤

■ 1.P：Plan，代表的是计划

计划，即我们前文提到的根据目标做出买房计划，详细构建买房蓝图。

■ 2.D：Do，代表的是实施

改变，从落实行动开始。计划要细，动手要早，落实要准。买房不但是个脑力活，更是个体力活。立刻开始你的看房行动，筛选中介和房东，开源节流，同时把看的每一套房都做好文字和图片记录，这点很重要。

请你记住，穷人天天想，富人天天做。定心、定目标、定计划、定行动，方可定乾坤！

■ 3.C：Check，代表的是检查

在按照计划实施过程中，我们常会发现现实和最初定下的目标存在偏差，这时我们需要检查偏差是如何造成的。

如果目标定得太高，我们远远够不到，就会产生无力感，觉得根

本做不到；如果目标定得偏低，我们又会觉得这件事没有挑战，失去动力。目标太高或太低，都会阻碍买房计划的持续实施。因此根据踩盘看房的结果，对计划进行检查，是不可缺少的步骤。

我们要反思有效点在哪里，难点在哪里，如何把难点排除掉，从而不断调整、优化买房计划，让目标跟现实实现更精密的匹配。要调整到什么程度？苏联著名心理学家利维·维果斯基提出了"最近发展区"理论，它最初被用在儿童教育发展上，而我们把它用在买房目标的设定上同样适合。该理论认为儿童的发展有两种水平：一是现有的发展水平，表现为儿童能够独立自主地完成教师要求的智力任务；二是潜在的发展水平，即儿童还不能独立完成，必须在教师或家长的帮助下，通过模仿和自己努力才能完成的智力任务。这两种水平之间的差异则为"最近发展区"。好的目标正是在这样一个"最近发展区"中，需要我们够一够，甚至跳一跳才能够达到。

■ 4.A：Action，代表的是复盘

检查后，要做复盘和修正。复盘和修正的是什么呢？目标和计划一旦确定，就需要我们坚定地执行，因此我们要不断地复盘。在复盘的过程中，我们要不断地弥补它，对它进行微调，适时地给自己和帮助自己的人以鼓励和奖励。

我发现普通人买房最大的问题之一，是定目标太随意，因此放弃目标也太容易。根据我和众多成功买房学员多年来的经验，我们倡导目标一旦定下来，只做微调，不做放弃，可以慢，不能停。买房一定要有决心，既要算清楚经济账，心态也要过关。慢就是快，要持续去做，这看起来很慢，其实结果在加速。

"PDCA"是一个循环，通过制订计划、实施计划、检查反馈、执行结果，然后通过结果和目标计划比较得到偏差，再通过复盘修正

偏差来指导新的计划制订和执行，不断循环，直至最终结果和目标一致。

在没看到这部分之前，把买房这件大事想成不可能完成的任务的你是否想过，你理解的"买房"和我要传达给你的"买房"之间隔着这个"PDCA"循环。有计划、有实施、有检查、有复盘，按照这张图走，买房就比你想象的要简单。

马云曾说："这是一个摧毁你，却与你无关的时代；这是一个跨界打劫你，你却无力反击的时代；这是一个你醒来太慢，干脆就不用醒来的时代；这是一个不是对手比你强，而是你根本连对手是谁都不知道的时代。在这个大跨界的时代，告诫你唯有不断学习，才能立于不败之地！今天你还很贫穷，是因为你怀疑一切；如果你什么都不敢尝试，你将永远一事无成，机会总是留给有准备的人。"

我想告诉你，如果你什么都不敢尝试，把买房的优先级排在后面，那么你将永远买不起房。你一定要有买房的资格感，要相信未来的自己可以负担起一套承载梦想和生活的房子。

第二节　选好房：如何规避买房七大陷阱

谨防买房七大陷阱，别让努力全白费

雨果在《悲惨世界》中说："不犯错误，那是天使的梦想；尽量少犯错误，这是人的准则。"买房对我们大多数人来说是这辈子最大的一笔财务支出，而且常常涉及贷款和月供。但遗憾的是，很多人不懂得经营这个要事，而导致生活质量严重受到影响。更遗憾的是，很多人在犯错的路上不自知，买错了房子却沾沾自喜。

我们反复强调，买房是一场对个人综合能力的考验。要想买到性价比高的房子，需要有足够的底层逻辑、知识储备、超高的辨识力和洞察力，以及能够跟多方达成优势谈判的能力。当然，这些能力的养成并非一蹴而就，但是如果一些买房的陷阱能够避免，我们也可以预防在买房上踩坑。

■ 陷阱1　旅游地产：千万别买

旅游地产是一个被包装得特别漂亮的陷阱。对开发商来说，它其实是个好资产，因为旅游地产的土地便宜，盖房成本低，而且通常还可以通过返租盈利。

比如，旅游地产的房地产开发商把房子以100万元的价格卖给你，而后开发商又看好房子周边有山有海风光好，且有酒店式服务，于是想做成酒店包租。这时候，开发商会反过来租你的房子，如以10%的年回报作为租金。那么作为业主的你，每年既能拿到10万元租金，还能免费住一个月，是不是觉得很美好？

这看上去的确是一门划算的好生意。当你再掐指一算：100万元房子的首付只要50万元，剩余50万元可以依靠贷款，如果贷款年限是30年，那么每个月的房贷约为3000元左右。哇！开发商一年所给的租金完全可以覆盖月供了！太心动了！

但是，这是一个巨大的陷阱。

首先，旅游地产的贷款期限最长为10年，所以50万元贷款的年限最多为10年，而不是30年，这就意味着你的月供不是3000元，而是1万元左右。

通常情况下，房地产开发商的包租时间最长为三年。这三年中，你或许每个月平均能拿到8000多元的租金。从租金和月供的金额来对比，还很划算。可是三年后，房地产开发商不租你的房子了，你拿回房子往外出租，年租金最多在3万元左右。这时候，每月的租金对于月供来说杯水车薪，你的压力就来了。

其次，开发商不会告诉你两个现实。第一，当你的房子收回来再出租时，极有可能租不出去；第二，你买的房子市价最多40~50万元，而开发商按照100万元卖给你。即便接下来包租的三年中，他们还要每年返给你10万元，可是综合算下来，他们是稳赚不赔的。

这就是大部分旅游地产开发商打着以租代售的幌子卖房子的秘密。每个人都有一个面朝大海、春暖花开的梦，去旅游地产旅游、休闲消费没有问题。可是你想成为它的主人，把它买下来投资，就是一个错误。等你后悔想出手时，你会发现很难找到接盘侠。

作为普通人，旅游地产再美好也不要碰。

■ **陷阱2 商业地产：轻易别涉足**

商业地产分为三个类别：写字楼、公寓和商铺。这三类对于房地产专业人士而言是投资挣钱的好项目；但是对于普通人来说，最好不要轻易涉足。为什么呢？

第一，商业地产专业性强，难度较高。虽然利润也比较可观，但是你不一定能够从中获利。关于商铺投资，有个"金角银边草肚皮"的说法。在当下电商的冲击下，过去的金角银边的稳定性越来越差。以前是"一铺养三代"，如今商铺买错了，就会变成"三代养一铺"。

曾经我还在银行工作时，有个同事的妈妈在火车站边上买了一个位于地下二层的商铺，因为地处非常核心的位置，他妈妈多花了20万元抢到了一个购铺资格号，接着贷款买了一个价值300多万元的商铺。由于整个综合体没有运营起来，接下来的10年里，她只能以每月900元的租金租给别人做仓库。他和他妈妈还一直还着月供，直到他妈妈去世，商铺也未卖掉。更雪上加霜的是，银行无法估量商铺的资产值，也不接受它作为抵押品。

第二，商业地产贷款最多五成，贷款期限最长10年。这就意味着它的杠杆率很低。当你的钱不够多，又想获取更多的资产时，它就不符合条件。我们的买房目标是要降低首付和月供的压力，所以需要时间作为工具。只有贷款期限足够长，我们的月供金额才能相对足够少。如果只能贷款10年，那就意味着月供压力是贷款30年的三倍。也就是说，面对同样的贷款资金，你要有创造三倍现金流的能力才能覆盖一个商业地产物业。

写字楼的发展通常需要产业的支撑，其中伴随着太多的不确定因素。在所有的写字楼中，只有地处城市核心位置、作为城市地标存在的顶级写字楼，其租金才会一直往上走。人们将在此办公作为实力、财力的象征，否则，一般性的写字楼很容易面临门可罗雀、出租无门的尴尬境地。

公寓是普通人买房时踩得最多的一个坑，也是我们的学员们踩过最多的坑之一。大多数的公寓都不限购，总价相对低、位置特别好、紧挨地铁口或大商场，很多室内空间还喜欢做成 Loft 两层，显得很有格调。在很多限购的城市，没有购房资格的人很容易对公寓倾心。

公寓只能贷款五成，贷款年限为10年，而且存在商用水、商用电、没有阳台、没有学位、不能接煤气等现实问题。因为购买公寓不需要任何名额，导致其没有稀缺性，增值幅度一直受压抑。如果你未来要转手，因公寓使用率低，比住宅税费高很多，其增值回报率注定很低。

有一位来自深圳的朋友，因常去北京出差，于2017年在北京六环外以全款220万元买下一套90平方米的公寓，复式结构格外小资，其朝向正南，可以享受无敌阳光浴。买完之后的他感觉特别好，到处炫耀自己可是在北京全款买房的人。可在2020年，因为需要在深圳买房，他决定转售这套北京的公寓。结果，他好不容易才以170万元将这套公寓出手，不仅没有增值，还亏损了50万元。

若想成功投资公寓，要怎么做呢？买下一整栋，或者买下其中一层或连续几层，然后把它们打包做成一个酒店。对你而言，买进公寓的价格大概是住宅房价格的1/3~1/2，做成酒店后，其租金回报率就会非常高，酒店的收益就可以覆盖整个公寓的月供，成为一个不需要花钱就能运转起来盈利的项目。假如5年、10年后你想把它卖掉，那就把公寓连酒店一起打包卖，此时的公寓已是一个强大的赚钱机器，而且自有产权，其酒店带来的附属价值就非常值钱。可是对于普通人来说，买房缺钱是常态，这样的操作方式只能望尘莫及。

■ **陷阱3　高铁、航空新区：负面效应很严重**

高铁、航空新区周边的楼盘，曾经一度是开发商借机炒作和宣传的重点。

但是，高铁不是地铁。地铁是买房的黄金指标，可以满足我们高频次的日常出行需求；而高铁、飞机等交通工具使用频次低，且周围几乎没有核心产业，属于概念性规划，没有实际的经济效应。此外，高铁、飞机一般都设在城市的偏僻郊区，配套资源有限，加上它们属于人流集散地，基本不能为周边带来稳定、有效的人流。

还有一点，高铁、航空区的噪音问题会带来负面效应，特别是飞机场周边的住宅，噪音问题非常严重，其价值并不高。

■ **陷阱4　海外置业：风险大，难度高，易踩坑**

随着国人经济实力的提升，中国人海外置业的热潮也随之起来。海外置业听上去很高端，身边也有很多朋友向我咨询过海外置业的问题，基本都被我劝退了，因为海外置业对我们普通人来说，有许多风险。

首先，信息不对称。我们国人去海外置业就如同一个外国人来中国买房子，他买北京的房子也许能增值，但是买三线城市的房子就不一定增值。如果你想要在海外置业，但对当地法律、法规、政策及区域环境不了解、不熟悉，大概率就会踩坑，买到你在国内不会买的性质的房产，比如很漂亮的旅游地产或者很便宜的别墅。

其次，身份劣势。很多国家针对本国人和外籍人士的购房政策是不一样的，而且还会有一些国家制定了专门针对中国购房者的购房政策。这就意味着与外国本国人比，海外置业的你在异国他乡从买房那一刻起就会亏损一大笔钱。

再次，流通性弱。海外置业者常常面临接盘困难的局面，当买房者想将资产变现时，外国本国人往往是不会接盘的。因为买房者本身存在身份劣势，本国人与买房者所面对的购房政策不对等，这就意味着买房者需要等待其他的海外置业者接盘，才能实现资产变现。

如果一定要在海外置业，我个人认为在核心城市——如纽约、伦敦、东京等国际化城市——买贵的物业，这样踩坑的概率小一点，而买便宜的物业大概率会踩坑。这就像你在国内买房，买一线城市的物业很贵，但是风险反而相对较低。

■ 陷阱5　小产权房：杠杆率为零

小产权房因为其总价低，越来越受到买房者，特别是刚需买房者的青睐。我们常说的小产权房包括农民房、军产房和集体集资房。

小产权房的特点是什么？其土地性质多是集体用地，因此没有产权证，没有国有土地使用证。因其本身在法律上是不允许的，因此不能公开转让、抵押，在面临拆迁问题时，房屋所有人也不能依法获得补偿。还有一个关键点，因为不能办理房产证，小产权房的购买是无法在银行贷款的，只能选择全款或者其他融资渠道。因而，小产权房不是买房的好选择。

■ 陷阱6　中小城市：宜居住，不宜理财

中小城市是指一、二线城市以外的三、四、五、六线城市。这些地级或县级城市的房子，买一套自住足以。

房价基础支撑之一是人口，三线以下的大部分城市外来人口流入小，本地人口流出大，房价的上涨和房子存量的消化全靠本地居民自行解决，房价和当地居民的收入水平关系密切。因此，这类房产的金融属性远远低于一、二线城市。

当然，如果不能在北、上、广、深一线城市买房，那么可以选择在当地城市的省会置业作为起步。面对有限的资金总额，与其购买某个县城的大房子，不如购买限购条件不是很严格的省会城市刚需盘。

在如今"房住不炒"的政策指引下，不论是房子的涨幅还是变现能力，三线以下的大部分中小城市都非常有限，只有大城市才有机会，才有未来。

■ 陷阱7 别墅：升值潜力十分有限

每个人都有一个别墅梦。很多人对富人的第一印象就是：开豪车，住别墅。其实，买别墅不是一个好的选择。

首先，别墅大多处于偏远郊区，单看房子本身是不错，但是综合考虑周边资源配套和小区的环境人流，就不那么尽如人意了。

其次，别墅的总价太高导致流动性很低，一套别墅即便挂牌价不错，一两年内卖不出去的情况是非常常见的。当遇到急用钱的情况时，很可能就需要割肉出售。2020年疫情期间，不少城市出现了别墅抛售潮，为了回收资金"活下去"，一套别墅急降几百万的新闻屡见不鲜，即便如此，大部分接盘者仍处于观望状态。因此大多数别墅的升值潜力有限，不如普通住宅。

再次，别墅的养房费用高，物业费、水电费、取暖费、花园维护费、保姆费等，一年少说要十几万元甚至几十万元。这导致其很难出租，连续好几个月都找不到租户的现象并不罕见，而闲置期间，物业费等各种费用还要继续如数缴纳。

最后，银行对别墅的贷款和抵押政策很有限——贷款五成、10年月供，这就导致杠杆率不足。

所以，普通别墅不是家庭资产配置的好选择。顶级别墅当然可以保值，但是有一个前提——你得足够有钱。

就像查理·芒格说的，"如果知道我会死在哪里，那我将永远不去那个地方。"这也是为什么我会在讲如何选好房时首先阐述以上七大买房陷阱的原因。正如罗曼·罗兰所说，善不是一种学问，而是一种行为。如果你看到这部分内容，我希望你在买房时避开这些坑，当然，我更希望你阅读和掌握这些内容后，可以分享给身边的人，让他们也知道哪些是买房时需要规避的陷阱，这就是一种善。

三大黄金标准，教你选对5%的好房

在买房过程中，不踩坑已经让你跑赢了大部分人。罗伯特·清崎在《富爸爸，穷爸爸》里反复强调，不止美国，在全世界任何地方，95%的房子是有泡沫、没有价值的，中国的行情也不例外。接下来我要告诉你的，就是如何只选择那5%值得拥有的好房子。

■ 1.位置：中心城市的中心区域的中心地段

房子90%的价值都不在房子里面，不论其室内装修得多么奢华，真正支撑房价的是其金融属性及周边的各种公共配套设施，如教育、医疗、交通、商业、产业等。

对于房价而言，最重要的因素就是房子的位置，好的位置会给房子带来无限增值的可能。正如著名美剧《纸牌屋》中，弗兰克总统说："权力就像房地产，位置是所有的一切，你离中心越近，你的财产就越值钱。"

关于位置，我原创了一个叫"三个中心标准"的心法，让你按图索骥找到那5%的好房源。什么叫三个中心标准？即中心城市的中心区域的中心地段。

房子50%的价值在中心城市。越是中心的城市，越是集中了最优质的资源，房价升值空间越大。人才和钱财的流动方向向来都是一样的，大城市能够激发一个人的发展潜力，带来发展空间，而小城镇很难给你这些，也同样给不了你有增值潜力的房子。越有经济实力的城市，越能富养你的房子。

房子20%的价值在中心区域。房价发展有一个"中心区域不变"的规律。过去30多年的城市化运动突飞猛进，几乎每一座城市都在遍地造城，像摊煎饼一样扩充城市住房面积，但是城市中心区域几乎没有大的变动。城市中心区不会随着城市房屋扩建的规模而发生大的改变。

中国已经告别了"闭眼买房，躺着赚钱"的房地产普涨、快涨的黄金时代，随着中国经济增长速度放缓，且人均GDP达到1万美元，经济增长的分化也使得中国的房产进入"严重分化"的年代。因此，买房时对于城市和区域的选择尤为重要。

房子20%的价值在中心地段。曾有人问李嘉诚关于买房升值的考量因素，他回答："决定房地产价值的因素，第一是地段，第二是地段，第三还是地段。"这句话一直以来被房地产业界奉为金科玉律。买房买的是房子以外的资源，如果某个地段的交通越来越便利、商场越来越大、写字楼越来越有人气、学校师资越来越好、医院设备越来越先进，那么这样的中心地段绝对是买房的优选。

惠 敏

女，"90后"
城市：西安
职业：设计公司创业者

按照三个中心标准选房，是省心又省力的事，关键符合真正的价值投资原则。西安的惠敏买过3套房，在房源选择上吃过很大的亏。她人生中买的第1套房是借钱凑够的首付，可最后发现是小产权房，而且还被烂尾维权弄得焦头烂额。如果房源选得不好，在买房路上相当于一开始就走错了，不仅难以实现买房增值的目标，还可能让自己蒙受经济的损失和身心的压力。后来她按照三个中心标准在广州这个中心城市的中心区域的中心地段选出优质房源后，还专门去房源小区试住了一段时间，亲自在周边走走看看，计算步行至地铁站所花的时间长短，体验交通工具的便捷度，在反复确认下终于买到潜质股。我常说按照我的方法来买房可以让你事半功倍，把复杂的事情简单化，而如果买房的你能够用心去验证、实践这些方法，就像惠敏这样，你踩雷的概率将会更低。

关于选地段还有个小窍门，就是跟着肯德基、麦当劳选址买房，它们有着非常完善和先进的开店选址策略，跟着它们选址，相当于你已经筛选出了已经或即将配套完善资源的地段。你不妨留心去观察下，有肯德基和麦当劳的地方一般都有整套的商业综合体。

所谓入则宁静，出则繁华，最有价值的房子永远存在于商业和生活结合得最好的地方（见表2-3）。

表2-3 地段资源分类表

自然资源	江、河、湖、海、山
生活资源	商超、餐饮、娱乐
商业资源	CBD中心、地标、银行、酒店、综合体
公共资源	公园、学校、医院、图书馆、政务服务中心
交通资源	地铁、公交站、停车场

如何运用三个中心标准选房呢？我们把每个"中心"又分为A、B、C三个级别。比如A级中心城市就是我们说的"北、上、广、深"这些一线城市，B级城市为新一线城市，C级城市为二线城市或者三线经济强城市（见表2-4）。

表2-4 中心城市分级表

A级	一线：北京、上海、广州、深圳
B级	新一线城市：成都、杭州、重庆、西安、苏州、武汉、南京、天津、郑州、长沙、东莞、佛山、宁波、青岛、沈阳
C级	广东省：珠海、惠州、中山 江苏省：常州、南通、徐州、无锡 浙江省：温州、金华、台州、绍兴、嘉兴 福建省：厦门、泉州、福州 云南省：昆明 山东省：济南、烟台、潍坊 辽宁省：大连 安徽省：合肥 黑龙江省：哈尔滨 吉林省：长春 河北省：石家庄、保定 广西壮族自治区：南宁 贵州省：贵阳 江西省：南昌 山西省：太原 新疆维吾尔自治区：乌鲁木齐 甘肃省：兰州 青海省：西宁 内蒙古自治区：包头、呼和浩特 宁夏回族自治区：银川 海南省：海口、三亚

中心区域的 A、B、C 三大级别中，A 级是指一个城市里最好的那几个区，B 级是指一个城市中心的那几个区，C 级是指一个城市最偏的那几个区。以深圳为例，南山区、宝安区、福田区、罗湖区这些最繁华的中心区域是 A 级，较为次之的龙华区为 B 级，相对偏远的光明区、龙岗区为 C 级。

中心地段的 A、B、C 三大级别中，在中心区域里面最繁华的地段为 A 级，中间的地段为 B 级，最差的地段为 C 级。

这样三组 A、B、C 级别排列组合后，就能形成27种关于位置的组合（见表2-5）。

表2-5　三个中心27种组合表

AAA	AAB	AAC
ABA	ABB	ABC
ACA	ACB	ACC
BAA	BAB	BAC
BBA	BBB	BBC
BCA	BCB	BCC
CAA	CAB	CAC
CBA	CBB	CBC
CCA	CCB	CCC

这个分类组合，是我结合以前在银行的工作经验，参照银行对抵押物贷款的评估标准推导出来的房子组合。

买房时，按照这张表来选择房源位置，27种组合以外的都不选，

27种组合以内的以下7种也不选：ACC、BCC、CAC、CBC、CCA、CCB、CCC。也就是说，只要有2个C的组合，都不要选择，因为其城市和区域自身及配套资源有限。按照如此的选择标准，你买的房子大概率不会出错，可以得到长期、稳健的增值。

在这20个可选择的组合基础上，并基于每个人的需求，我们又可以把组合进一步分为三类。

第一类是土豪优选：AAA、AAB、AAC。毋庸置疑，它们拥有最优质、最核心的资源，当然也是最贵的。

第二类是稳健优选：ABA、ABB、ABC、ACA、BAA、BAB、BAC、BBA、BBB、CAA。按照这个标准，你能选择到城市中价位中等的房子，也就是处于这个城市均价范围的房子——品质不错，价格增长也很稳健。一般而言，改善型购房者可选这个范畴的房子。根据我多年的观察和体会，我发现很多稳健优选房的涨幅并不比土豪盘差。

第三类是低价优选：ACB、BBC、BCA、BCB、CAB、CBA、CBB。这类特别适合刚需上车者——房子单价低于均价，但是地段位置并不差。要注意的是，一定不可以选择单价特别低、地段还特别偏的房子，哪怕是在一线城市，那也只是ACC的组合，不能选。

这20种组合没有绝对的好坏之分，不是只有土豪优选类才是最好的选择。我们一定要根据自身的情况和需求定位，在风险能力可承受的情况下，选择最适合自己的。

当然，按如上描述来买房也无法做到绝对精准。银行里有种评估方法叫"模糊的准确"，通过这样模糊的筛选，我们其实可以清楚知道哪些类型的房子不需要我们花时间、花精力去碰，哪些类型的房子是符合自己需求的。通过城市、区域、地段一层层缩小选择范围，我们最后可以精准定位出自己需要认真去看、去选的房源。

■　2.流通性：流通率越好，变现越高

房产有个最大的缺点就是流通性不好。我们称房子为"不动产"，这意味着其变现需要的周期比较长。因此，相对而言变现周期越短的房子，越会吸引人们去买，而越高的流通率最终又会导致上涨越多的房价。这样，流通性越高的房子，就越值钱。

我们常说，只懂得买房子、不懂得卖房子的人，叫不入行的买房人。专业的买房人一定会买、会卖，因此我们在挑选房源准备买入的时候，就要考虑它好不好卖。不好卖的房子流通性就不好，达不到长期增值的目标。在前文的买房陷阱中，我们提到的公寓、别墅、小产权等，都存在流通性不好的问题。

对于刚需买房者来说，什么样的房子流通性好呢？有几个考量原则。

第一，地铁：刚需买房者一定要选择离地铁口近的物业，甚至你可以把附近有没有地铁作为筛选房源的第一条件——如果现在没有地铁，未来3~5年内会开通地铁也可以，没有地铁或地铁规划的房源不做考虑。

第二，高品质：大开发商、物业管理优质、停车位充足、带花园泳池等，这些都是好房子的加分项。不要选择楼梯房，特别是"老、破、小"的楼梯房。

第三，次新房：很多人的第一套房不愿意买二手楼，但是对于刚需买房者，二手楼其实更好，买者可以用更小的成本获得更高的利润。除非遇上一二手价格倒挂的特殊情况，在现实生活实践中强烈建议优先考虑二手房。

在买二手房时，要坚持买旧不买新的原则，但是不建议购买房龄太长的二手房，最好能买10年以内的房子，房龄最长不超过12年。其实很多人，特别是第一次买房的刚需买房者，拥有第一套房子的交易周期是3~5年，一旦楼龄超过了20年，在银行办理抵押贷款的难度会大大增加。当然，非常优质的物业除外，比如小区有当地城市顶级学校的学位，那么买房的人在乎的根本不是房子本身，而是学位资格（见表2-6）。

表2-6 一手房VS二手房对比表

一手房	二手房
溢价高	价格完全体现市场
收房晚，租金缺失	收房及时，甚至可以提前
房产证出证晚，出售时间长	房产证出证及时
周边配套资源兑现有风险	周边配套优缺点全体现
贷款可操作空间有限	贷款有一定的灵活性

第四，户数在800~3000户：不要买太大的小区，尤其是没有清晰组团划分和无高中低档之分的小区。因为这样的小区户数多，导致买卖时卖家特别多，放盘时间会非常长。

■ **3.首付越少越好，贷款期限越长越好**

对于普通买房者来说，这个黄金标准是为了提高资金的使用效率，减少月供压力。然而中国人的传统观念是不喜欢负债的，很多买房者往往会尽所能地多付首付，减少贷款年限。这样做，看上去好像少付出了很多利息，可是带来的压力非常大，甚至这种不愿负债、努力省利息的思维，让很多人一再错过上车机会。

万里

男，"90后"
城市：广州
职业：房产经纪人

　　上过我课程的学员，有太多用较低的首付买入非常优质房子的案例。来自广州的学员万里在2020年8月用三成首付买下了广州价值340万元的房产。这个出身甘肃农村的小伙在2019年9月的时候，在梦想板上写下了20年内靠自己能买一套广州房子的目标，当时他的月工资收入只有5000多元。为了落地买房，他甚至辞掉了原本的设计师工作，进入离房地产最近的行业——房产中介。时隔一年，他就完成了这个买房梦想。他彻彻底底地将所有学习到的知识运用在了看房、买房的实际行动中，通过学习房产及金融知识，做足了功课，铆足了勇气，鼓足了干劲。他说，买房最大的敌人不是首付，也不是名额，是自己。

　　通过如上三个标准，我们可以更深刻地理解房子的价值体现在哪里，弄明白价值增长背后的逻辑。把握住位置、流通性及资金使用率，我们就可以在大概率上选择到那5%值得拥有的好房子。查理·芒格说："当成功概率很高的时刻，下最大的赌注，其余时间按兵不动。"把这些知识和方法用在具体的买房行动中，可以帮助你提高买房的成功概率。请你相信概率，而不是运气。

玉　衡

女，"70后"

城市：广州＆北京

职业：自由创业者

　　　　（文化＆房地产）

　　广州的学员玉衡曾买过旅游地产，她买房前并没有太清晰的计划，只是被风景好、开发商服务到位、价格不算贵所吸引，觉得入手后即便不住，也可以用作旅游，或者给父母养老。但实际上，房子买入后，她没有过多精力去维护，只能用作出租，可位置太偏远，加之管理不易，也没有带来多少被动收入。而且，几年下来，房价不增反降。接触家庭房产理财体系后，她形成了新的理财认知，迅速将该房售出，并在广州寻找对的房子来购买。

　　她首先以全局思维去研究整个广州的发展方向，先选择出最核心又最有发展前景的天河区，以及政府投资较大的海珠区、黄浦区和南沙区。在此基础上，她又进一步确定了优质楼盘多且经济发展好的珠江新城、天河北板块、金融城板块、天河公园板块（按照三个中心标准先确定中心城市，再确定中心区域，再去定位中心地段，层层递进，将房源精准化）。

　　接下来，玉衡围绕这几个优良板块去实地踩盘，通过感受环境、氛围及价格比对，选择出优质目标小区。在这个过程中，她结合线上看房工具的介绍和价格来综合考虑自己购买每个房源的可行性。最终，她把精准目标放在了家门口的"黄金"上——自己所居住区域的金融城地段（从线上到线下，从全局到局部，锁定死磕地段）。

可是利用三个中心标准选择出的金融城很大，玉衡又在缩小范围时梳理出来几大考量变量：人口密集度、地铁有无、离商业区距离、发展潜力、流通性、小区素质（开发商、大小及户数、配套、园林绿化、人车分流、住户素质等）、房子要求（楼层、朝向等）。用价格结合这些因素综合考虑后，玉衡选择了东圃板块和车陂板块交界的一个次新房（对房子的考察要软硬兼施，既要考量商业潜力，也要考量房屋居住舒适度和小区素养性等）。

最终，玉衡选定的这个旧房，因为业主着急出售回笼资金，便以低于市场价6万元的价格卖给了她。

看房就要脚踏实地，眼见为实

当我们具备了慧眼识好房的能力，能够清楚知道什么样的房子不能买后，我们就需要真真实实地踩盘看房了。踩盘是个刚开始特别能让人热情高涨，最终却导致心力交瘁的体力活儿，因此最忌讳的就是幻想着把整个城市的房子都看一遍，逐一比较。这也是为什么我们在买房的开端就强调计划的重要性。当有了目标和计划，再通过上面介绍的方法选好了城市、区域，最后从中锁定几个小区房源后，通过思考和判断启动的踩盘看房行动才能更加高效。

你看中的房子到底值不值得买不是拍脑袋决定的，而是决定于真实的数据。最有意义的真实数据需要通过大量的调查沟通、筛选后进行足量的踩盘看房来收集，没有任何一个人可以直接给出这些准确数据。关于如何选房、看房，我们可以根据市场情况和房屋情况具体说明。

■ 1.市场情况

市场情况是房子的基本面，你要通过专业网站、手机 App 或者向房产中介咨询等途径去了解有意向的楼盘信息。这些基础信息包括：楼盘的带看量、挂盘价、客户预期接受价格区间、成交量和近期成交价、贷款配套产品、贷款的难易程度、市场预期、周边环境，等等。如果不想上网查，那么一定要多找一些中介，和他们建立好关系，多向中介咨询，你往往可以从中了解到很多有价值的信息。

关于小区周边的环境，如周边教育、商业、医疗、景观、公共设施等配套是否真正完善，高峰时段的人流量如何，请一定要实地考察。比如，公交、地铁等站点位置的确认，你可以实际测算一下从小区到站点的步行距离和时间。

很多中介或开发商特别喜欢在小区到地铁口或公交站的距离上做文章，他们告诉你的可能是地图上的直线距离，当你实际步行时，所花费时间往往远远超过预期。尤其是一些比较大型的小区，你从小区内楼栋走到小区门口就要花不少时间。

介绍几个好用的看房 App。
查找楼盘详细行情信息：贝壳找房、链家、撸房价（微信小程序）。
了解位置及信息：百度地图、高德地图。
看房信息记录：石墨文档。

好记性不如烂笔头，建议你把自己所了解的信息都记录下来，方便日后对比分析和复盘，为最后的决策做好充分的信息准备。

■ 2.房屋情况

了解了小区的市场信息和外围环境情况后，接下来就具体到要看的房屋自身情况了。

踩房信息要踩全。房子相关开发商、楼龄、楼层、朝向、光线、户型、可改造空间、户型稀缺性、购房财务数据等，都是我们看房、选房时需要综合考虑的因素。大的开发商、优质的物业管理服务，本身就是对房子品质的加持，如果小区内还有花园、泳池、游乐场、会所等设施，更会提高房子的整体价值。

买旧不买新。很多刚需买房者，尤其是买婚房者，都希望买新楼盘。可是，基于现实考虑，我们还是建议"买旧不买新"。新楼盘往往被包装过度，二手房才能真实反映市场价格，折射出真实的市场行情。

优选电梯房。5层以上至顶层减少2层的层数是电梯房的优选。比如楼高20层，那么5~18层是优选。因为低楼层通常光线差、湿气重、蚊虫多；顶楼则容易出现漏水、热等问题。但是大部分2005年后建的房子，楼顶防水和隔热技术的处理已经成熟，顶楼相对偏低的价格和一览无遗的视野，也不失为一种选择。当然，楼梯房的顶楼，是绝对不要买的。

越南越好。进入房子，一般而言最先看的是朝向。以客厅阳台的朝向为准，"坐北朝南"的房子当然是最好的，常常也是一个小区内价格相对偏高的。南北通透的房子阳光充足，空气流通，非常宜居。但是一个小区内这种朝向的房子数量有限且价格偏高，因此若是自住，不管是正南、东南、西南，总之尽量有一个面向为"南向"；当然，北向光线尚可，又有价格优势，也可以考虑入手。

全方位无死角踩盘。楼层、朝向等会影响采光问题，而光线问题也是最难改造的问题，因此对意向的房子，可以选择在不同的时间多次踩盘，看看全屋开灯和不开灯的采光效果，房子的光线如果特别差，就不要买。因为如果低价买下了这种房子，自己住不舒服，转售也不会很乐观。

方正带阳台的户型是首选。关于户型，方正带阳台为首选，特别是有可改造空间的，比如一房可以改两房、两房可以改三房的户型，空间紧凑，实用性强。如果是形状奇怪、有斜角等不规则户型，价格会受到影响。不同的小区，对户型都有特殊的定位。越是高档的小区，小户型越少。如果想买两房或小三房作为刚需上车，可选择有一房户型的小区，这样两房和三房的主力户型会坐落在小区内相对好的位置。

噪音越小越好。还有一个很容易被忽视，但是最不该被忽视的要素——噪音。看房的时候，走到每个房间，听一听吵不吵。临街、临马路特别是高速公路及城市主干道的房子，哪怕装了隔音窗户，噪音问题也很难被彻底解决。

满五唯一。看房的时候，我们会关心房子的总价，同时还要了解卖家持有该住房产权是满了2年还是5年，该住房是不是卖家家庭的唯一住房等。这些都关系到房子总价外相关的税费金额。

二手房税费包括：
契税，首套房90平以下为1%、90平以上为1.5%；二套房90平以下为1%、90平以上为2%；三套房及以上不管面积多大均为3%。
个税，一般是网签价的1%。
增值税，综合税率算下来约5.5%。

关于契税，无论是什么条件下买的房，都要缴纳；关于增值税，只要房子契税缴纳时间达到2年的期限便可以免征，如果是满五唯一，就只需要缴纳契税。因此一套几百万的房子，不同的卖家产权条件下税费上的差异就有可能高达十几万元。这都是你除了首付资金实实在在要筹备、缴纳的资金。

广州的学员媛媛，2019年7月在广州以低于市场价20万元买了一套顶层北向的房子，截止到2020年11月这套房子已经升值了70万元。她在这次成功买房的行为上传递了我们可以借鉴的五点经验。

第一，她买的小区位于区府及商业中心板块，是步行至地铁口5分钟内的唯一纯住宅小区。

第二，小区只有六栋，总户数在1000户左右，产品稀缺。

第三，户型方正，两房可改造成三房，且此户型在此小区内数量稀缺。

第四，小区是2015年建的房子，楼龄新，顶层阳台风景视野非常舒适。

第五，正是因为顶楼北向，房子的总价明显低于小区同类产品，价格谈判优势明显。

基于这些综合考虑，媛媛在做了大量前期准备工作、踩盘了五套房子后，买下了这套性价比极高的房子。

在买房时，房屋价格是我们重要的考虑因素，但是能否买到好房子，尤为重要。只有当我们有了分辨好房子的能力，才能实现避坑和升值双赢。

 第三节　严风控：如何将买房的风险降到最低

我们反复强调房地产有金融属性，而金融的核心就是风险控制。

过于注重资产利得，仅仅以提高风险容忍度为前提的金融行为，本质都是拿未来的利益换取当前的利益罢了。所以，投资必须先以风控为核心。在家庭房产理财体系的搭建中，风险与利益同在，作为投资核心的风控管理，同样十分重要。

风险无处不在：多看、多问、多排查

整个房产交易过程中，一般会涉及卖家、买家、房产中介、银行、按揭公司、房管局等多方的参与。但是各方的利益和诉求均不相同，这就决定了在房产交易中，我们无法完全信任其中任何一方给出的全部建议。最保险的做法就是多看、多问、多排查，让自己拥有足够成熟的风险控制意识，去控制或避免可能会出现的风险。

买房前，很多买房者都会先找房产中介，但是不要把所有的事情全权交给中介处理。因为目前市场上的房产中介从业人员良莠不齐、流动性过强，存在经验和知识水平堪忧的现象，即使有为买方防范法律风险的意识，但是如果不是经验丰富的长期从业人员，其自身的知识储备通常无力排查和解决无处不在的风险。

在买房，尤其是买二手房时，我们通常需要多维度、多方式去排查各种风险。

■ 1.查询所有权

（1）核实房屋真假：可以通过查看房产证来调查房屋的所有权。但是要注意，房产证有可能造假，因此最好进行查册。特别是当房产证提供的是复印件时，务必要核实房产证信息和房管局登记信息是否一致。

（2）查看房屋属性：查看房屋是商品房，还是已购的各类政策性住房。

已购的政策性住房主要包括职工个人按照房改政策购买的公有住房、经济适用住房、集资所建房屋、合作建设房屋和拆迁房等。

若买卖的是已购公有住房或经济适用住房，还要审查已购公有住房和经济适用住房有无下列禁止买卖的情形：

以低于房改政策规定的价格购买且没有按照规定补足房价款的；

住房面积超过省、自治区、直辖市人民政府规定的控制标准，或者违反规定利用公款超标准装修，且超标部分未按照规定退回或者补足房价款及装修费用的；

处于户籍冻结地区并已列入拆迁公告范围内的；

上市出售后造成新的住房困难的；

擅自改变房屋使用性质的；

有法律、法规及县级以上人民政府规定其他不宜出售情形的。

此外，还有一点需要牢记于心：已购经济适用住房的家庭未住满5年的，不得按市场价格出售住房，确需出售的，可出售给符合经济适用住房购买条件的家庭或由政府相关部门收购，出售单价不得高于购买时的单价。

已购买经济适用住房的家庭住满5年的，按照当地人民政府关于《经济适用住房管理办法》的规定，以签订合同时间为限；有些即使住满5年，也不能上市出售。有些可以按市场价格出售的经济适用房，还需由出售人到房屋所在地区、县国土房屋管理局按成交额的10%缴纳综合地价款。

（3）查看房屋所有权人是否清晰。

关于这点，我们需要了解：卖房人是否是产权人？是否是决策人？为什么出售房屋？是否有诉讼案件史？是否被列入过失信黑名单？……如果卖房人有诉讼案件史，或者被列入过失信黑名单，那就代表房子有随时被查封的风险。所以，卖方的个人信用远远比合同条款更具有风险。

除了关注卖方的个人信用外，我们还需要确认：产权人有几个。因为未取得房屋所有权证书、未经其他共有产权人同意或者房产已经设定抵押或被依法查封的，房产转让合同的效力问题争议会较大。

如果产权人不止一个，那么需要进一步核实：

是否有未成年人，如果有，则必须为未成年人的利益做公证，如教育、医疗等。

是否有继承纠纷，如果房产产权继承人有很多个，那需要核实不同继承人之间是否有利益纠纷。

是否是几个人共有，如合伙买房。

是否归单位所有，如果是，应提供公司内部有权决策机构（根据章程规定为股东会或董事会）同意处分的会议决议。

是否夫妻共有，房子的出售获得丈夫同意了吗？妻子同意吗？我们需要查看婚姻状况证明，以查实委托人处分的财产是个人财产还是夫妻共同财产，以及委托人是否有权独立处分该财产。签合同的时候双方必须一起来，如果只有一方作为代表，那必须提供公证授权委托书。

产权人若为已婚，则须提供结婚证。

产权人若为离异，则提供离婚协议书或法院的判决书、调解书、法律文书生效证明。

产权人若为离婚后再婚者，则提供民政局的离婚证、离婚协议书或法院的判决书、调解书、法律文书生效证明及再次结婚证。

产权人若为丧偶后未再婚者，提供原结婚证、配偶死亡证明。

产权人若为单身，则需要单身证明。

（4）查看房子是否有过查封记录，判断是否能过户。

（5）查看抵押贷款，问清楚是否能够清偿。如果碰到要清偿赎楼的情况，一定要先协商好由哪一方出钱来赎楼，如果卖方能自己赎楼是最好的，这样可以把风险降到最低。如果要买方帮卖方出钱赎楼，最好是先请中介做产调，确定该房子没有其他产权问题，而且一定要在合同上写明是由哪一方出钱赎楼，最好可以通过录像、录音留据。

（6）查看居住权登记。酝酿多年的《中华人民共和国民法典》（以下简称《民法典》）已于2021年1月1日开始执行，其中对居住权做了最新解释：居住权无偿设立，当事人另有约定的除外。居住权设立需要采用书面形式订立居住权合同，并应当向登记机构申请居住权登记。居住权自登记时设立，其不能转让，不能继承，不得出租——即使我们是新房东，也没有居住权。也就是说，我们有可能买到带有居住权的二手房，我们拿不到房子，也无法赶走居住权人。因此，对于设立了居住权的房子，就最好不要买，除非把居住权注销（见表2-7）。

表2-7 《民法典》摘选

十四章　居住权
第三百六十六条　居住权人有权按照合同约定，对他人的住宅享有占有、使用的用益物权，以满足生活居住的需要。
第三百六十七条　设立居住权，当事人应当采用书面形式订立居住权合同。
居住权合同一般包括下列条款：
（一）当事人的姓名或者名称和住所；
（二）住宅的位置；
（三）居住的条件和要求；
（四）居住权期限；
（五）解决争议的方法。
第三百六十八条　居住权无偿设立，但是当事人另有约定的除外。设立居住权的，应当向登记机构申请居住权登记。居住权自登记时设立。
第三百六十九条　居住权不得转让、继承。设立居住权的住宅不得出租，但是当事人另有约定的除外。
第三百七十条　居住权期限届满或者居住权人死亡的，居住权消灭。居住权消灭的，应当及时办理注销登记。
第三百七十一条　以遗嘱方式设立居住权的，参照适用本章的有关规定。

来源：《中华人民共和国民法典》

■ **2.查看户口和学位**

我们可以通过中介协查，并跟房东确认房子是否有户口。一般而言，我们可以通过核实房东户口本上的地址是否是该房子的地址来确认。如果有户口，要确定户口什么时候可以迁出；如果迁出时间超出约定期限，可以协商违约金。如果我们买房后闲置或者用于出租，原房东不迁出户口对于我们影响不大，但是我们可以对原房东的户口占用名额收取费用。

户口不迁出常会带来以下几种问题：

第一，债务纠纷问题。如果原房东有债务纠纷，法院、贷款机构、追债人等就会向他的地址上投递诉讼信息，这会给我们造成不必要的骚扰。

第二，新增人口问题。如今二胎开放，前房东如果家庭添丁，新增户口，会增加后续户口迁出的难度。若前房东一直不迁出户口，当你卖房时，意向买房者会对此心存疑虑，即便你把自己的户口迁出，而前房东户口还在，这会影响买房者做决策，甚至会影响到房子的价值。

第三，拆迁问题。如果拆迁赔偿条件是以户口本上的户口为主，前房东可以以户口之名来分一杯羹，这很容易造成纠纷。

第四，学位问题。对于学区房而言，最值钱的是学位，而学位跟户口是对应的。我们可以在当地教育局官方网站上查询自己房子所对应的学位有没有被占用。户口在，学位会被占用；户口不在，学位就不会被占用。对于一套房子来说，学位被占用和不被占用的价格相差很大，至少占总价的10%。

■ 3.查询评估价

我的一个学员看中了一套广州市荔湾区的房子，因为看这套房子的人很多，怕错过机会，她很着急地给了10万元定金。过户的时候，因为房子楼龄比较高，银行只批六成贷款，可是她的首付款只准备了三成，因为没有足够的钱付这套房子的四成首付，她将面临10万元定金被没收的违约危机。

所以在交定金前，一定要先通过银行或评估公司查询评估价，清楚了解自己能贷多少钱。多数情况下，中介会帮你算好，但有时候中介算错了，责任就得由身为买房者的你自己来承担。因此当我们有了查询评估价的意识和行动，哪怕不靠中介，自己也可以反向推算出首付需要准备多少钱。

■ 4.审查优先购买权人

二手房买卖过程中，若房屋交易没有经过优先购买权人的同意，则房屋买卖合同将存在无效的风险。因此，我们在买二手房前，一定不能忽略审查优先购买权人有无放弃优先购买权或同意出售的证明。

哪些人具有房屋优先购买权呢？

承租人：房屋的租户。

房屋共有人：共同拥有房屋产权、享受权利及承担义务的人。

原产权单位：个人以标准价购买的公房原产权单位。

■ 5.留存的文书

整个房屋的买卖过程会留存下来不少纸质文书，包括买卖合同、房产证复印件、户口本复印件、结婚证复印件、买卖双方的身份证复印件、查册信息、家私清单、水电、煤气、物业费清单，等等，这些都是必备文书。若是还有特殊需求，那么还会有相关的授权委托书、公证书、补充协议、租赁协议等。对于这些重要材料，最好准备一个文件袋收纳保存，以防丢失。

严防其他隐性费用：裸价以外，不多花一分钱

我们在前文提到过，要提前做好资金的筹划。房产交易除了房子本身的买卖数额，还存在很多交易相关的费用。

■ 1.各种税费

不论是新房还是二手房，我们听到、看到的报价，都是房子的裸价。但在整个房子的交易过程中，还会产生各种税费。前文中，我们提到过二手房交易主要涉及三类税费。其实，只要咨询中介，中介一般都会列出一张税费清单。一般在交易时，买方应缴纳契税、印花税，如办理贷款还应缴纳与贷款有关的保险费、评估费等费用；卖方应缴纳营业税、城市建设维护税、教育费附加、个人所得税、土地增值税、

印花税等费用。至于税费由谁承担，则需要买卖双方做好约定。现实交易中，我国大部分二手房交易市场都约定所有的税费由买房承担，因此房子是不是卖方唯一物业、产权是满2年还是满5年，对房子本身的价格会造成很大影响。

表2-8是二手房交易的详细税费表，可以帮我们了解一套房子相关的所有税费情况。

表2-8　二手房交易税费表（以深圳为例）

类型		住宅类		公司出售住宅类		商业	
		首套	二套			商务公寓	写字楼
增值税	不满五年	过户价÷1.05×5%		（过户价-登记价）÷1.05×5%		（过户价-登记价）÷1.05×5%	
	满五年	普通：免征					
		非普:(过户价-登记价)÷1.05×5%					
城市建设税以及教育费附加		增值税×6%		增值税×6%		增值税×6%	
契税		≤90M²(过户价-增值税)×1%	（过户价-增值税）×3%	买方为个人	首套1%或1.5%二套3%	（过户价-增值税）×3%	
		>90M²(过户价-增值税)×1.5%		买方为公司	（过户价-增值税）×3%		
个人所得税	核定	普通住宅：（过户价-增值税）×1%		无个税需核实房产权是否缴纳（原登记价×0.42%×持有年限）		核定	（过户价-增值税）×1.5%
		非普通住宅：（过户价-增值税）×1.5%					
	核实	（过户价-登记价-合理费用）×20%				核实	（过户价-原登记价-合理费用）×20%
土地增值税		无		增值额×（30%~60%）		核定:(过户价-增值税)×5%	核定:(过户价-增值税)×10%
						核实:增值额×（30%-60%）	
印花税		个人方买卖：免征		（过户价-增值税）×0.05%			
		公司方买卖：单方按（过户价-增值税）×0.05%					
登记费		80元		80元		550元	
贴花		2.5元					

①扣除项目=原值+原契税+原印花+折旧（每年：原值5%)+本次附加费+本次印花税　②增值额=过户价-本次增值税-可扣除项目

▶ 增值额未超除扣除项目金额50%的，　　　　　土地增值税额：增值额×30%；
▶ 增值额超过扣除项目金额50%、未超过100%的，　土地增值税额：增值额×40%-扣除项目金额×5%；
▶ 增值额超过扣除项目金额100%、未超过200%的，　土地增值税额：增值额×50%-扣除项目金额×15%；
▶ 增值额超过扣除项目金额200%的，　　　　　　土地增值税额：增值额×60%-扣除项目金额×35%。
　　　　　　　　　　　　　　　　　　　　　　（公式中的5%、15%、35%为速算扣除系数）

普通住宅标准：（应同时满足以下条件）
1、住宅小区建筑容积率在1.0(含)以上；2、单套住房套内建筑面积120(含本数)平方米以下或者建筑面积144(含本数)平方米以下；3、实际成交总价低于750(含本数)万元。

一套"满五唯一"、房产证在手的房子，能让买房的我们在税费上省很多钱。因此看房时，当知道房子价格后，我们一般都会先问房子是不是"满五唯一"。在同等条件下，"满五唯一"的房子也会更加抢手。一套网签价500万元的普通住宅，若是"满五唯一"，就可以省去32万元左右的个税和增值税。

■ 2.定金

当买卖双方谈好房子的合同时，往往需要支付定金来进行锁定。定金一般是网签价的5%~10%，不能超过20%，根据《中华人民共和国担保法》和相关司法解释规定：定金的数额由当事人约定，但不得超过主合同标的额的20%。所以要注意，当购房定金数额超过房价款的20%时，超出部分不受定金罚则的约束，只能作为预付款。

定金的"定"是确定的"定"，不是预订的"订"。因为"订金"是可以退的，卖家是可以无成本违约的。当我们看中一套房子，尤其是很抢手的房源后，会特别着急想要抢上先机，可是，不要急着交定金，一定要在双方签订书面形式购房合同，并在购房合同中设立定金条款，在中介人员在场的情况下进行转账，并由卖家提供收款收据后才可交纳。

■ 3.中介费

作为买房者，我们常会犯一个错误：先和卖家谈价砍价，最后才和中介谈中介费。这个错误会导致这样的后果：我们花了很大精力与卖家谈好了条款细节，但回过头来跟中介谈中介费时会发现，自己的购房意愿越强烈，中介让步空间越小。正确的做法是，很多房源由不同中介公司共享资源，那么就多找几家中介看房子；然后，初步确定中介费后，再和卖家谈判。若是你对房子有意向，那么选择中介的主动权就在你手中，这时候，你对中介费还价的空间就会很大。

至于中介费是多少，每家中介公司的收费标准各不同。目前政府对中介费没有强制固定，但是规定了最高上限——一、二线城市的中介费比例大概在成交价的1.5%~3%，且存在大概0.5%的还价空间。

需要注意的是，即便买房者和中介已经谈好了中介费，买房者也还有一次对中介费砍价的机会——当买卖双方谈判遇到僵局的时刻，买房者可以向中介提出中介费让步的问题。此时的中介为了促成成交，往往会适当做出一些妥协。

■ 4.按揭服务费

买房中最关键的一步就是申请贷款，很多买房者因为对业务流程不熟悉，担心贷款无法正常审批造成购房损失，基本上会请按揭服务公司办理贷款。按揭服务费包含评估、公正、担保、抵押登记等费用，一般收费为贷款额度的0.5%~1%。同中介费一样，这个费用也存在一定的还价空间。

要提醒大家的是，在个人征信、流水等都没有问题的情况下，买房者可以自己去银行咨询、办理按揭手续。按揭手续其实并不复杂，买房者按照银行的要求提交相应的资料即可。更重要的是，现在大部分银行办理房贷业务都是免收按揭服务费的。

■ 5.首期款

我们每个人的购房资质与后期需要支付几成的首期款直接相关。首期款有个非常重要的概念叫"资金监管"。以前的房产交易中，首期款一般都是由买方直接转给卖方，但是这里面存在一定的风险，比如卖方不配合过户或者无法过户怎么办？或者签约之后先过户了，而买方拒付房款怎么办？去银行办理资金监管就可以规避这些风险，这就相当于在淘宝上购物，买家先把钱支付给第三方平台支付宝，待卖家发货、买家确认收到货之后，支付宝再把钱支付给卖家。

在买房交易过程中，银行作为第三方监管机构，将买方支付的首付款冻结，直到买方取得产权证后才将这笔资金解封并转给卖方。这样做能够确保资金安全，保障了买卖双方的权益。

需要注意的是，除去定金，买房者可以在支付的首期款里扣留1~2万元的交房预留金，用于后续水电费、物业费等的交割。等过户后，卖方腾空房屋，户口迁出，交出钥匙，物业费、水电费、煤气费、电视费等费用结算清楚后，买房者再把预留金全部转给卖方。

最后提醒一点：一定要保留好所有和卖方及中介的转账凭证及收据凭条。

责任划分

二手房买卖过程中，违约事件时有发生，特别当房价飞涨时，卖方是很有可能撕下脸皮无视合同的。违约方一般以卖方居多，买方违约的情况很少。因此在签订购房合同中，责任划分里补充的违约条款特别重要。补充的违约条款才是双方真正约定的条款，这个效力比原合同还要强。

违约金额的约定正常是定金的双倍或者购房款的10%~20%，这个约定是针对双方的。那么，违约责任如何划分呢？这里介绍一个简单的参考逻辑——时间线。

比如卖方必须在12月1日前过户给买方，如果卖方超过这个日期不过户，就属于违约。因此，12月1日就是判断卖方是否违约的一个节点。根据时间线，我们就能很清楚知道买卖双方在什么时间节点前要完成什么事情，否则就构成违约行为。

对于买方，什么时候付定金？什么时候付首期款？什么时候办理贷款？……这些都是需要约定时间节点的，超过时间未履行就属于买方违约。对于卖方，什么时候赎楼？什么时候办理过户？什么时候交房？什么时候迁移户口？……这些时间也都需要提前约定好，超过时间未履行就属于卖方违约。

所有的时间点，串联成交易过程中的时间线，是判定双方违约责任划分的最重要的标准。

网签

我有一个来自北京的学员于2018年3月在深圳买下一套房子，交了20万元定金后将大部分买房工作委托给中介处理，然后返回北京，因为工作繁忙一直没有抽时间飞回深圳办理过户。刚开始时，深圳的中介一直催他赶紧办理过户，后来中介不催了，他才开始紧张，心想肯定出问题了。于是他赶紧飞往深圳，抵达后发现这套他交了20万元定金的房子已经被卖掉了。而这套房子从2018～2020年间上涨了不止一倍。我们这位北京的学员频频摇头，直呼可惜。为什么会发生这个情况？因为在他交了定金后，中介并没有为他做网上签约（网签）。

我们在房产交易当中，买卖双方会签订购房合同，买方根据合同协商支付定金后，就需要办理网签，将房子交易信息登记到房管局的系统里。此时，所有的中介系统都会显示这套房源已被锁定出售，无法放卖，中介也就会停止对这套房子的推销。

网签最大的好处就是让房地产交易更加透明化，避免一房多卖。只有解除网签后，这套房子才能转卖给其他人。但是，如果没有买方的同意，网签是无法被解除的。

　　如何确认中介是否为我们做了网签呢？请中介在网签完后发确认截屏给我们。中介自行就可以完成网签，但是中介不能在不经过买卖双方允许的基础上私自解除网签。因为中介虽有解除网签的权限，但是一旦私自解除后，所有的法律责任都归于中介方。所以，一旦网签成功后，只有买卖双方同时申请解除才可以解除，中介不敢私自解除。

　　如今网签系统是24小时开放的，并且周末也可以办理，所以合同签好以后就要马上做网签。如果有中介告诉我们，这套房子暂时没有办法网签，要过几天才能办，那一定要提高警惕。

　　买房其实是相对低频的行为，积累经验并不容易。每一种风险，都有它的价格。因此对于大部分人来说，买房之路可谓是风险重重，稍不注意，多年积攒的血汗钱就有可能付诸东流。越具备强烈的风险控制意识和认知，越能让我们更持久地获得收益。

3

构建四种收入管道之长租公寓 | **第三章**

子安

房爸爸平台创始人

 坐标 深圳

■ **一句话介绍自己**　愿景：坚持价值投资57年

■ **最有成就的三件事**
　　① 跟偶像像罗伯特·清崎同台演讲
　　② 撰写《买房可以很简单》书籍，让更多人了解房产理财
　　③ 搭建房爸爸平台，让更多人可以学习房产理财

■ **我能给大家提供的资源**
　　① 人人都需要的房产理财知识
　　② 由1000＋房产大咖构建的平台

■ **我对房产的理解**
　　① 用房子构建家庭稳健资产
　　② 没有资本利得走不快，没有现金流走不远
　　③ 良性杠杆让富债变富人
　　④ 投资必须先以风控为核心

一手现金流，
一手滚雪球，
创建长期稳定的现金流。

第一节　好合同价值千万

我一直强调用四种收入管道构建幸福的家，第一种收入管道就是买房。有人会质疑：买房谈何容易？的确如此，且不说好房源少、名额配置难，仅是首付、月供就把很多人拒之门外。有多少人为了买房使出浑身解数，省吃俭用，拿出所有的工资再加上父母半辈子的积蓄，终于凑够了首付，结果每月月供又让自己吃不消。大多数工薪阶层收入渠道单一，仅有工作收入，但每月薪资用于吃喝用度、人情往来、照顾老小已近"月光"，于是买房后的月供是否能应付得来，成为很多人买房的重大障碍。

既然买房如此困难，那么是否有打通新的收入管道的办法呢？这一章将提供第二种收入管道——长租公寓，让我们轻松解决月供，打造被动收入。

如果你并没有买房的打算，但是连年承受着租房、搬家的痛苦，长租公寓这种模式也可以解决你的租房痛点。来自上海的江西人胡楠，是典型的沪漂，他在上海工作的7年间，租过7次房子，每年搬家成为他特别痛苦的事。他结合自己的租房经历，总结出了租房人的三大痛点：一是房东每年涨租金，二是一年又一年的被动搬家，三是房租占工资收入的20%～30%，开支太大。但是转换思维，通过以租养租的方式，拿到租房的主动权，就可以根治这三大痛点。

价格差有多大，财富就有多大

什么是长租公寓？简而言之就是包租，先选中房子，并以低于市场的价格长租下来，然后通过装修美化的方式再把这套房子以高于市场的价格租出去，来赚取中间的差价，实现每个月的被动收入。不要小瞧这个方法，它少则帮助我们减少月供，大则可以作为我们的一项事业实现百万收入。

例如，我们租了一套房子，月租价是3000元，经过装修美化，再以3800元租出去，这里产生的800元溢价就是我们不需要每天靠工作便能获得的。试想，把这一套房子的出租经验复制到10套，会怎样？是不是相当于每月有8000元的额外收入？如果每套房子都签订十年的长期租赁合同呢？解开这道数学题，意味着我们会获得接近百万元的利润。回想过往十年，我们靠工资积攒到百万元了吗？答案如果是肯定的，想必你也不需要在买房时因为首付和月供而犯愁了。

回到月供的问题，如果你在深圳购买一套100平方米三房两卫的房子，总价600万元，你首付180万元，贷款420万元，年限30年，等额本息，那么你的月供大约在2.4万。按照前面的做法，如果包租一套每月就能获得800元利润，你包租30套的利润就可以覆盖贷款的月供，是不是非常期待？

《逍遥游》中写道："北冥有鱼，其名为鲲。鲲之大，不知其几千里也；化而为鸟，其名为鹏。鹏之背，不知其几千里也；怒而飞，其翼若垂天之云。"庄子的哲学思想暗喻着一个耳熟能详的道理，那就是"心有多大，舞台就有多大"。我们不妨再往前多走一步，把30套变成100套，会怎样？把10年长期合同变成20年，又会怎样？思维和认知一旦改变，仅仅凭借价格差，就能为我们创造持续可观的财富。

锁定九个关键要素，零风险坐拥高收益

或许经过几番努力，我们终于淘到"家门口的金子"，也就是找到了周边的好房子，这时候就需要跟房东签署一份租赁合同。所谓"空口无凭，立字为据"，这个"据"指的正是合同。

合同的作用是什么？它能约束我们和房东共同履行责任和义务，保障双方的合理权益，也可以保证我们在经济好和不好的时候都有足够的利润空间。同时，一旦发生违约事件，如何去处理，处理的依据是什么，走什么样的法律程序等，都会在合同里写得清清楚楚。另外，在遇到意外事件导致合同无法履行时，合同还能保障我们的收益不会减少，从而为我们提供足够的安全防火墙。甚至，如何让房东不敢违约？如何让我们不再害怕违约？这些也都能通过合同达成。

长租公寓的实质正是通过与房东和租客签署合同来规避各种风险。那么，如此重要的合同所包含的必要要素有哪些呢？我提炼出九个，分别是价格、年限、免租期、递增、维修责任、产权人/产权关系、委托书、押金收取人、违约责任及违约金。接下来我将阐述这九个要素。

■ 1.价格：不要跟傻瓜比傻

前几年，长租公寓行业受到资本市场的青睐，很多资本投入到这一行业，他们不管利润，先投钱占领市场，期待上市圈钱，可往往熬不到上市就垮在半路。有些企业采用高收低出的模式，比如收房是5000元/月，租出只收4500元/月，甚至更低，要求租客一次性付一年的租金，这样一套房子就能一次性收入5.4万元，却按月付给房东租金5000元（约1/10）。那么，收100套房子就一次性收入540万元，收1000套房子就收入5400万元，收10000套房子就收入5.4亿。除去每月给房东的租金，账面上的金额看上去确实很大，但实际上，企业每月每套亏损了500元，每月10000套就亏损500万元。如果融资上市不成功，他们便选择跑路。新闻报道中的清空跑路、公寓爆仓就属于这种做法的后果，这不仅伤害了众多租客，还破坏了租赁市场。

价格是决定利润的核心要素。如果有个傻瓜跟你说，我们来看看谁更傻，你要不要跟他比？这时候，你只要告诉他，他比较傻就可以了。在做长租公寓时，低于市场价包租下来就是最安全的防火墙——最高上限是市场价。如果我们能以低于市场价的价格签下房子，那么未来的每一天，我们都会因此受益。美国有一个真实案例，帝国大厦的所有者普鲁敦斯保险公司跟别的公司签下长达114年的租约，而且每年的租金都是双方在1950年就商量好的价格！

■ **2.年限：年限不够，没有利润**

《永恒的投资七律》的作者詹姆斯·蒙蒂尔说："估值是金融当中最接近万有引力定律的东西，它是长期回报的主要决定因素，短期可能有很大的出入，但长期一定会向价值回归。"签长期合同，能锁定未来房租增长的利润空间。

普通人在签订租房合同时，往往一年一签，最多5年。我一般签期限6年以上的合同，而且我要求学员也这样做，如此将获得比5年合同多30%左右的利润。这30%的利润是如何获得的呢？举个例子，我们按月租金4000元收一套房，出租价格是每月5000元，随着房价租金上升，五年下来，我们获得的利润可能会达到10多万元。如果市场行情5年涨一倍，那么当年的5000元租金就成了10000元租金，就算房东涨月租金40%到7000元，算下来，第6年的利润是36000元（即10000×12 - 7000×12）。可见，第6年赚的是未来房租增长的利润空间。

所以，我们要争取的租房年限最低是6年，那最高上限是多少年呢？20年，这是法律规定的。《中华人民共和国合同法》第二百一十四条规定："在租赁合同中，租赁期限不得超过二十年，超过二十年的部分无效。"如果我们想签约比20年更长的合同，可以在租赁期届满后续订租赁合同，简单地说，通过续订来实现更长年限。那么问题来了，真的能签到这么长的租赁年限吗？做难的事情赚钱容易，做容易的事情赚钱难，谈长期合同不是容易的事情，但当我们破除了不可能魔咒，通过学习也一样可以做到。而且，这样的合同每天都在被签订。

■ 3.免租期：缓解出租压力

免租期是指房东同意免收租金的时间。在履行长期合同的过程中，我们难免会面临更换租客的情况，这也是房东会遇到的，因此跟房东申请免租期是合情合理的。市面上做得好的一些连锁公寓，他们跟房东签的合同中约定的免租期是45天。

我的学员把免租期谈成了15个月，而且这15个月的免租期还前置到第一年使用。当时他和房东签署的合同期限是10年，约定每年免租期是一个半月，这相当于他有15个月不需要付租金给房东。他拿到房子后，从装修到转租，历时半年左右，却在第16个月才开始给房东租金。

当然，申请到15个月的免租期确实很困难，一般情况下，我们很难完全复制这种模式，但如果我们和房东展开有效谈判，完全有可能为自己争取到很长的免租期。我们不妨以6年的合同为例，如果我们和房东申请每年1个月的免租期，房东一般都会答应的，这样6年就有6个月免租期。如果房子需要较大的改造，还可以和房东申请3个月的装修期，如此算下来，我们就有9个月不需要给房东交租金。

利润不是靠单一要素获得的，而是源自多个要素的组合叠加。所以，要想在长租公寓这个行业长久盈利，低收房价格、长年限、免租期等层层叠加，才可以助你收获可观的利润。

■ 4.递增：时间的复利

时间是撬动复利的最重要因素。假设我们每年搬一次家，往往无法阻挡房租的递增，如果每年递增10%，租房十年就意味着多付给房东上万元，甚至几十万元。

或许你觉这是危言耸听，那么以房租5000元/月为例：每月多付150元，算下来每年递增3%；每月多付250元，对应的是每年递增5%；每月多付500元，对应的是每年递增10%。10年的结果在表3-1里展露无遗。

表3-1　长租递增指标参考表（以月租5000元为例计算每年房租）

方案	不递增/元	每年递增3%/元	每年递增5%/元	每年递增10%/元
第1年	60000			
第2年	60000	61800	63000	66000
第3年	60000	63654	66150	72600
第4年	60000	65563	69457	79860
第5年	60000	67530	72929	87846
第6年	60000	69556	76575	96630
第7年	60000	71642	80403	106293
第8年	60000	73792	84423	116922
第9年	60000	76005	88644	128614
第10年	60000	78285	93076	141475
总计	600000	687827	754657	956240
与不递增差额		87827	154657	356240

所以，如果每年递增3%，10年的房租就要多付约8.7万元；每年递增10%，则多付35.6万元左右。两者之间仅差350元/月，10年下来的总额却是27万元左右。真的不算不知道，一算吓一跳。巴菲特说过："人生就像滚雪球，最重要的是发现很湿的雪和很长的坡。"可惜的是，很少有人认真算过这笔账。

那么，我们要怎么控制这个损失？赶紧找一个愿意签10年不递增或者递增幅度足够小的房东，以尽可能多地省下辛辛苦苦赚来的血汗钱。这正是查理·芒格一直推崇的逆向思考方式："如果知道我会死在哪里，那我将永远不去那个地方。"

■ 5.维修责任：提前划定责任和义务

《城市房屋租赁管理办法》第二十一条规定：出租住宅用房的自然损坏或合同约定由出租人修缮，出租人负责修复。不及时修复，致使房屋发生破坏性事故，造成承租人财产损失或者人身伤害的，应当承担赔偿责任。再有第二十三条第二款规定：因承租人过错造成房屋损坏的，由承租人负责修复或者赔偿，由此可见，提前划定房屋修缮的责任和义务很有必要。

一般情况，房屋承重结构、硬装、水电等修缮责任由出租人负责；房屋里面的门卡了、灯坏了、马桶堵了、空调不制冷了、墙面脱落了等维修责任由承租人负责，毕竟这是因为承租人在使用过程因为自然损耗导致的。以上，均需要在合同里约定。

在这个环节里，我们有两个身份：原房东的承租人和租客的二房东，这时，我们可以通过两份合同（一份是与房东的合同，一份是与租客的合同），实现原房东与租客之间的权责对接，这样可以省去事后的诸多麻烦。

■ 6.产权人/产权关系：清晰界定，避免纠纷

产权人一般指权利人，是权利主体中享有权利的一方，指依法享有某物品所有权、占有权、使用权的法人、其他组织或自然人。房屋产权人是依法享有房屋所有权和该房屋占用范围内的土地使用权、房地产他项权利的法人、其他组织和自然人。房屋租赁是通过合同的方式，把房屋出租给承租人使用。因此，在签合同时，一定要对产权人的个人情况验查仔细。

如果是房东本人出面签约时，一定要查看其房产证与身份证。如果房产证没有办下来，则一定要求其出具购房合同以证明其身份。此

外，遇到"二房东"时，应验明他在租赁期间是否有权利将此房屋转租，并让其出示租赁合同，以及提供该房屋的相关产权证明，以免引起法律纠纷。

■ 7.委托书：产权人不来，委托书带上

在生活中，若当事人无法到现场确认或办理相关事宜时，可以委托他人代办，那么当事人需要提供本人身份证复印件、委托书等给受委托人，如此才会受法律保护。委托书上需要写明房源信息、委托人信息、受委托人信息、授权范围、授权时限、双方签名和手印等。

同理，我们要跟房屋产权人签合同时，最好是与房屋产权人本人签约。如果不是，一定要让来者出示委托书，不要相信其口头上说的各种关系，如夫妻关系、父子关系、兄弟姐妹关系、老板员工关系等，一定要懂得用法律来保护自己的合法权益。

■ 8.押金收取人：明确资金流向

押金是一方当事人存放在另一方当事人处的一定费用，用于保证自己的行为不会对对方利益造成损害，如造成损害的可以以此费用据实支付或另行赔偿。在双方法律关系不存在且无其他纠纷后，押金应予以退还，但在违约时押金将会被扣除。押金在维护正常有序的社会主义市场经济中，具有极为重要的制度价值，因而被人民大众广泛运用在社会经济生活中。

租赁房屋时，承租人需要给房屋产权人缴纳押金，如押一付三、押二付三、押二付四等。在过去，我们往往一年一签，现在签的合同有6年、10年，甚至20年，有些变数就需要提前规避，如明确押金收取人是房屋产权人本人。

假如我们和受委托人签了房屋租赁合同后，顺便把押金付给了受

委托人，10年之后，我们很有可能找不到该受委托人，那就会面临押金收不回来的损失。如果一套房的押金为几千元，那么100套房的押金就是几十万元，这不是小数目。因此，押金收取人一定要是房屋产权人，押金不要用现金，要通过银行等方式转账，以保障资金流向。

■ 9.违约责任及违约金：盈利的最后一道防火墙

违约责任，是指当事人不履行合同义务或者履行合同义务不符合合同约定而依法应当承担的民事责任。违约责任是合同责任中的一种重要形式，一定要引起重视。

房东拒绝履行维修义务，或租赁期内要收回房屋造成承租人无法继续使用等都属于违约行为，需要承担违约责任，一般通过违约金的方式进行补偿。违约金的设立是为了保证责任的履行，即使对方没有遭受任何财产损失，也要按法律或合同的规定给付违约金。违约金的标准依法规定或双方在合同中书面约定。

在这里提供两种违约金的计算方式，一种违约金是固定金额，比如租金为5000元/月的房子，违约金可以设置在8万元以上；还有一种违约金是合同剩余未执行租期内的租金总和，比如5000元/月的房子，签了10年，住满5年时房东违约，违约金就是剩下的5年租金总和，也就是30万元。面对这么大额的违约金，房东也不敢轻易违约。

这里分享一个反面案例，我有个学员是广州一家公司的HR经理，她按照租金5000元/月、且6年不递增的标准签下一套房子，经过装修美化后，以7000元/月租出去，6年的利润保守算下来也有14.4万元。可是，就在她装修好之后，房东反悔说不租了，因为合同中并没有约定专门的房东违约责任条款，最后房东只按照合同赔付了2个月的房租，也就是1万元。世上没有后悔药，如果她能在违约责任和违约金上把好关，就不会栽这个跟头了。

每一份好合同，都是一张长期粮票

合同是用来保证双方权利和义务的，只有我们获得了盈利，才能够长久为更多需要我们的人服务。同时，合同是基于创造价值而存在的，我们是在为房东创造价值，帮房东处理麻烦，帮房东管理物业，帮房东节省昂贵的时间成本和精力成本，让他们有更多的时间陪伴家人、培养子女、赡养老人、发展主业。在商业社会，我们需要这样一个契约，来让我们稳定安心地为房东创造更多、更好的价值，同时获得属于我们劳动之后的利润。所以，每一份好合同，都是一张长期粮票，在签约时务必要谨慎。

 第二节　巧谈判：搞定中介和房东，赢在合同期

选房：让中介帮我们找到房东

作为长租公寓运营人，我们的价值主要在于帮助房东管理好房子，省去频繁换租客、维修等麻烦，同时给租客提供温馨、舒适的居住空间。因此，我们需要找到没有时间、精力打理房子的房东，最好是手上有3~100套房子的房东。这类房东仅占所有房东的5%，他们在哪里呢？这就是我们需要中介的地方了。中介是我们和房东之间的一座桥梁，发挥的是链接的作用，他能帮助我们筛选出手握3套以上房子的房东，并为房东与我们的谈判约定时间、地点。而至于谈判、签约等事宜，是我们直接对接房东，中介无法左右房东的决定。

现实中，我们很多学员在和中介沟通的过程中，中介会直接拒绝说："这不可能的，没有房东会同意签10年。"这时候学员往往被中介打击到，但事实是有大量的学员都签订了长达10年、20年的合同。

王 英

女，"80后"
城市：安阳
职业：全职宝妈

河南学员王英第一次见中介的时候忐忑不安，心中上演各种内心戏，不确定所学内容能不能落地。直到她真正签到满意的好合同，甚至之后可以一次签到5套房后，才明白我们长租公寓运营人的价值是为房东解决难题，为租客提供更优质的服务，为中介提供工作机会。所以，别被中介的言论所影响。明确了中介的功能，我们就可以依此寻找合格的中介。

三招快速加中介

正是因为适合长租公寓的房东比例很小，而能够高效起到桥梁作用的中介又有限，那么为了能最大效率找到房东，我们需要去中介的大海里捞针，通过亲100只"青蛙"来找到"青蛙王子"。我强烈推荐至少加200个中介的联系方式。如何能快速地加中介呢？推荐三种方式：第一种最简单，去中介门店加联系方式，一家店有10~20个中介，跑10家门店就能加到200个中介；第二种是在58同城等平台发一个租房广告，中介会打电话来加我们；第三种方式是给一个中介发红包，让他把我们加入中介群，然后发布租房信息，让中介来加我们。这样，一个小时内，你就能加满200个中介。

三层级中介管理术

加够200个中介的联系方式后，一定要给予管理和维护。为了最大化节省时间，我们可以把中介分为三个层级：第一层级的中介是群发关系，就是在发布求租需求和出租需求时，一键群发给这上百个中介，将信息的受众面扩到最大；第二层级的中介是私聊关系，占比约20%，也就是大约40个左右，这些中介值得好好维护，可以通过小红包的方式一对一私聊，建立小链接，让这部分中介成为自己的朋友，帮助我们筛选房东和租客；第三层级的中介是好朋友关系，占比大约是第二层级的20%，也就是约8个人，可称为"八大护法"，他们就像我们的亲密朋友，可以一起吃饭一起喝茶，能够为我们带来源源不断的6~20年的房源。

刚开始的时候，我们并不知道谁会是"八大护法"，所以必须投入一定的精力去筛选。筛选后，就可以坐等他们推荐的好房源。这就是中介的分级管理术。这里分享一个小贴士：我们必须新开一个微信小号，专门用来维护中介、房东和租客，把这项业务与自己的工作、学习和生活做一个隔离。注意：固定时间进行维护即可，其他时间可以设置静音模式或者不带这部手机。否则我们很容易被200个中介的信息量淹没，全天都处于被打扰的状态。

六大策略，谈成好合同

我们筛选出合格的中介后，接下来就要绑定好房东。在跟房东谈判时，要理性和感性并用，晓之以理，动之以情，让他既能得到经济上的回报，还能拥有一份心理上的安全感。

谈判，是关系双方就共同关心的问题互相磋商、交换意见、寻求解决的途径并达成协议的过程。在生活中，谈判无处不在，无论是去菜市场买菜、求职谈薪，还是职场必要的商业合作，都涉及谈判。在公寓出租中，谈判技术的高低往往决定了利润的高低，我们的谈判对象主要是房产中介和房东。我们需要通过中介找到合适的房源，并通过谈判确定需要支付的中介费。在拿房环节，我们需要跟房东好好谈判，以确保自己能以最合适的条件租到满意的房子。

很多人都把谈判理解为一种对立，也就是一方输、一方赢。而事实上，好的谈判一定是双赢的。作为租客，最好的谈判结果是我们和房东通过租赁房子建立牢固的关系，双方从中获得满意的回报。这就要求我们掌握核心的谈判技术，成为会谈判、巧谈判的高手。

作为美国前总统比尔·克林顿内阁最重要的政治高参之一，罗杰·道森被公认为最会谈判的人，他因单枪匹马从萨达姆手中救回美国人质而驰名国际政坛，在长达近十年的总统谈判顾问生涯中，他一直周旋于美国白宫、参议院、耶路撒冷、巴尔干等国际政治的漩涡中心，历经1996年美国总统大选、巴以和谈、科索沃战争等一系列众多著名的历史事件。他将自己30年的成功谈判经验写成了《优势谈判》一书，分享了优势谈判的六大策略，这六大策略非常适合我们在长租公寓过程中的谈判。

■ **策略一：永远不要接受第一次报价**

谈判其实就是一个博弈过程，在这个过程中双方都在尽力争取各自的利益点。最好的谈判并不是经过一个来回后，双方就敲定所有条件。如果双方在第一次报价后就顺利达成共识，那并不算一次好的博弈。即便对方第一次提出的报价已经满足我们的预期，我们欣喜若狂，也不能立刻答应。

对于房东来说，如果我们爽快答应他的报价，他会重新评估自己的报价是否合理。他可能会想：我的报价是不是太低了？假如我报更高的价格，是不是也可以谈成？如果我推进合作，这样的条件是不是意味着我吃亏？当他有这样的想法之后，就会后悔自己的报价，这也就意味着这个谈判往往会谈不成，或者他会在其他地方提出更高的条件。一旦让房东产生吃亏的心理，他很可能找借口取消交易。

价格谈判最好的模式就是来回拉锯，最终拉到一个大家都接受的心理点。比如，一套房子市场租金为每月5000元，房东评估过后开价4800元，我们应该开出低过4800元的价格，如4500元。即使最终价格以4800元成交，房东也因为高过我们提出的4500元而有胜利的感觉。即使我们最终没有以低过4800元的价格成交，我们依然有机会通过其他条件来弥补自己的落差。

好的谈判是双方在反复提需求的基础上彼此获得满足。与房东谈合同的时候，价格是核心的一环，如果我们想在谈判中获得更多，就永远不要接受房东的第一次报价。

■ **策略二：开出高于预期的条件**

优势谈判最主要的法则之一是：在与对手谈判时，我们所开出的条件一定要高出自己的期望。这样，我们在和对方谈判时就有让步的空间，同时也让对方有赢的感觉。这是优势谈判最重要的一项核心秘诀。

陈龙

男，"85后"
城市：北京
职业：市场经理

　　我的学员陈龙在2020年5月签了一套北京朝阳管庄零点特区43平方米的集体产权公寓。去谈判时，他向房东提出签10年的合同，其实他原本目标是6年的，果然房东并不同意。陈龙通过中介了解到，由于疫情，房子已经空置了40多天，在谈判中，陈龙向房东展示了房子精装后的优质装修效果，以及接手房子后可能面临的困难，如物料慢、人工贵、出租难等，需要房东多给一些保障。最后，陈龙和房东签下的合同期是8年，装修期1个月，每年空置期15天。

　　在谈长租合约的时候，很多关键因素都可以成为我们谈判的筹码。例如，超长的装修期和免租期、远低于市场价格的租金、高过房东期待的违约金，等等。如果我们的装修期期望是1个月，那就直接开出3个月装修期的条件，那3个月以内的装修期都可能成为我们最后的谈判结果。这样，我们将有很大概率拿到高于自己原本预期的谈判结果。

很多人在谈判的时候，最大的卡点在于不敢向对方提出过分的条件，认为只要接受市场平均水平就好。但是我们要这么考虑：如果多争取一个有利的条件，未来自己的安全保证和盈利点就会增加，这样就不用把包租的利益点仅仅放到装修溢价和未来租金价格上涨上面了。当我们选择包租作为现金流管道之一时，就必须明确这一点：包租的利润高低决定于合同签署的那一刻。因此，我们要学会在谈判中开出高于预期的条件。

■　**策略三：学会大惊失色**

优势谈判高手都知道，双方的反馈特别重要。当对方首次开出条件和报价的时候，我们的第一反应最好是大吃一惊。即使经历过无数次市场的磨砺，知道他开出的条件很好，我们内心早就可以接受他开出来的条件，也必须表现出惊讶、意外、不解、难以接受。

我们可以说：

——不会吧，我之前看过的一套房比你的价格低多了。

——我从来没有听过这个价格。

——你这个价格在这个区域是最高的。

——你这个价格我完全没有想过。

——你对这个市场了解太少了吧。

——你这个价格太吓人了。

当我们大惊失色地表现出自己的意料之外时，一定要记住配合肢体语言来表达。例如，皱起眉头、倒向椅背、打开双手、立刻站起来……语言和肢体语言表达越充分，越容易给对方造成冲击。即使他之前很坚信自己的报价和条件是合理的，但是看到我们这副姿态，也很容易产生自我质疑：难道我的价格真的不合理吗？这时候，他会重新评估自己的报价。如果不习惯在谈判当中运用这些技巧，我们应该在谈判之前，反复练习，直到运用自如。

■　**策略四：一定要索取回报**

谈判是一个来回拉锯的过程，也是天平重心来回调整的过程。当双方在谈判中产生分歧导致谈判无法进行下去时，必然需要一方做出让步。这时候我们需要运用的最重要原则是以条件换条件。也就是说，如果我们在价格方面做出让步，促使谈判往下进行，那就应该在其他地方索要弥补。无论在什么情况下，只要我们按照对方的要求做出一些让步，就一定要学会索取回报。

如果我们向房东提出3个月装修免租期的条件时，他却只给1个月。我们可以这样说："我一直以来签的合约都有3个月装修期，现在你提出1个月，如果我答应了，你又会为我做什么呢？"

为了强化我们的印象，请反复大声练习下面的句子："如果我为你做了这个，你又会为我做些什么呢？"请记住千万不要提出任何具体的要求，最好的方式是让对方先提出来。因为当我们提出具体要求时，对方可以在这个要求之下压减条件。而当对方先提出要求的时候，我们可以在他的基础上再提出更高的要求。这样的话，我们既能摸清他的底线，也能争取到更多的有利条件。

■　**策略五：集中于当前的问题**

关于要求房东给装修期这个点，我的学生杰克欧阳和胡楠甚至谈到让房东提供装修款。

杰克欧阳

男，"80后"
城市：上海
职业：被动收入教练

胡楠

男，"90后"
城市：上海
职业：保险顾问

　　房东同意包租的房子位于上海浦西，属于上下两层的"老、破、大"，面积180平方米，20世纪90年代的装修风格。房东年事已高，居住在浦东，从浦东往浦西单边通行至少需要2小时，房东想装修但是又觉得麻烦。基于这点，杰克欧阳和胡楠提出可以帮忙美化装修，并告诉房东等合同到期后，房子还可以卖个好价格，这正抓住了房东的内在需求点。经过谈判后，房东同意给出2个月装修免租期；而且，他们还成功借到房东3万元装修款（按照一定利息，分18个月偿还），有效缓解了包租的资金压力。

　　这个房子的包租合同签订了6年，收房价格是9500元／月，改造后整体出租是13500元／月。杰克欧阳和胡楠跟房东签订的收款方式是押一付一，跟租客签订的则是押一付三，因此他们毫无资金压力，还能把这份收入滚入到下一套包租公寓当中，实现了轻资本运营。

　　在谈判过程中，双方会谈到各种各样的话题，同时我们也很容易被对方的各种形象和行为所影响。例如，如果对方是一个成功人士，我们可能会被对方的气场所震住。而且，对方可能谈很多谈判以外的东西以分散当前谈判的目标。不管谈判过程涉及什么，遇到什么样的对手，我们都应该清楚：自己的目标是什么，并且想办法集中到当前的问题。

顶尖的网球运动员都知道，真正影响比赛结果的只有一件事情，那就是网球在球场上的运动轨迹。在比赛时，网球运动员应该把精力集中到网球上，而不是去关心对手在做什么。同样，在谈判过程中，我们应当把全部精力集中到眼前的问题上，而不应该被谈判对手的任何行为所影响。当我们被外在因素影响太多时，就应该静下心来想一想：这些因素对于解决我当前的问题有帮助吗？

当对方谈及偏离谈判方向的事情时，我们可以给予及时提醒，让对方回归到问题本身。

例如：
——关于价格，你的想法是怎么样的呢？
——要达成我们的目标，你需要我干什么呢？
——如果要增加两年的租期，你希望补充什么条件呢？

时刻提醒自己，集中在当前要解决的问题，不分心，最终拿到自己要的结果。

■　**策略六：时间压力**

每当遇到时间压力时，人们会变得更加灵活。特别是在谈判中，我们前期花了很多时间来沟通，到最后快要达成的时候，心理上都会产生已经付出过、不愿意失去的感觉，大多数好合同中的条款都是在谈判的最后20分钟内达成的。

很多事情都有回旋的余地，对方在谈判当中投入的时间越长，就越容易接受我们的某些观点。如果双方因为最后的一个分歧导致谈判失败，会有所有努力都白费的感觉，所以都会愿意接受双方妥协的折中条件。绝大部分的让步是在谈判的最后时间段做出的，因此可选方案多、并且能坚持到最后的人，将获得谈判的最终胜利。

签房：高共情、设边界，绑定好房东

我们在第一节分享了如何与房东签订一份好合同，但事实上，当我们向租房中介提出这些需求时，常常会遭受白眼，中介会觉得我们的要求太夸张了：房东怎么可能愿意租那么久？免租期、违约金的谈判更是举步维艰……这就需要我们好好运用刚刚分享的谈判策略和方法。

■ 签订6年以上合同

如何才能和房东签到6年、10年，甚至20年的合同呢？

首先，与房东建立信任关系，认真倾听。在谈判之前，我们要弄清楚房子的基本信息、周边的房价、房东的情况等，这是最基本的诚意。同时，我们要做一个善于倾听的人，少说多听，这样不仅会让房东认为我们是有礼貌、有素质的人，而且会让房东更放松下来，良好的沟通氛围可以为后面的谈判打下基础。广州学员喜多见先生的经验是在约谈房东之前，先踩盘小区出租的房源，在对房源信息有较为准确的把握后，再去见房东。他会先和房东介绍自己的情况，让房东了解真实的自己，并在谈判的过程中尽可能聆听房东的倾诉，认真共情、及时认同，给予解决办法，并最终找到双方都认可的解决方案，达成共赢。

其次，我们要挖掘房东的痛点，即房东为什么愿意长租自己的房子。如果房东自己都不清楚，我们就要帮助他去回想之前出租遇到的问题。比如，房子维修带来困扰、换租要再次付中介费、房子空置风险等，那我们的出现就是为了解决房东的上述问题。千万不要自顾自把所知道的情况都讲给房东听，房东反而会更加戒备和不安。如果房东很健谈，那么谈判也许会更顺畅。如果房东不爱讲话，我们也可以用一些话语来引导，比如"您为什么想要把房子长租给我们呢？""您在之前租房过程中有什么不愉快的经历吗？"……如果我们能为房东解决烦恼，就是在为他创造价值。如果未来长租公寓运行良好，我们给房东按时交租，不打扰房东，可能还有意外收获，比如房东把更多的房源介绍给我们打理。

■　**谈递增**

我们签订一个长期的租房协议后，租赁期间房东可能提出要涨价。我们作为公寓运营人，一定很不愿意，因为这会削减我们的利润。但如果我们站在房东的立场去考虑，这是合情合理的。因此如果房东想要递增，我们可以做到这两点。

首先，我们要学会为房东算一笔账。从房东的角度来看，递增是有利于他的，但我们也要以长租为出发点去和房东争取：生活是有递减的——房屋要维修，坏家具要置换；管理是有损耗的；运营公寓也需要花费很多的时间和精力。因此，如果房东要涨价，我们这些成本很难回本，更不要提赚钱，这些都会让房东更理解我们一些。

其次，如果房东仍然要涨价，那我们要学会拉高房东的格局，统一立场：我们是来帮助房东解决他的若干痛点，为其节省时间和精力来实现更幸福人生的。如果我们总是执着于这一两百元钱，很容易和房东陷入敌我对立关系，这样是不利于达成协议的。所以抓大放小，抓住主要矛盾，去解决房东的问题，更有利于达成不递增的条件。如果房东非要递增，也不是不可以，可以参照我们在前面提到的递增方案去谈。

■　**谈免租期**

免租期相当于我们的缓冲垫，是我们做长租公寓获益的防火墙。因此，我们要勇于和房东开口要免租期。首先，要打造优质的长租公寓，我们就要对房屋进行装修升级，这需要时间，所以装修期是合情合理的。其次，我们难免会面临换租客的现实，因此跟房东要空置期也是可以理解的。

　　房东一般都会给装修期，那我们如何跟房东谈空置期呢？可以从以下两个方面着手：一方面，可以跟房东谈维护期，因为好的房子的确需要打理才能常住常新；另一方面，我们可以跟房东算一笔账，如果是房东出租，仍不免于每年都会有空置，也就是说，房东也做不到每年收12个月的房租，再加上中介费，可能只能收10.5个月房租，因此空置期是非常有必要的。

■　谈违约金

　　我们是否能安心地做长租公寓事业，取决于是否能和房东有效达成长期合约。如果合同不能发挥它的效力，或者房东违约，我们在前期投入的财力、物力和宝贵的精力，都将付诸东流。

周贞秀

男，"80后"
城市：广州
职业：自由职业、金融、
　　　房地产

　　广州学员周贞秀对违约金有很深刻的认识。他提到房东是主权方，租客和房东的合法关系存在不对等，如果房东单方面违约，他可以要求物业公司停止小区出入卡的使用，对房间停水、停电。因此，只有签署对应的违约赔偿金额条款，我们才能放心运营。

如何保证我们和房东谈下的条约能在6年、10年，甚至20年的时间内长期发挥效力呢？答案是关于违约金的界定。违约金谈得越高，违约成本越大，房东就越不容易违约。当然，我们不是想去赚房东的违约金，而是希望和房东建立长期合作的关系，以保证我们能持续不断地收租金。

关于违约金的谈判，我们需要和房东强调的是契约精神。我们可以在签合同之前和房东确认是否会违约。我相信99.9%的房东都会说自己不会违约的，但我们还是要提前把可能出现的情况列出来，让房东确认违约的情况不会发生。房东违约的原因不外乎是有卖房的打算、想自住不想出租了、看到我们赚钱不想出租了……

我们为房东考虑得越周全，免去他的后顾之忧，也就越容易达成高额的违约金。同时，为了不让房东被高额的违约金吓到，我们应该多次和房东强调这只是个数字，不会真的发生。如果房东不愿意，就再次和他确认原因，只有打消房东的顾虑，才能愉快地签约。

亲100只青蛙，才可能找到一个青蛙王子。在谈判过程中，房东一定会对我们提出来的条件不断反对和质疑，这是非常正常的。这里有几句谈判心法分享给你：

听话要听全，中间不打断。
聊天听话外，话外是重点。
唠嗑多一点，尴尬少一点。
顺序不能乱，节奏把握好。
微笑一直有，合同顺利签。
总结一句话，让他觉得赢！

第三节　从0到1的谈判现场

前面谈了谈判方法和技巧，接下来，我用一个真实的谈判案例来更清楚地说明谈判逻辑。这个案例是由理财人陈伟财提供的，希望它能够让你更好地消化谈判技巧。

陈伟财

男，"80后"
城市：广州
职业：教育

逻辑自洽，情理并重，达成完美谈判

时间：上半场 10：00-12：00，下半场 16：00-19：00
地点：中介门店旁的饮品店
和房东见面前，我先听了房爸爸平台周英老师的谈判精华分享，被精华赋能后，我的心态很平和，无所畏惧。

> 作者解析
>
> 不管做任何事情，不同的心态会带来不同的结果，谈判前多做些准备是非常有必要的。

■ **Part1：寒暄**

见面后，我礼貌地欢迎房东坐在我的右侧位，并给房东看了身份证。我身份证上的户籍所在地刚好在房东房子的对面小区，且单价要比房东的房子贵1万多元，这让房东觉得我俩的身份比较平等。接着，我和她阐述自己做二房东是因为想自由控制工作时间，同时方便照顾家庭。我现在正在打理的除了叔叔的房子，还有叔叔三位邻居的房子，他们对我比较满意，也觉得很省心，中介、租客和物业对我的房子与服务都很满意。

寒暄过程中，我发现房东在户外特别招蚊子，于是委托中介去取驱蚊液。房东对我赞赏有加。没有了蚊虫的干扰，我们的交流也更加专注。

> 作者解析
>
> 谈判看上去是就条件而协商，实际上的重中之重是双方建立信任关系。陈伟财自曝的身份信息，托管房子的经验，以及对房东的贴心，都让房东对他的信任感倍增。

■ **Part2：底价+免租期**

在谈判前，中介告知房东我的底价在每月3300~3400元间，而市场价是每月3500元。

我提出合作过的所有业主都是给1~2个月的免租期，以此缓冲我找租客和维修房屋的空置期。关于这一点，房东没有力争，就此默认了。

■ Part3：递增

房东：我租给二房东的一整栋居民楼每年递增5％。

我很自然地做出惊讶、夸张的表情。

我：我租的几套房子基本上是递减的，这里的房子已有十五六年失修了，很多墙体脱落，水管老化，这些增加了我很多维修成本。不要说递增那么多了，我连递增的合约都没签过呢。我签的合同期至少6年，合期到期时房子都有20年楼龄了。您没有任何花费，我来帮您维修和打理，您说对吧？

作者解析　当对方一开始提出条件时，我们要学会大惊失色，表现出对于条件难以接受的样子。无论这个条件是否符合我们的心理底价。表情管理有助于我们争取最好的谈判结果。

房东：我们给二房东的房子都是每年递增的，这很正常。

我：那不一样嘛，您那是一整栋的居民楼，楼龄肯定也很新，而且定期修缮也是您整体负责的，和我们现在谈的小区房有很大区别。

房东：凡事都有第一次嘛。

我知道房东想要赢的感觉，我就让她高兴。

我：递增太危险了，现在疫情常态化，房子空置风险大，房旧失修成本高，每年递增的话，我一定会亏本，那我的投入预算、装修质量和服务态度都会跟着降低。

房东看我动之以情、晓之以理，也有所退步。

房东：那就不要增那么多了，两年增一次好吧。

我：我知道每个房东都有自己在意的点，如果今天不递增，您一定不会和我合作了。我同意每两年递增3%，这已经严重突破我的底线了。但是有一个条件，您得多租我几年，不然我不敢投入，害怕回不了本。所以，租期改为8~10年，如何？

房东与家人电话沟通后，觉得增加年限没有问题。我俩达成每两年递增100元／月（固定数额降低成本）、租期10年的约定。

> **作者解析**
>
> 每个房东都有自己最在意的点，好的谈判是让对方有赢的感觉，这个房东最在意的点是递增，就可以用置换条件的方法与她谈。

激战正酣，要继续谈细节的时候，房东接电话说要回去吃饭了，我们只能改期到下午四点。回家路上，我如大战一场，呼吸沉重感明显，但还不能松懈，毕竟下午还要继续交战。午饭后，我听着音乐尝试舒缓，以备下午交战之需。

上午的谈判环境嘈杂，下午我们转换战场到另一家安静的饮品店。

我是和太太一起去谈判的，原本是想着让房东觉得我为人比较靠谱，而且关键时候她也能帮忙搭腔，没想到房东也带来了自己的先生。

上午确定的年限和递增，房东先生不同意，而且他还有新的疑问，经过一些时间的答疑后，我们才进入细项正题。房东先生不愿意租10年，我也不愿意只租5年，最终达成6年的租约，递增部分从上午的每两年递增100元／月，变成前三年是3300元／月，后三年是3400元／月。

作者解析

谈判过程一旦有不同的谈判对象介入，原先谈的条件在没有拟成文字合同时都有变数。因此尽量一开始就让所有参与决定的谈判人员到场，以免浪费彼此的时间、精力。

■ **Part4：装修期**

交谈中，房东知道我是擅长美化房子的靠谱管家，并考虑到我要全新设计，特别是要定制窗帘和部分家具软装，所以对一个月的装修期不排斥。原来的家具中，冰箱和洗衣机都已经废旧，可房东不愿意掏钱买新的，我们切磋达成的共识是装修期延长15天，也就是45天的装修期。实际上，我相当于花半个月房租买了一台新的冰箱和洗衣机。

作者解析

房东不愿意为家具付费，可以用延长装修期来置换。用时间换利润，实际达成的结果是一致的。

■ **Part5：违约金**

谈到违约金的时候，我用到了子安老师的标准问句：

我：您的房子在这几年会要回来自己住或者给家人住吗？

房东：当然不会，说话算数的。

我：您会不会因为我这几年运气好可能赚一些辛苦钱而眼红，然后收回房子？

房东：那肯定不会，我是诚信的人，怎么能做出这种事情？

我：那就好。考虑到我打理您的房子需要的综合投入比较多，所以需要签一个违约协议，这样我能安心地打理您的房子。这里违约金有两个方式，您可以来挑选一下，一个是10万元的违约金，一个是未执行月剩下的租金总和。

房东：那你违约赔付多少呢？

我：两押一租和装修都归你。

房东：那不行，我们违约的金额不对等，这个怎么行呢？公平起见，我们的违约金应该是要一样的，不然就有失公平了。

作者解析　关于违约金，在谈判中是一定要谈的，因为房子不是我们的，我们是弱势的，提前谈好违约金就相当于帮自己提前锁定了利益。

关于这点，我们磨了一会，喝了一些饮品，中介也帮助撮合了几句。我灵机一动，重新调整谈判方向。

我：房东，您不能只看到数值和表面。表面看起来违约金额度不同，但我们承担的风险其实是相同的，甚至我违约的成本比您的还要高一些。为什么这样说呢？

我掏出一张纸，在中间画了一条横线。我在横线上面画了一个大大的三角形，写上10万元，并告诉房东这是他们要承担的违约金，不触发就不会赔付违约金，也不用事先掏出来。房东默认。

我又在横线下面画了一个小的三角形，写上两个月押金6600元。

旁边再画一个较大的三角形，写上3万元的装修投入。紧接着，我又画了一个更大的三角形，内容空出来了，并请房东猜这笔投入是什么。

房东充满好奇和疑惑。

我：这是我投入的时间、精力、换租客的中介费，还有我的才华和智慧。所以，这个三角形也是很大的。

房东：这个不是钱，不能用这个模糊的概念来充当金额，我们现在谈生意要用实际的金额来做条件嘛！

我：房东您这样说我就伤心了，您的意思是我的智慧、才华和设计不值得您认可吗？您这样说，我就真的要难过了。

房东连忙否认，但就是不愿意退让。紧接着我示意房东看看自己脖子上的黄金项链。

我：房东，您的项链很漂亮，买的时候多少钱？

两口子对视，房东的先生补充说1万多元。

我：你们真有品位，那它为什么值1万多元呢？这条项链也就一两百克，原金也只是价值几千块，为什么它戴在您脖子上要值1万多元呢？而您明知道它的重量，为什么要花1万多元来购买呢？

房东：好看啊。

我：那不就是嘛，一坨金子只值几千块，但经过设计师赋予它不同的意义，并经过高端的工艺制作，它就拥有翻倍的价值。房子也是这样，经过我的设计理念去美化、投入，它肯定是有增值的。所以，这个三角形有价值是真实存在的，对不对？您那10万元的违约金只要不触发就不用投入，这才是虚拟数字。我的三个三角形却都是实实在在的投入，如果您连一个虚拟的数字违约金都不能接受，那我怎么能安心地替您打理房子呢？

作者解析　把未来的得失通过视觉化、价值化的方式呈现给房东，让房东可以自我说服。

房东的先生向我投来赞赏和认可的眼光，并惊喜地问道：你肯定是学经济学的，这么会说。

我们就顺利地签约了，后面的相处也很愉快，我把装修好的房子照片发给她，她很满意，后来还介绍同事来租这套房子。

 ## 第四节　轻装修：低成本装修秘诀

在前面，我们提到公寓出租前要先进行装修、美化。于是，很多人就犯愁了，因为传统的装修包括设计、施工、安装等环节，如果自己不懂装修，也没接触过这方面的知识，就会觉得压力山大，无从下手；还有一部分人觉得装修需要投入很多钱，少则十几万元，大则几十万元，因此给要出租的公寓做装修，根本不划算；有些人确实把公寓好好装修过了，也投入了不少真金白银，但是并没有起到吸引顾客、给房子锦上添花的效果，把精装修后的公寓挂出去后，依旧无人问津……

其实，想走好少投入、大回报的包租之路，需要花费不少工夫。装修固然是包租不可或缺的一环，但是不正确的装修行为也可能事与愿违，让房子更难出租。接下来，我会给大家分享人人都可以学会的低成本装修秘诀，以及装修后房租溢价的三大招式，帮助大家突破固有思维，走上正确的包租道路。

你想的不一定是对的

经过九牛二虎之力，总算把房子谈下来了，可是要么不会装修，要么装修成本太高，导致利润薄如刀。怎么办？

认知到不了的地方，行动也无法到达，一个人永远赚不到超出自己认知范围的钱。我本人也不是工程出身，我那些做成十套、百套出租公寓的学员也并非刚好都具有装修设计专业背景，有人甚至没跟装修有过任何交集……那为什么他们能把包租装修美化这件事情做好，甚至做成可以复制的产品呢？

我有个学员把装修好的房子放到租赁平台上，中介带着租客去看房，租客进门后惊呆了，这跟她以往看过的所有房子都不一样：简约、干净、有品位，还特别注重细节，价格虽比其他房源高了点，却值得。于是她跟中介说："这套房子我要了，我想见房东，想看看房东到底是一个多么有气质的人。"于是我的学员就过去了。见面后，租客心里就犯嘀咕了，这跟想象的相差也太远了吧：油腻中年，头发只剩几缕遮住脑门，穿件汗背衫，拖着人字拖，怎么也无法跟如此有格调的设计联系到一起。事实上，那位学员和自己的爱人都没参与装修过程，而他们也没学过任何设计技能。他们只是按照房屋溢价的三大招式来装修房屋。

有一个人给杨绛先生写信表达自己的人生困扰，先生在信里只回复了一句话："你的问题主要在于读书不多而想得太多。"放在做长租公寓装修这件事上，如果你问我"为什么我做不来"，我的回答是"你的问题主要在于做得不多而想得太多"。在你把所有的困难翻来覆去地想，顺便把它们当成不开始的借口的时候，有人已经在行动中把所有的困难都变成财富，一套接一套地装修、出租，锁定未来几年的收益，留你一声唏嘘。

房屋溢价的三大招式

罗伯特·清崎有这样一个观点：利润产生于你购买投资之时，而不是出手的时候。也就是说，在做任何决定之前，都要做好充分的准备，当然包括利润核算。要想实现利润更大化，提高房屋出租的价值是重要环节之一。

■ 招式一：提高房屋价值

对于同一幢出租公寓，要想增加房屋价值，意味着增加房屋单位面积的租金产值。这就好比农民想增加粮食的总产量，要通过提高亩产来达成。举个例子，对于100平方米的房子，如果租金是每月1万元，就相当于1平方米的租金产值是100元。对于一套房子而言，我们可以通过装修、密度、频度三个方面来增加它的租金产值。

我在这里提及的装修，更多是在房子原有基础上进行的优化、美化，如刷刷墙、重置家具家电、换个配色、重新摆设……是把简装变成精装，把不好的装修变成好的装修，实现"丑小鸭变白天鹅"的设计和施工过程。这就如同一块璞玉，经过琢磨打造，它的价值就会显现出来。

密度是指单位面积内房屋的个数，如果把100平方米做成1个房间，密度为1，那么做成10个房间，密度就变成了10。打个比方，我们把两房改成三房，从原本租给2个人到可以租给3个人，这就提高了房屋的密度，进而提高了单位面积的租金产值。市面上常见的把整租变成分租的现象，这就是通过提高房屋的密度来增加租金产值的方式。需要提醒的是，在实际公寓装修时，这方面要考虑安全性、地方政策等要求。

在房屋出租上，我们把频度定义为单位时间里房屋的被使用频次。提高房屋使用频次的方式有很多，如把长租变成短租、把短租变成钟点房等。举个例子，一个房子用长租的方式租出去，月租是5000元，它的租金产值就是5000元；如果变成短租，就像酒店经营一样按天来计算，每天收200元，那么一个月就是6000元，它的租金产值就变成了6000元。

综上，通过美化装修、提高密度、增加频度等方式可以实现房屋升值，当房屋每一平方米的价值都增加了，你的租金和利润也就递增了。

■ **招式二：复制美屋方案**

借脑用脑没烦恼，借力使力不费力。我们千万不要认为美化装修这件事，需要我们把装修的全过程，诸如水、电、泥、木、油等各种工种都掌握才能开始。当我们准备做出租公寓的装修时，如果没有思路，可以直接去学习、模仿好的方案：对方用什么材料刷墙我们就用什么材料，对方采购什么物资我们就跟着清单采购，对方怎么摆设我们就复制到我们的房屋里。假若连复制都困难，我们还可以请专业人士来帮忙。我们只要把整个装修工作看成一个项目，让不同人负责不同部分，自己负责监控、验收就可以了。不过，最好的方式是在专业人士操作的同时，我们抽时间去现场观摩。这样，我们既可以高质量把关，又可以学习到装修的思路和技巧。或许，下一套房屋需要装修时，我们就可以亲自操刀了。

人们愿意为视觉买单，因此一套房子留给租客的第一印象尤其重要，第一印象会一直在对方头脑中占据着重要的位置。想要给租客留下好的第一印象，这里介绍三个需要着重考虑的要素。

第一个要素是光。人们喜欢采光充足的房子，室内有明亮的光线往往给人一种明快舒适的感觉。采光主要通过门、窗、天井等实现，光照也是采光中的一部分来源。装修时合理配置吊顶灯、吸顶灯、落地灯、壁灯、床头灯等，这些能提高室内的采光效果，让人产生愉快的心情。

第二个要素是墙面。进入一个房间，墙面一定是我们视线所接触的物品中占比最大的。我们给墙面刷上的颜色，决定着进入房子的人会产生的感受——红色让人温暖，绿色让人清凉。因此，即便我们在房间里摆放了各种家具、家电、摆件，四面墙加上屋顶的大面积颜色都是不容小觑的。

第三个要素是窗帘。房间对人们来说是一个私密空间，靠门和窗连通外界，好奇心作祟，人们总忍不住透过门窗去看看外面到底发生了什么，这时窗边的窗帘就会尽收眼底。窗帘一般占据一面墙的绝大部分面积，它的色调在租客形成的第一印象中会起到主导性作用。

这三个要素是我实践1000多套公寓包租所总结出来的经验，它们属于软装部分，只需要小小几千元就能打造出来。相比硬装，软装的设计绝对省心、省钱，而且往往可以产生小付出、大回报的效果。

■ 招式三：模块化装修

有千万租客就有千万种需求。拿装修风格来说，有的租客喜欢简约、现代风格，有的租客喜欢田园风格，有的租客喜欢地中海风格，有的租客喜欢欧式风格，有的租客喜欢中式风格，有的租客喜欢日式风格……如果你想要满足所有租客的喜好，意味着你的精力会被分散。我们落地公寓出租，目的是为了通过打造被动收入来盈利，而不是把自己变成一个装修师傅或者软装设计师。为此，我建议你在落地公寓出租时，务必锁定一种类型的租客，掌握一种装修风格，然后进行模块化定制，从而提高出房效率。

华为在推行一系列引进的管理体系和管理规则时，采取的是任正非制定的"先僵化、后优化、再固化"方针。这是一种非常实用的方法，同样适用于长租公寓的装修。

　　僵化，是初期学习阶段的"削足适履"，意味着我们站到巨人肩膀上出发，照搬别人好的、成功的经验。当我们选中一种风格、看中一个设计方案后，不需要去研究它的设计原理、色彩搭配、器物陈设，只要老老实实地把设计方案里不同的功能区拆解出来，变成一个个模块，然后直接照搬即可。比如，我们可以认真研究自己所相中的设计中客厅、餐厅、卧室、卫生间里等功能区里有哪些器物，它们是如何摆设的，并效仿着去添置或设计。下面，我们以一个客厅的装修来做具体阐述——它来自厦门学员陈丽娟，她做到了以溢价25%的价格出租。

陈丽娟

女，"80后"
城市：厦门
职业：金融

　　首先她把自己看中的客厅中的物品全部列出来：吸顶灯、窗帘、空调、茶几、摇椅、沙发、抱枕2个、挂画5幅、绿植2盆。列出来后，她参照着去采购、网淘。在刷墙的时候，物料已经上路，当她一切准备就绪要摆件时，物料刚好被送到门口。她做了700套出租公寓，都是这样通过模仿照搬、批量选购、安排订购的方法来软装房屋的，最快的时候能做到8天完成软装、10天出租掉一套房。因为装修模块化后，她很清楚每个功能区需要哪些物料产品，不会在任何环节耽误装修期，拖出房后腿。

除了物料可以复制，摆设也可以，比如摇椅放哪里、挂画如何挂、抱枕怎么放、绿植怎样摆等。摆好后，如果我们不想请专业人士拍照，那可以参照图片的角度自己拍。

　　同理，除客厅外的卧室、餐厅、厨房、卫生间等也可以拆解。比如，卧室有床、床头柜、床头画、床上四件套、床旗、台灯、窗帘、绿植、摆件等，餐厅有吊灯、餐桌、餐椅、餐边柜、桌布、挂画、碗具、绿植等。拆解后去购置，等物料到场后，按照设计图组装起来，从而形成一个模块，满足一个功能区的使用。

　　设计完第一套，第二套同理复制。经过几套后，我们找到了感觉，渐渐进入到优化这个阶段。这个阶段需要创造性。比如，我们可以根据自己的需求加个落地灯、地毯、披毯等，也可以换种主色调，如窗帘换成黄色或粉色等。这些灵感的产生依赖于我们对好的设计的模仿和学习。我们可能看过好多种风格，但是选择了 A 风格的具体设计物料来美化房屋，但是又觉得 B 风格中的窗帘和 C 风格的地毯很合自己的心意，那么就可以把这些要素拿过来作为自己主风格的优化措施。这就好比在麦当劳点餐，我们可以点经典麦辣鸡腿堡配大杯可乐，也可以点奥尔鸡肉卷配中份薯条和草莓味圣代，随意搭配。优化就是改进，优化就是创新。我们也可以根据租客的反馈来优化自己的设计。

　　当我们经手了十几套、几十套房屋的装修美化工作后，对某类风格就可以做到驾轻就熟了，这时候，我们就可以把整个过程的装修流程、物料清单、摆设方式等总结、固化，就像夯土一样，一层层夯上去，一步步固化我们的创新和改进成果。它就像个模板一样，在未来一段时间里，我们拿起来就用，直接标准化、流程化、规范化。

低成本装修的两大秘诀

为何我一直强调轻装修？因为装修是买房后最大的成本支出。我曾经租赁过1000多套房子，在做到如何以更低成本完成装修上可谓下足了功夫。这里，我总结出低成本装修的两大秘诀，帮助你找到品质和收益之间的平衡。

《精益创业》（*The lean startup*）这本书中提到一个概念叫"最小可用品"，最小可用品是一个方法论，意思是通过做出一个满足最基本功能的产品，用以不断地接受市场反馈，快速迭代，直到做出真正符合需求的好产品。通过这种方法，我们可以以最小的成本和有效的方式验证产品是否符合用户需求，如果产品不符合市场需求，最好能"快速地失败、廉价地失败"，而不要"昂贵地失败"。

为此，我总结的第一个秘诀是不动硬装只改软装。墙体格局、水电铺设等在拿房前就要仔细考量，要拿硬装条件保证、家电配制齐全的，这样你在装修改造时就能节约不少成本。好的软装是灵魂画手，软装原则上是能用则用，鼓励变废为宝，色彩上以轻色系为主。

我们以学员云小漫落地长租公寓的案例为例来说明。她从房东那里租进来一套房子，收房价为每月租金3400元，签署了6年不递增的合同，免租期为30天，收房中介费为1700元，装修投入为6000元。房子在一周内完成装修并以每月4600元的出房价租给租客，出房中介费为2300元。

下面我们来算几道数学题。

1. 溢价 = 出房价 − 收房价。把公式套在上述情况上，那么溢价 =4600 − 3400 =1200元／月。

2. 成本 = 装修 + 收房中介费 + 出房中介费 + 装修期 − 免租期。在这个案例中，成本＝6000＋1700＋2300＋3400/4－3400＝7450元。

3．回本周期＝成本÷溢价，即7450÷1200＝6.2个月。

4．预期收益＝溢价×12×年限，即1200×12×6＝86400元。

5．年化回报率＝溢价×12÷成本×100％，即1200×12÷7450×100％＝193％。

云小漫

女，"90后"
城市：北京
职业：教育行业、
　　　房产投资

回报率这么高的原因，主要在于控制成本。她是如何实现装修只花6000元的？在落地实践中，云小漫按照本节前面所讲的装修要点操作，在墙面美化、吊灯升级、窗帘切换、装饰物布置等方面尽量节约成本，只在容易出美化效果的地方下功夫，结果就会事半功倍。

根据这组财务数据，假如装修成本增加到3万元，那么回本周期就会拉长到26.2个月，年化回报率下跌到45.7％。相比案例中的回本周期6.2个月，我们实际上少赚了20个月的钱。所以，我建议回本周期尽量控制在24个月以内，在美感和成本之间做好平衡。

第二个秘诀是把控时间。如果我们对装修工作做了充分准备，在跟房东签合同的当天，我们就能很快明确设计方案、做好成本预算，同时立马下单采购所有物品。在装修的过程中，我们也可以提前把装修后效果图提供给中介以事先锁定租客。每个环节省一点儿时间，省下来的都是利润。假如我们出租一套房的月租金是5000元，装修期15天和75天会使年利润相差1万元；如果我们做100套公寓长租，那利润差额就是100万元。时间就是金钱，真的一点都没错。

我们知道，如果两个人背对着走，他们之间的距离会越来越大。同理，通过我们的两大秘诀——一边提升房屋溢价，一边降低装修成本，这个利润空间就会越来越大。

■ **跟着清单做，一套不到一万块**

为了让更多人能复制我的经验，我制作了一套装修采购清单，只要照着这个清单做，你就能轻轻松松地掌握这个曾经令你望而生畏的技能（见表3-2）。

在采购清单里的物品前，你可以到宜家、淘宝、闲鱼、二手市场等多个渠道转转，货比三家，在保证品质的基础上，买性价比最高的一款。

表3-2　租赁采购清单

项目地址：　　　　设计负责人：　　　　现场负责人：　　　　安装师傅：

位置	物料	尺寸	数量	采购情况	位置	物料	尺寸	数量	采购情况
客厅	沙发				餐厅	餐桌			
	地毯					餐椅			
	披毯					桌布			
	茶几					镜子			
	沙发椅					餐边柜			
	边几					吊灯			
	抱枕					碗碟装饰			
	全身镜					挂画			
	挂画				洗手间	洗手盆			
	绿植					镜子			
	电视					镜柜			
	电视柜					吊顶			
	空调					抽风机			
	遥控器					浴帘与杆			
	吊灯					玻璃隔断			

位置	物料	尺寸	数量	采购情况	位置	物料	尺寸	数量	采购情况
客厅	射灯				洗手间	热水器			
	落地灯					马桶			
	鞋柜					马桶盖			
	书柜					水龙头			
厨房	吸顶灯					毛巾架			
	柜门					花洒套装			
	吊顶				阳台	洗衣机			
	油烟机					洗衣机罩			
	燃气灶					椅子			
	消毒柜					桌子			
	水龙头					晾衣竿			
	洗手盆					吸顶灯			
	台面					壁灯			
	冰箱					防腐地板			
主卧	床				次卧	床			
	床垫					床垫			
	床头柜					床头柜			
	台灯					台灯			
	落地灯					落地灯			
	吊灯					吊灯			
	吸顶灯					吸顶灯			
	四件套					四件套			
	被芯					被芯			
	枕芯					枕芯			
	挂画					挂画			
	书桌					书桌			
	椅子					椅子			
	抱枕					抱枕			
	床旗					床旗			
	衣柜					衣柜			
	书柜					书柜			
	懒人沙发					懒人沙发			
	边几					边几			
	披毯					披毯			
	地毯					地毯			
	窗帘杆					窗帘杆			
	窗帘布					窗帘布			
	窗帘纱					窗帘纱			
	空调					空调			
	遥控器					遥控器			
	电视					电视			
公共	假书				公共	灯带			
	假花					灯管			
	花瓶					筒灯			
	复合地板					吸顶灯			
	踢脚线					灯泡			

第五节 长租思维：从包租到房东的底层逻辑

我有个梦想，希望通过课程培训、书籍、线上训练营等多个维度帮助全世界各地的中国人打造四种管道收入。一个亭子，需要四根柱子的支撑才稳固，同理，每个家庭的财产也要有四个收入管道的支撑才够稳健。

人穷穷观念，有些人之所以一直过着贫穷平庸的生活，源自其落后的思维方式。一个人想要跳出以前的生活方式，势必要重构思维，但这可不是件容易的事情。问题在于，很多人有意想要改变现状，可是不知如何做，从何处做。心理学认为，人类大脑内部始终有两个相互独立的运作系统，一个系统负责情感，能够感知痛苦，获得快乐；另一个系统负责理智，使我们能深思熟虑，思索未来。弗吉尼亚大学心理学家乔纳森·海特在其作品《象与骑象人》（*The Happiness Hypothesis*）中使用过一个类比，他把情感面比喻成一头大象，把理智面比喻成骑象人。在做长租时，我们需要情感面的大象提供能量和动力，不断朝着目标前进，同时也需要理性面的骑象人配备远瞻战略、高级思维，如此才能抵达目的地。

为此，从思维层面搞清楚长租公寓的逻辑和价值，我们才可以在行动层面产生爆发力。

用未来时间换利润

长租公寓的本质是用时间换利润。为什么我建议要签6年、10年，甚至20年的出租公寓合同？很简单，用时间换利润。私募基金深圳东方港湾公司董事总经理但斌在个人专著《时间的玫瑰》里提及："我不是在与跑得比兔子还快的那些投资者赛跑，我是在孤独地与时间赛跑。"随着时间的不断拉长，长租公寓的优势会越来越突出，我们所获得的超额收益也会越来越大。

除了这个优势，长期合同具有抗通货膨胀性。所谓通货膨胀，是指在一定时间内一般物价水平的持续上涨现象。它能直接导致纸币贬值。举个例子，我们聘请的保洁阿姨每月工资是5000元，如果每年一签，到了第5年，根据市场价来定价，她很有可能要求我们支付月薪8000元或者更高，但是我们一开始跟她签署5年甚至10年的劳动合同，谈好了价格或涨幅，就很可能跑赢市场的通货膨胀，少花通货膨胀那笔钱。租赁市场也有着同样的规律，随着社会经济的发展和向好，从长期来看，房子租金总体趋势是上升的。在过去20年里，伴随着经济发展，人们的生活水平提升了，工资收入增加了，房价提高的同时租金也提高了。正如但斌所说："穿越时间的河流与伟大企业共成长。"我们对投资标的看得准、看得远，就能做出正确的决策。

房子就是一个可以穿越时间河流的资产。在一个长期向上的经济体中，寻找到一个有核心定价权的标的——也就是房子，买入持有，等待时间的玫瑰让其增值。更具体来看，长租公寓就是一个能跨越时间周期的项目，它的本质也是用时间换利润。那么，为什么我们建议签约的时候，必须签6年以上呢？如果签5年、3年，可不可以呢？

当我们从时间的长周期来看待租赁市场时会发现，我们不能确保明年的租赁市场会比今年好，但是5年后的租赁市场大概率会比当下好。通过实践我们得出结论，第6年租金的利润往往达到了前5年租金总利润的30%，也就是当我们租下一套房子，到第6年，租金会比第一年高得多。

或许我们不具备很好的装修溢价的能力，但是如果签了一份为期

10年的长租约，签约价格合理，甚至达成了10年租金不变的完美条件，当下我们或许低溢价出租或者无溢价出租，但是，待未来租金上涨后，我们的利润空间将会大大上涨。当我们能签下一份长达数年的长租约时，实际上我们已经在用未来的时间换取利润。时间被我们绑定得越长，我们未来获得的利润将会越大。

通过置换实现增值：四个绿房子，一个红酒店

电视剧《蜗居》特别能反映大城市人们住房的压力——资金不足，收入有限，房价增长过快，买房后还必须承担月供的压力。所以，很多人都戏称，一旦买了房，就要过苦日子，节衣缩食，不敢提高生活质量，不敢过度消费，不敢旅行见识更广阔的天地，不敢花钱学习提高自身能力，不敢多生孩子怕负担太重，不敢接父母到身边因为房子实在太小了……很多人为了有家，变成了房奴。

的确，在绝大多数人的眼中，买房就意味着要承担几十万元、几百万元的贷款，每月承担不小数目的月供，而且要背负债务长达数十年。这是常规思维下的思考。但是，如果用长租思维去思考，我们将能从巨大的购房压力中跳出来，并且不断地通过置换实现资产增值。

罗伯特·清崎在他创造的现金流游戏中有个理念，叫做"四间绿房子，一个红酒店"，讲的就是置换思维。在现金流游戏中，绿房子价格便宜，红酒店价格昂贵。用四个绿房子置换一个红酒店，就是不断实现财富增值的方式。

这里有两个解释。

解析一："四个绿房子，一个红酒店"的意思是，长租四套房子（绿房子），包装改良再租出去，用出租产生的现金流供自己房子（红房子）的月供。

通过这样的置换思维，你的出租收入可以用于偿还月供，从此也就不用承受巨大的房贷压力，最终走上小房换大房的路。如何实现置换？有两个途径，一个是在房子之内，一个是在房子之外。房子之内就是通过房子出租来减轻月供压力；房子之外，就是通过长租公寓产生的租金供房贷。

先说房子之内。有一个理念叫"租住分离"，就是出租与居住分开——我们没有必要住在自己买的房子里面。我做了1000多套长租公寓，发现有些租客在厦门岛内买了不错的房子，但是他们竟然还租住在我们的长租公寓里。他们为什么这样做呢？

假如他以每月6000元的价格出租自己的房子，而以每月1500元的价格租住长租公寓，这就相当于他比住在自己的房子里面每月增加了4500元的收入。而4500元的收入能抵扣他的贷款月供，很好地缓解了一大部分月供压力。

再说房子之外。我们可以运用长租思维借包租化解月供压力。假设做一套包租每月能获得1000元的收入，做10套包租每月就能获得10000元的收入。如果我们的房子月供是10000元，那么做10套包租的月租金收入刚好就能抵扣月供了。

无论是房子之内出租自己的房子，还是房子之外包租其他房东的房子，你最终都是实现了用出租收入来偿还月供。这就是置换思维。

解析二：我们来做一个假设。假如我们在房产价位合适的时期，以低于市价买进了4套房子，然后将其出租，每个月都产生正现金流（也就是租金）。5年过去了，我们的4套房子都升值了，原先每一套价值100万元，现在价值150万元，那我们除去贷款的钱，利润有200万元左右，这时我们就可以用这200万元去投资一家能产生更多月收入的酒店。当然，这个例子只是把富人投资简单化了，而且在操作层面存在很多可行性的障碍，但是能让我们更加清楚看到背后的逻辑。

如果我们理解了"四个绿房子，一个红酒店"背后要表达的逻辑，学会置换思维，通过长租公寓的收入来缓解自身的贷款、供房压力，那么，我们将能更快实现财富升级。

做二房东是为做房东

我们每个人都有属于自己的人生轨道，刚刚出生的时候，我们的轨道是父母给的。也许我们是含着金钥匙出生的，也许我们生来家境贫寒，每天要为温饱奔波。如果我们不刻意去成长和改变，往后的人生轨道多半沿着父母的指导和影响前行。我们仔细去观察周围的同学或朋友就会发现，教师家庭往往会出好几代教师。所以，如果我们的生命中没有被另外一个巨大的事件或人影响的话，我们的人生路径多半会和父辈一样，过着承袭的生活，拥有类似的价值观，直到生命结束。换句话说，如果我们想改变人生的轨道，也得给自己的人生来一次"宇宙大爆炸"。

《富爸爸，穷爸爸》一书中提到过这样一个故事：猎人在非洲捕捉猴子，通常会先在一棵树上挖一个洞，猴子伸手抓住了食物，然后手就被卡在了洞口，始终拔不出来。猴子就这么一直卡着，直到猎人走到旁边将其捕获。其实猴子想要改变命运很简单，它放弃手中的食物就能获得自由，但是猴子自始至终都在想方设法把食物占为己有，所以就这么一直被困着，直到被捕获。

如果你很想拥有自己的房子，可是目前自己的收入远远无法实现自己的梦想，那么通过慢慢攒钱以期有朝一日能够付得起首付、买得起房的你，就像是抓着食物不想要放手的猴子。面对这样的境况，你应该先学会放弃，放下当下即成为房东的念头，先从二房东做起，通过创造被动收入来帮助自己开源，并一点点实现从二房东到房东的身份转变。那么为什么选择用房子打造自己的被动收入呢？

因为不管是古代还是现代，只要有人类存在的时空里，就会有居住的需求，有居住的需求就产生了出租的需求，就有了房屋的买卖。西汉司马迁在《史记·货殖列传》一书中也有论述：以末致财，用本守之。意思是，靠经商挣钱，然后用挣的钱去买土地（房产等）让钱保值。在现代社会里，我们同样可以利用人类对房子的需求给自己带来稳健的涓涓现金流，即使在金融危机爆发、国际经济不景气的时候，我们也可以构建稳定的家庭资产。先成为二房东，让自己有稳定的现金流，再加上金融工具，跃级成为房东——当我们想明白了这个底层逻辑之后，就会发现自己所有的困惑和努力都奔向自己的梦想。

杰克欧阳从跨境电商客服做起，从2015年开始花了4年时间，做到了副总裁的位置，当自己跃级进入富爸爸E、S、B、I象限里面的E象限后，他就决定不再拿薪资，而是要成为发薪资的那个人。从E象限切换到B、I象限，他打造了多条被动收入管道。对于任何人而言，在财富象限里的升级就像是不断打怪升级的过程，我们既要关注自己的事业，又要了解被动管道收入的重要性。当有主动收入的时候，我们要居安思危，创造被动收入现金流。这样危机来临的时候，我们还可以依靠其他收入来源，抵抗风险。即便我们现在在为老板打工，但请不要放下自己的事业，抽时间研究下被动收入，思考下如何才能改造家庭资产结构以获得高溢价收益。

在我们为人打工时，我们会发现越是拿到高薪越是不敢放弃，虽然高薪可以给自己带来更高质量的生活，可再高的薪酬也很难使自己仅靠积累就获得巨额资产，所以年薪100万元和年薪50万元对我们的未来影响其实差别不大。大多数人钱一多就开始随心所欲，但同时也会被工作抓得死死的，不敢不工作，更害怕自己被替代。所以在拿高薪的时候一定是要想好自己的 PLAN B，工作的同时，要开始关注自己的事业，去学习一些可以用钱生钱的投资之道。因为当我们的财富越来越多的时候，我们需要有更多的知识和认知去驾驭它，只有这样才能守财，才能让财富的雪球越滚越大。

很多人可能会觉得，南方城市的包租会比北方城市更具市场，因此生活在北方二、三线城市的人很难考虑到利用包租来获取被动收入。吉林长春的学员祖培用实践证明，只要善于学习和复盘，并能够付诸行动，北方人也完全可以为自己开辟被动收入的新天地。祖培学习包租思维后，起初也并不奢望自己可以拥有兼职收入，只是抱着缓解压力的初衷，期待自己可以通过知识学习成功把自己的房子包租出去。她用了1800元装修，并成功以月租金2200元的价格租了出去，而且租客一次性支付了一年的房费。兴奋的祖培从此开始自己的兼职包租之路，截至2020年11月18日，她采取保守稳健的方法，在短短半年时间里成功包租10套房子，为自己赚得了相当稳定的被动收入。所以，当你觉得自己所在城市并非做民宿或者包租的好选择时，不如放手去尝试一番，万一像祖培一样，不仅给自己带来了可观的收入，还创建起自己的民宿品牌，这将会是一件极具成就感的事情。

本章内容主要讲述的是通过做二房东建立长期公寓收入管道的情况。还有一种建立长租公寓收入管道的情形，就是自己有闲置房子，对于这类人群而言，我们的包租内容同样适应。

拿学员呼吸来说，她生活在北京，2013年到2015年，她和爱人想买房，可恐惧于北京的高房价，便在天津连续买进了两套"老、破、小"。她误以为所有的房子都具有增值潜力，其实买入的这两套"老、破、小"，一不自住，二不好出租，便一直闲置。在2017年，考虑到未来孩子上学的问题，她就在北京购置房产，可是依旧买进了"老、破、小"。

呼 吸

女，"80后"
城市：北京
职业：北京江水平装饰
　　　公司创始人

　　因为对房产认知的无知而没有购买到更有价值的房产，直到遇到房爸爸平台，上了子安老师的课后，她不仅把自己的房子通过低成本"凤变冰"后成功出售，而且还把包租知识用在租来的房子上，对其进行民宿风改造后，房子很受年轻白领的喜爱，最后以月租13000元、押二付三、连租两年的条件租出去。仅这套房子，就产生5000元的溢价，也是妥妥的被动收入。

　　所以，如果你已经拥有自己的房子，哪怕只有一套按揭贷款的房子，你也有办法来降低自己的负债。如果你跟呼吸一样购置的是一线城市的房子，你可以自住，也可以把自己的房子装修后租出去，然后在自己工作地区附近租一套房子住。如果你自己购置的房子出租能够达到每月11000元，而你单位附近的房子只要每月5000元，那么，这6000元差价就是你除主动收入外的月现金流。

　　一定要记得：千万不要让房子闲置，房子闲置的每一天都是你财富的流失。我们不能只在买房的那个瞬间去投入时间和精力，而是要花时间和精力去为自己和家庭创造被动收入。不管你是用自己的房子出租，还是做二房东，包租都是一种稳健、持续的被动收入模式。

4

构建四种收入管道之城市民宿运营 | 第四章

肖洁

森禹民宿创始人

📍 坐标　厦门

🟧 **一句话介绍自己**　民宿运营导师/民宿设计师

🟧 **最有成就的三件事**

① 10年教师生涯，和孩子们共同成长

② 3年民宿运营经验，30+套民宿入住率均在90%以上

③ 2019年开始帮助1000人成功实现自己的民宿梦想

🟧 **我能给大家提供的资源**

① 丰富的民宿运营经验，针对不同城市情况确定民宿定位

② 500套以上房屋装修装饰经验，解决装修中的痛难点

③ 超强现金流打造，供房无忧

🟧 **我对民宿的理解**

它是美和梦想的结合，也是通往财务自由的桥梁

是艺术和商业的结合，也是平淡生活中一点灿烂烟火

对自己投资，
为体验花钱，
用诗和远方改变生活的苟且。

开一间民宿是很多女孩心中的梦想，但是大部分人眼中的民宿是像丽江古城、乌镇、周庄那种古色古香、带有浓厚地域特色且风格统一的民宿。我们称这类民宿为乡村民宿，这类民宿的投入成本非常大，并不是一般人能着手的，所以很多人只能把开民宿当作一个梦想。

我接下来要与你分享的是普通人都能做的民宿，叫做城市民宿。它不需要投入太多的资金，散落在每个城市的不同角落，可以随意切换风格。它除了能满足你的诗与远方，还有个最重要的价值——带来可观的收益。

城市民宿作为包租的升级版，在打造长期稳定的被动现金流方面可以发挥巨大的作用。如果运营得好，运营者甚至可以实现一套民宿养一套房的目标。如果你有开一家城市民宿的想法，但是担心自己要承担的月供压力过大，担心投资获得的未来收入并不稳定，那么本章的内容是你应该重点关注和掌握的。打造一套民宿，既是一件充满乐趣和创造力的事情，同时也是一件需要系统化学习的事情。做任何一件事想要获得成功都不是那么容易，开设民宿也一样，但是如果你有兴趣，并愿意花时间和精力去做，那它一定会成为你非常好的一个收入管道。

接下来，我将从四个方面剖析民宿打造的关键点，以及零基础小白也能学得会的实操教程。

 第一节　城市民宿的选址标准与定位

城市民宿所服务的群体除了常规的游客之外，还有出差、亲子出行、情侣或者朋友聚会，甚至特意为了做午饭、喝下午茶或者拍一套漂亮照片而入住的客人。所以在开始之前，首先要突破认知的局限——民宿不等于旅游，并不是只有在景区旁边才可以做。

市场调研

不同的地域风格吸引不同的人群，因地制宜探索适合当地的民宿模式是运营好城市民宿的前提和关键所在。我常鼓励大家学会"捡家门口的黄金"，也就是在以家为中心3公里范围内寻找合适的地域。为什么要以家为中心呢？因为民宿涉及非常多琐碎的事情，从一开始的房屋改造、软装采购，到后期的运营维护、应急事件处理，都需要有人来打理。如果离家距离太远，操作起来会十分不便，久而久之就容易懈怠，进而影响民宿的品质和你持续做民宿的信心。当然这是针对刚开始摸索民宿发展之路的"小白"来说的，如果你已经做到了一定规模，有了靠谱的管家来帮助打理，那么就另当别论，对于距离的要求也没有那么严格了。

做民宿之前，首先要做详细的市场调研。市场调研可以从以下三点来着手。

第一，明确周边区位因素。仔细观察家周围3公里范围内有什么样的特性，是否有如万达广场等商业综合体、地铁口、写字楼集群、三甲医院、国际会展中心、游乐场、大学城、历史人文自然景观、火车站、机场、客运中心等。这些都属于人口流动量大的地域。涵盖这些区位因素的区域，可以作为民宿客群选择地。

第二，调研周边酒店。明确了周边的区位因素之后，还需要调查周边的酒店情况，比如有多少五星级酒店和快捷型酒店，酒店入住率如何，价位段如何，等等。获取这些信息的方法有很多，可以去查阅酒店相关网站、订购平台的信息等，还可以采取更直接的信息获取办法，即直接去酒店前台询问。如果条件允许，可以入住一晚去亲身体验，多观察、询问服务员、保洁或者酒店经理，深入的了解可以保证信息的获取既快又全。知己知彼，百战不殆。了解这些因素，有助于更好地去定位我们的产品，走差异化线路，避开与酒店的竞争，做到和而共赢。

第三，调研附近民宿的运营情况。可以通过爱彼迎、美团民宿、途家、小猪民宿等几大民宿网站搜索、观察附近民宿的数量、定价、品质及入住率等。不过，这几种途径获取的信息常存在误差，网站上的入住率或许跟现实出入比较大，但是入住率又是考量民宿投资性价比的重要因素。所以最直接的方法是选一家网络上评论量多且好评率高的民宿亲身体验，并直接与民宿老板沟通，了解更多详细的细节。

如果家附近的区域鲜有酒店或民宿，那么有两个可能性：这是一片未被开垦的民宿处女地，可以在所在片区降维打击；这片区域也曾被作为酒店或民宿选择地，但是发展不佳，便没有投资者再选择，所以不适合做民宿。

城市民宿定位

在做完市场调查后，我们对于周边市场适合什么样的民宿产品有了初步的判断，下一步便需要对民宿进行定位。民宿定位一定要与目标消费者的需求匹配。如果周边是大学城，那么毋庸置疑要做一居室产品，客户群体大多为情侣或单身备考者；如果周边有很多五星级酒店和快捷酒店，或者位处景区，可以尝试做两居室或三居室产品，以亲子和家庭出游为重点，走差异化路线，避开与酒店的竞争。这类人群对于厨房会有要求，而且往往是自驾出行，需要考虑停车问题；如果在会展中心、交通枢纽、写字楼集群等地方，一般商旅出行的人居多，在房型选择和设计布置上就要有所取舍。

比如东莞的学员 B 对自己所住的小区周边做了市场调查，发现周边写字楼密集，上班的白领多，同时周边也有很多工厂，员工或者管理人员经常有出差需求。针对这样的情况，她当机立断，在自己住的同小区陆续拿了5套单身公寓做民宿。

在运营过程中，她还发现小区有2300多户人家，走亲访友的多，业主接待客人的需求很大，她又顺势拿了3套两室一厅的房子做民宿。8套民宿的运营为她带来了每月1.8~2万元的稳定被动收入。这就是因地制宜、"捡家门口的黄金"的典型案例。

地域特性和消费客群特征决定了当地适合什么样的民宿产品。如果定位不清晰，想要胡子眉毛一把抓，反而会在设计时出现主题不清晰、风格混乱的问题，导致客户下单率少。对做城市民宿的新手而言，如果不清楚自己适合选择什么样的民宿产品来入手，建议先从小户型民宿尝试，因为小户型民宿有受众群体广、装修周期短、试错成本低等优点。通过打造小户型民宿来掌握整个民宿运营的经验，有助于在以后的民宿投资上进一步节约试错成本，成熟把控细节，优化设计各个环节，最终提高投资利润率。

选房标准：三要三不要

在做好市场调研、清晰自己想做的民宿类型后，接下来的重要步骤就是找到适合自己所选择的民宿产品的房子。民宿可以说是长租公寓的升级版，所以民宿和长租公寓谈判的底层逻辑相同，但是拿房的标准却比长租公寓高出很多。我们通过"三要三不要"来详细分析民宿选房的标准。

标准1：要长租约。由于民宿投入成本比包租高很多，因此租约越长越好，一般不得低于5年。如果能谈下每年一定时间的装修期或空置期，那将会大大提高利润回报。另外，我们要十分重视违约条款，以防中途房东违约而造成损失，而自己也要严格遵守。

标准2：要拿公寓楼（商住两用楼），公寓是优选。虽然公寓存在商水商电、物业费贵的弊端，但公寓的优势在于它的商业性质——不会引起邻居投诉，往往位处商业相对繁华的地方，交通位置方便，人流量大。最关键的一点是，如果第一套民宿运营得好，你很容易将成功经验复制到第二套、第三套，甚至整层或者整栋的包租上，以做集中化管理。

标准3：要方便停车。现在越来越多的人都选择自驾出行。尤其是民宿客人中有将近一半是本地群体，他们可能只是周末度个假，换个地方休闲。因此停车方便是很多客人选择民宿的重要原因。如果民宿的周边停车方便，甚至免费的话，可以作为选房的一个考量因素。

标准4：不要拿楼梯房。对于民宿而言，客户的体验感非常重要。想象一下这样的画面，客人满怀期待地根据导航来到民宿，结果看到的是一个老破的小区，首先他会怀疑自己找的位置是否正确；然后还得拎着重重的行李箱爬到5楼，楼道墙壁已经斑驳脱落，每走一层，不得不停下来休息一下。还没进门，他可能已经后悔自己为什么会选择这样的房子了。哪怕里面装修得再好，他对民宿的印象和体验也会大打折扣，或许还会给出差评，这也会进一步影响到民宿的生意和入住率。更何况，楼梯房对于年纪大、腿脚不方便的客人来说也是一个麻烦。所以做民宿，楼梯房是禁忌。

标准5：不要动硬装。选房时一定要选硬装基础好的，尤其是厨房、卫生间，装修越新越好。如果楼龄太老，厨房和卫生间太过陈旧，那么改造将需一笔不小的开支。我们要严格计算投入产出比，把有限的资金用在容易出效果的软装上，而不是费钱但不出效果的硬装上。拿房时尽可能选择装修清爽、干净的房子，很多房子在硬装时设计了定制的木质衣柜、墙上的壁柜等，这不仅占空间，而且非常影响视觉体验，改造工程量也很大。

标准6：不要选物业管理太严格的高端小区。对于民宿而言，经常会有客人进出小区，如果小区物业安保太严格，进出都需要业主电话通知或者主人亲自接待的话，那也将是不小的工作量。另外，高端小区的邻居往往对居住感要求较高，频繁进出的陌生人和时不时的噪音干扰，容易引起邻居的投诉。

以上六点是新手做民宿一定要遵守的选房标准。虽然标准很多，前期找房不容易，但是先难后易，如果前面严格遵守了这些标准，在后面运营时就会省去诸多麻烦。

好的投资会让回报事半功倍，城市民宿能帮助你用不大的投入，打造一份长期稳定的现金流，而且城市民宿相比包租的利润更加可观，其不失为一个很好的选择。只要你稍微用心做几套，所获收入可能就能超过工资收入。对于手上资金不是太充裕的年轻白领，以及想要缓解月供压力的购房群体来说，城市民宿值得考虑和选择。

 第二节　城市民宿的设计与拍摄

| **设计是民宿的灵魂**

民宿作为一种新型的短租型住宿类型，深受当下年轻人的喜爱。与设计单调、风格千篇一律的酒店相比，追求独特审美与自由的年轻消费群体更喜欢住民宿。不同地区的文化孕育出不同风格的民宿，法国的城堡、挪威的小木屋、日本的温泉民宿、肯尼亚的长颈鹿庄园、

古色古香的丽江古城民宿……国家文化、地域特色、民宿主设计理念，加上民宿本身对理性主义和个性化的承载，使得世界各地的民宿风貌截然不同（见图4-1）。

图4-1　不同地区的民宿风格

一个地区的民宿本身就是一个地区的文化广告牌，好的民宿需要具备如下功能：一是满足人们追求自然、放松、有情调的休息环境的要求；二是契合人们对返璞归真、自在洒脱的生活方式的追求；三是体现当地文化特色，让客人能够强烈体验到当地的生活方式和地域文化；四是彰显民宿主独特的品牌和格调。

而想要实现如上功能，民宿设计风格是关键。可以说，设计是民宿的灵魂。一间民宿能否从众多民宿中脱颖而出，设计起了决定性的作用。好的民宿设计不仅可以实现消费者对上述功能的诉求，还能够传达民宿主想要传达的情感与想法，既能够让客人感受到家一般的温馨与放松，又可以给客人想要的新奇感、新鲜感和服务感。所以，民宿风格的设计与呈现，将成为消费者是否愿意下单的重要因素。

　　民宿分为城市民宿和乡村民宿。相比而言，乡村民宿的设计更复杂，需要结合地势、自然环境、原有房屋状态等因素，而且整栋作为一个独立个体，建造设计成本昂贵；而城市民宿一般洒落在城市的各个角落，外观相对比较统一，不同民宿主的城市民宿外观上几乎没有差别。那么想要在客户预订和成交单上制胜，功夫关键要花费在室内的软装设计上。

　　我们做城市民宿的目标是要做"超赚美民宿"，也就是我们学习去打造一套符合市场、可以达到"超赚"目标的、比对手"更美"的民宿产品。室内的建筑设计可以称为硬装设计，而室内的陈设艺术设计可以称为软装设计。区别于硬装，软装可以理解为室内陈列的一切可以移动的装饰物品，包括家具、灯具、布艺、花艺、陶艺、摆饰、挂件、装饰画等。从专业角度看，民宿设计的内容主要是软装设计。软装是相对于建筑本身的硬结构空间提出来的，是建筑视觉空间的延伸和发展，对于现代室内空间设计起到了烘托气氛、创造环境意境、丰富空间层次、强化室内环境风格、调节环境色彩等作用。毋庸置疑，软装设计成为室内设计过程中画龙点睛的部分，也是最关键的部分。

　　在民宿软装设计中，除了考虑美观外，还要考虑其他配套设计。因为民宿需要兼顾家居的居住舒适性和酒店的服务型、营利性，所以在设计风格和具体的设计细节上，都有一些注意事项。

设计风格的选择

　　室内软装设计比较流行的风格有中式、日式、地中海式、东南亚风、北欧风、田园风、新古典风、摩登风、现代简约风等。城市民宿应用较多的风格主要是日式、北欧风、田园风、现代简约风等。

在确定风格之前，了解周边的风土人情、地域特征及受众人群很重要，一个优秀的设计师一定不会闭门造车。一个新手，没有设计经验，也没有民宿打造和运营的经验，若想要尽可能地控制预算和成本，同时又做出一套吸睛的民宿作品，除了请设计师之外，也可以尝试自己动手。

民宿风格的选择需要考量四个因素：主题定位、个性化设计、文化元素和成本控制。

■　主题定位是前提

网络上有很多网红风格的民宿，网红风格的特点是具有时效性、生命周期短暂。因此在做民宿设计时，不建议盲目跟风，也不建议特立独行。人是设计的唯一目的，要时刻考虑到以人为核心，既要新颖有亮点，又要符合居住舒适的要求，避免做华而不实的设计。那么，到底该做什么样的设计？

首先要因地制宜对房屋进行调查。我们在上一节已经从市场调研和民宿定位的板块分别讲了如何选址与定位。从外部环境看周边的地理位置有什么样的特色，从房屋本身结构看户型或布局特点，从周边消费人群看哪种客户群体所占比例大……这些都是我们在设计前要调研好的工作，这样才能对民宿进行精准定位。

比如上海一学员，家住在上海迪士尼附近，他观察发现周边的客流大多是三五成群的年轻人和亲子家庭，而周边酒店多为大床房和标间房型。他敏锐地感觉到客流与当下已有的住宿产品不匹配，所以在自己居住的同小区拿了一套两居室的房子，将其改造成清新自然风格的民宿。从2019年5月运营至今，入住率一直非常高。

■ 重视个性化设计

有了明确的主题和定位后，我们需要围绕所定主题在设计元素、用户体验上下功夫，做到既吸引眼球，又不失居住的舒适感。比如，宁波学员燕佩长租了当地旅游景区旁的三居室复式做民宿，她设计了一个取景空间，有壁炉、绿植、小帐篷和抱枕，供拍照取景和孩子玩耍。对一个能满足家庭需求的民宿来说，有个能让孩子独立玩耍的安全空间，家长也能舒心度假。正因如此，这块独立的取景空间无数次获得客人的好评。

■ 充分融入文化元素

在民宿的软装基础上添加文化元素，会起到锦上添花的作用。文化可以与整个城市的形象相关联。比如，在北京这种文化底蕴深厚的城市，做民宿可以融入的文化元素有京剧脸谱、胡同文化、北京美食等；也可以自定义文化元素，打造室内的主题空间。我的学生喜多见先生在日本留学多年，自主设计了一套日式民宿，虽然房间里没有太多日式的硬装和家居，但是通过日式纹样、榻榻米、柯南漫画书、扇子，以及为客人准备的和服，都为民宿融入了文化元素。

■ 成本控制是关键

新手在做设计时特别容易犯的错误是超预算，他们为了追求设计作品尽善尽美，在设计和采购时会不知不觉超出预算。我们做民宿不能只为了情怀而设计，更要时刻谨记打造的是一项能带来正向现金流的商品。因此，我们要考虑投资回报率，一般民宿产品的回本周期在半年到一年左右。

所以在设计时，我们要考虑如何用有限的成本产出最饱满的设计效果。很多没有上过课的朋友看到我们的民宿作品，会误以为一套装修需要花费十多万元。其实不然，一般硬装条件好的房子，我们只需要花费几千到两三万元。如此少的成本就能打造出这么惊艳的效果，原因在于我们采用的是弱化大件家具、突出装饰点缀的设计思路。大型家具包括床、电视柜、餐桌等，对于这些，我们不需要追求品牌或者极好的质量，通常采购基础款和简单线条为主的产品就可以。我们把节省下来的钱用在采购软装装饰品上，以突出空间的整体效果。

软装上下功夫，设计出爆款民宿

在确定好设计风格和方向之后，接下来我们就要进入实操环节。

■　实操起步

准备工具：激光测距仪、纸笔、手机。

在开始设计之前，首先需要对房屋进行测量。可以先手绘一个户型图，用激光测距仪测量后标上尺寸。其次，用手机进行拍摄，对于每个房间进行2～3张多角度的拍照。最后，录制完整小视频。这有助于在设计和采购时依据房屋尺寸进行量身定制，同时照片和视频可为后期回顾房屋形态时提供参考。

■　杠杆专业人士

接下来，我们可以选择专业的软装设计师，跟对方沟通我们的思路和定位，让对方协助落地软装设计——这是我们实践后对比出来的最高效的方法。你仅仅需要花一小部分设计费用，便可获得专业的设计方案。对于小白来说，这不仅能节约大量的时间成本，而且作品设计质量也得到了专业保证。

■ 一抄二改三优化

如果资金预算紧张，或者我们对设计、配色、装饰等有些心得，抑或是喜欢折腾美好的事物，愿意DIY，那么也可以由自己设计民宿。我们可以通过参考一些优秀的民宿作品风格，学习配色、搭配、构图等，消化吸收后，自己设计。

在软装设计上，最吸引眼球的几大重点是沙发、灯具、窗帘、镜子、装饰品、画品、绿植。把这些元素通过大面积的色块进行深浅组合，或通过色系的对比、互补、渐变等应用，能提高民宿空间的饱满度和饱和度。做完一套、两套后，我们要将自己的作品与其他优秀作品进行对比，总结心得体会，以便将接下来的民宿产品做得更优化。

如何拍摄出大片既视感

俗话说，人靠衣装马靠鞍，得体漂亮的衣服能让人增色七分。民宿美化也是同样的道理，网站照片、视频的质量也会影响民宿的收益。通过途家的数据统计可以看出，照片直接影响客人的选择与预订。图片分值越高，房屋的预订量和成交量也就越高。那么，如何拍摄出能让人眼前一亮的大片呢？

■ 1.清空闲杂物品

清空一切会影响美观的生活必需品，如洗洁精、抹布、扫帚、拖把、垃圾桶、晾衣架等。所有与生活有关但与美感无关的物品都不要出现在镜头中，只需要美好的、精致的小物件，呈现出干净简洁、凸显空间的视觉效果。

■　**2.从陈设到摆放，打理好每个细节**

　　物品的陈设也是一门学问，物品摆放的层次不同、高低不同，也会影响照片的效果。我们在参观开发商样板间，或者去商场逛服装店时，往往会不由自主地被吸引，这和其合理有效的陈设有着密不可分的关系。如果只是把采购到的物品堆砌到一起，那将毫无美感，而通过我们巧妙的双手进行合理的布局和陈设，它们就会成为房间里不可分割的一部分。

　　床品的陈设一定要平整，千万不要有褶皱。建议新买的四件套在还没下水洗的时候就套上拍照，一旦过了水就没那么笔挺了。枕头需要竖立起来靠在床头，再用配色的抱枕进行叠放，要注意全部竖立放置，而非往上堆砌。床尾毯可以铺平或者摆设成看似慵懒随意的样子。床头如果有挂画，注意位置不要太高，以免焦点分散。同时，挂画一定要注意牢固度问题，避免因意外坠落而砸伤客人。

　　装饰物要做好层次叠放，色彩搭配。比如：挂画的大小搭配，除了挂在墙上之外，还可以把小幅装饰画叠放三分之一在大幅的画上，摆放在客厅电视柜或边柜上。小摆件的摆放，可以通过组合来构造出一个小景观。绿植不需要摆在特别显眼的位置，可以作为配色或者背景。但是快递寄过来的绿植往往形状会变形，或者需要自己组装，这种情况下，一定要把每根枝叶重新进行塑型，让其展现出自然的感觉。不建议采购真的绿植，不仅拍摄效果不好，而且需要定期浇水和打扫落叶，打理起来很费劲。

■　**3.选择在晴朗的白天拍摄**

　　晴天光线明亮，照片的曝光充分，拍摄时能减少噪点对相片质量的影响。如果光线恰到好处，还可以借用光与影的结合，为民宿增添另一种韵味。比如在慵懒的下午，大片的阳光洒进房间，房间内放着一个摇椅或者榻榻米，这样的视觉呈现能让人想象沐浴着阳光的美好午后时光。如果我们的房源亮点是夜景，那么可以在夜晚再补充拍摄。对于滤镜的使用上，避免色彩过于饱和或者锐化，也不要采用黑白色调，要以自然明亮为佳。

■ **4.展示完整的空间**

空间的完整展示能让房客一目了然民宿的格局和内部环境。如果图片都是细节图，或者照片只是展现局部空间，房客需要配合联想，入住时也很容易出现"与想象中不一样"的尴尬。因此在拍摄时，要以横拍为主，尽可能完整展示独立空间的整体面貌。在构图上，记住"横平竖直"的口诀。以房间内明显的横竖线条为参照，比如以地板砖或茶几为水平线，以窗帘、柜子为垂直线等，依着线条进行构图拍摄，避免把图片拍歪。如果某些空间过小或需要展示细节图，可适当采用竖图。

■ **5.整体图与细节图相结合**

我们上传到民宿平台的照片，既要有完整空间的展示，又要有细节的刻画。因此在拍摄过程中，我们要综合拍摄全景图、整体图、局部图和特写图。一般每个空间建议拍2~3张全景或者整体照，1~2张局部或特写照。整体与细节相结合，既能让房客看得真切，又能满足房客的民宿情怀。当然，如果我们能找到一个专业靠谱的摄影师，他们的技术和智慧会让民宿订单蹭蹭上涨（见图4-2）。

图4-2　优质民宿风格示例

 第三节　如何高效运营好城市民宿

仅有好的产品和设计还不够，民宿界有句话说"三分靠设计，七分靠运营"。城市民宿大多没有门店和前台，很难吸引线下的客流进店，因此线上运营显得尤为重要。

民宿平台的崛起，激发了大量民宿的诞生。民宿主与民宿平台相互配合协作，带动了整个民宿产业的发展。对于民宿主而言，不需要担心如何获取客源的问题，也不需要投放巨额的广告费用，民宿平台几乎承包了90%以上的客源。而且民宿主不需要支付平台入驻费用，仅仅在有订单后需支付给平台10%的服务费。这对众多新手或者规模不大的民宿主而言非常友好，无须投入也没有亏损。民宿平台通过收取10%的服务费用于运营平台，吸引精准流量，而民宿主负责把流量进行转化和落地服务。大家各司其职，共同把民宿蛋糕做大。

民宿平台的特性与偏好分析

最主流的线上运营平台莫过于爱彼迎、途家、美团民宿和小猪民宿。每个平台有自己的特性和偏好，所吸引的客户群体也有所区别。另外，每个平台有自己的特点和规则，我们在打造民宿时可以根据平台的提示来优化，这样才能获得更高的曝光率和流量。

爱彼迎：英文名 Airbnb，是全球最大的纯民宿订购线上平台，不仅在国外有一大批忠实用户基础，在国内也发展迅猛，在民宿界占据了重要一隅。爱彼迎的特点是用户基数大，知名度高，忠实的民宿粉丝多。客户群体以外国友人、海归及民宿爱好者为主。整体来说，爱彼迎的客户素质较高，提前预订的概率大。在平台优化方面，爱彼迎会根据用户浏览数据、用户习惯进行推荐，无固定排名，每个人搜索到的页面都不一样，千人千面，对于新上架的房源会有较好的流量推荐。但是从操作上来讲，更依赖于房东自主研究后台数据进行优化。

途家：国内老牌短租预订 OTA(Online Travel Agency) 平台，收购了携程民宿、去哪儿民宿、蚂蚁短租、大鱼等平台。途家的特点是用户基础好，流量入口众多，有强大的渠道优势。客户群体多样化，但对价格的敏感度相对略高。在平台优化方面，途家相对简单，会有各种数据指标引导。比如，途家门锁、途家实拍、保洁服务、开通闪订功能等，这些都会提升房东等级。此外，日常运营的数据，如订单量、咨询回复速度、接单率、拒单等情况，也会影响到平台的推荐。由于途家属于 OTA 渠道，获取的流量如果能带来更高的订单转化率，则平台会给予更多的流量支持。简单理解，我们让平台赚钱更多，则它给我们的支持也就越大。

美团民宿：原名榛果民宿，是美团旗下的民宿平台，除了自身App 之外，还可以直接通过大众点评、美团 App 等多个渠道进行预订，也属于 OTA 平台。美团民宿的特点是流量入口多，活动促销力度大。客户群体以年轻用户为主，且增长迅猛，价格敏感度高。在平台优化方面，美团民宿与途家运营规则相类似，比较看重转化率，我们需要根据平台的提示进行数据优化，如成为超赞房东、开启闪订管理、参加安心住等活动，都有助于提升排名。此外，美团民宿还做了很多专题版块，如榜单、精选等，参加此类专题活动也能获得特别的流量推荐。

小猪民宿：与爱彼迎一样属于纯民宿平台，前期广告打得多，积累了一部分忠实客户，但近两年表现并不突出。小猪民宿的特点是专注于短租和民宿细分领域，用户黏性强。客户群体以国内民宿爱好者为主。在平台优化方面，小猪民宿会优先推荐有相应认证标志的民宿，尤其是针对优选、商旅的认证推荐权重较高，然后对于速订、免押金及实拍等服务也给予推荐，这也有助于排名的上升。但是，小猪民宿的数据后台没有美团和途家对于运营指导做得细致。

此外还有木鸟民宿、自在客、一家民宿等平台，由于前文介绍的这四个平台占据民宿流量90%以上，所以专注做好这些平台就能有不错的销量。

如何在民宿平台脱颖而出

想让我们的民宿从众多民宿中脱颖而出，必须让客户在浏览民宿网站页面时，有那么一瞬间被吸引，从而触发停留与点击。如何抓住这一秒，就需要在运营上下功夫。

■ 首图：让客户多看一眼的关键性因素

学员郡主的民宿首图的整个构图给人的感觉是客厅非常宽敞，陈设饱满，显得既开放又完整，而且家居用品和装饰品充满质感，高级感十足。这样的首图特色鲜明，能让人眼前一亮（见图4-3）。

图4-3　汕头学员郡主的民宿

　　首图作为宣传的封面图片，占据了展示页面的绝大部分位置，能影响客户第一眼的直观印象。所以首图几乎就代表了产品的价值，决定了客户是否愿意多花时间停留与点击。那应该选择什么样的作品来作为首图呢？

1.充分、完整展现房子信息的图片。比如，可以从客厅的一头拍摄到另一头，把空调、沙发、茶几、地毯、电视、吊灯、挂画等多种元素都囊括在内。拍摄时光线要充足，屋内要整洁，且注意横平竖直，将相机与参照物平行。

2.突出民宿独特价值的图片。例如，婚纱主题的民宿要把带有婚纱的图片放首页；比如带有壁炉、帐篷、摇椅等的民宿，也可以拍摄特色的图片放首页。

3.挑选最美、最有品质感的图片。图片质量直接决定点击率和转化率，所以如果自己不够专业，或者拍摄的设备没有广角，无法充分展示全景的话，一定要请专业摄影师来拍摄。

■ 标题：触发点击的核心因素

如果说首图能让客户停留，那么标题能影响客户是否会进一步点击。好的标题要让客户直观、清晰地了解民宿的特色、地理位置、户型等因素。标题本身就属于关键词，运用得好，可以让客户在搜索过程中快速锁定自己。

关于标题的命名规则，建议包含地理位置＋特色／亮点＋户型等关键词。由于标题字数有限，所以务必精炼、突出特色，慎用民宿logo命名——除非我们的民宿品牌已经做得很响亮。下面让我们来看看A和B标题：

A.景区旁浪漫风情大床房近地铁

B.摩洛哥风巨幕投影情侣大床房地铁口500米 | 近景区 | 万达广场 | 南塘老街

比较来看，B标题带有地标性景点名称，表明了地理优势，又突出了房间特色，能给客户更加直观的感受。如果是知名景点，客户会通过关键词搜索民宿，因此 B 标题会有更大被搜索到的概率。

■ 标签：影响排名的重要因素

搜索的首页除了首图和标题，还有标签，如"闪订""近地铁""优选""免费停车""自助入住"等。这些标签是通过民宿主勾选的指标，以及通过系统智能关联和用户评价收集后形成的总结。每一个标签都算一个加分项，当分数累积达到一定的临界点时，就会触动客户点击主图进到详情页——这个点击非常关键。客户在详情页停留的时间越长，下单概率就越高。

■ 超赞房东：房客选房的定心丸

除了以上三点，还有一个关键因素就是超赞房东。每个平台对超赞房东都有自己的评价标准，基本是通过一定的入住间夜量[1]、好评率、拒单率等指标来筛选的。超赞房东相当于通过了平台的考核，是能够让平台放心的民宿主。毕竟对于平台来说，最头疼的就是客户投诉问题。超赞房东不管在服务质量、应答速度，还是在房源管理上，都会比较有经验，因此平台就愿意给超赞房东做背书，也相当于告知客户，这些房东是平台精挑细选出来的靠谱房东。超赞房东不仅有排名优势，而且有过滤功能，客户可以通过"超赞房东"的按钮检索符合条件的房源。

因此，想要在民宿平台脱颖而出，做好包装，打扮好展示给人的第一面特别重要。通过首图、标题、标签、超赞房东，基本上能让我们的民宿处于不错的排名。

---

1 间夜量：即间夜数，是酒店在某个时间段内房间出租率的计算单位。间夜量＝入住房间数 × 入住天数。

高效而不失体贴的运营维护

做足了"面子"功夫之后，还要有"里子"才行。通过照片和标题吸引客户点击了解详情以后，他们还会通过查看描述、介绍、评价、直接与房东进行沟通等方式来决定是否入住。

■ 详细的描述：越全面、详细，越容易被成交

要做到高效运营，首先要一次性把想介绍和告知的信息尽可能全面地写在详情描述中。对于房间特色的介绍、功能区的介绍、房屋使用说明、提供的用品及服务、设施及周边环境、景区、交通、商超的介绍等，都要逐一说明。这有助于减少客户在下单后的重复沟通，当然，介绍中还可以讲民宿主的故事，这往往也能打动人。

■ 好评率：不放过任何一个好评

俗话说，一颗老鼠屎会坏一锅粥，一个差评也会严重拉低评分的平均值。尤其是在运营初期订单量不是太大的时候，更要注重把握好每一个评论。这就要求我们应把服务做到位，并且要让客户知道除了五星好评之外，其他都叫做差评。有些客户自认为四星已经很高了，但是对民宿主而言，四星就会严重拉低民宿排名平均值，影响排名情况。因此在接单过程中，不仅要服务好，还要沟通好。在客户入住后，要及时表示关怀和跟进；在客户退房后，要诚恳请求好评，如果不好意思开口，也可以用部分平台的好评返现功能，鼓励客户给好评。

■ 及时的回复：第一时间回应，最后时间收尾

对于民宿平台的信息通知，一定要开启通知模式。部分平台对回复时长要求比较严格，从客户角度看，这个要求是合理的。如果客户点开房东头像进行咨询时，半天联系不到人，就会因为得不到及时回复而下单到其他家。比如，途家对于及时回复率的解读是：用户第一次

对话5分钟内回复的聊天数／用户聊天总数。如果民宿主的回复时长超过5分钟，或者最后聊天是以客户结尾的，都容易降低服务质量分。因此为了做到及时有效的回复，我们需要做的是：

第一，开启消息通知，方便第一时间收到信息。

第二，看到信息后的第一时间给予回复。对于常见的一些问题，可以通过平台设置快捷自动回复。

第三，聊天结尾一定要以我们的回应来结尾，哪怕客户在几个小时后才看得到回复，我们仍需要补一句结尾。否则，平台容易判定为民宿主没有及时回复而扣分。

■　**不能触碰的红线：不拒单，不"私奔"**

第一是拒单。如果民宿主拒单，后果会很严重。但是如果真的发生撞单事件，或者由于特殊原因确实无法入住的，也要主动联系客户，让客户自己退单。客户是上帝，这在哪个行业都一样，因此平台也会更倾向于维护客户的利益。如果客户主动退单，可以协商退款金额。但如果民宿主没有特殊原因而退单，会受到平台的降权惩罚。

为了避免多个平台同天同套房被预订而出现撞单现象，可以通过民宿运营软件来一键同步房源房态。比如，"宝寓"公众号能够支持多套房源、多个平台的时时同步，也能通过后台计算入住率、看财务报表和安排保洁管理等，功能比较齐全。

第二是"私奔"，就是不走线上，而通过线下私自交易。平台对于跳单的处理非常严格，因此千万不能在与客户沟通时发送微信号，或者引导客户发送他的微信号。一旦被平台发现，民宿会被冻结一段时间，甚至被终身冻结。只有等客户下完单以后，才可发送微信号，这时候平台确认单子从线上走，可以赚到钱，就会解除警报。因此，在依靠平台流量时，切莫为了贪得蝇头小利铤而走险。

■　**房客管理**

在民宿运营的过程中，不可忽视的客群是回头客。想要有效地激活这些老客户，房客管理就非常重要。一方面是后续有新房上线，或者房子打折促销时，可以告知老客户；另一方面，当回头客上门时，我们要一眼就知道他是什么时候住过哪个房间的客人。在这里推荐一个房客的微信号管理命名规则：FK（房客的首字母）+ 房间号 + 日期 + 客人名称。比如，FK505 11.2-3YoYo，则表示客人YoYo在11月2日和3日住过505房间。

那么在下次需要做房间销售时，如果通过平台还没有把房间全部定出去，就可以适当把自己的民宿做成海报或者链接发给老客户。而用FK做标记有助于把所有民宿房客的微信都排列到通讯录F栏，方便群发。如果回头客再有需求，我们就可以通过命名标记立马知道他需要哪个房间、之前住过多久等信息。

■　**价格调整**

民宿的价格并非一成不变，而是需要根据时间段、季节、节假日或特殊情况做必要的调价。

首先是法定节假日，如春节、五一劳动节、国庆节等节假日，这时候的民宿往往会出现供不应求的状态，因此可以将民宿价格设置为常规价格的2.5~3倍。我们需要提前几个月就把节假日价格调整好，以防有人提前按照常规价格预订节假日客房，造成不必要的损失。

其次是常规日促销。很多时候，民宿房会出现空置的情况，如非周末或者假期，这时就需要设置一些活动来减少空置，因为空置一晚对民宿来说都会导致利润率大打折扣。具体设置什么活动，可以因人而异，比如通过"早鸟优惠"来促使租户提前预订；通过"连住优惠"

来获得长订单，而且还可以节省保洁费用；还可以通过"尾房甩卖""节日狂欢"等活动来进行不同力度的打折促成成交。

知己知彼，百战百胜。熟悉各个民宿平台的规则，在平台要求的基础之上，进一步优化照片、标题和标签等细节，使得民宿排名靠前，从而获取更多的曝光率和订单量，最后在运营时做好上述6点，我们一定能成为一名合格的民宿主。

 第四节 城市民宿的服务与收益管理

民宿的接待与服务流程

民宿作为非标准住宿，有别于传统酒店，除了能为客户提供床、卫浴等基础设施之外，还增加有个性化的设施，如投影仪、榻榻米、小帐篷、可以试穿的特色服饰等。每一套民宿都有着自己的风格，展现着民宿主的喜好，寄托着民宿主的情怀。民宿产品具有房源分散、单点房源数量较少、房间个性化、经营方式多元化、依赖互联网、更具人情味、提供个性化设施与服务等特点。

对于很多客户而言，民宿和酒店本质上没有太大区别，其功能都是解决旅行中的住宿问题。因此，只要价格适中、房间整洁，选择民宿还是酒店，并没有太多倾向性。 然而，当客户一旦开始注重住宿体验，不再把住宿当成纯粹的泊憩，而是期待让住宿也作为旅途中精彩的一环时，那么住民宿与住酒店的差别就体现出来了。

民宿是非标准住宿，不像酒店对于每一个物品的摆放、每个房间的陈设和保洁等会有个统一的标准，民宿的布置中有很多细节化和个性化的元素。因此在民宿的管理中，我们要更加花费心思。民宿强调的是本地风土人情，注重民宿主与客户之间的交流互动，致力于为客户提供有温度、有人情味的服务，因此民宿服务的好坏在很大程度上影响着民宿运营的好坏。

准备性服务：上线前需做好哪些准备工作

在民宿设计、布置、拍摄完成并正式上线前，我们需要做好充分的准备工作，以防止在设施不健全的情况下突然有订单降临。在做准备工作时，可以参考如下提供的自查清单，以检查房间上架前的准备工作是否到位（见表4-1）。

表4-1　民宿上线前自查清单

必备自查清单	可选择性准备自查清单
Wifi	小医药箱
床品（按1：3的比例准备，以防特殊天气无法及时换洗）	女性生理用品
一次性用品（牙刷、梳子、纸巾、浴帽、浴巾、毛巾、纸杯等）	万能充电头
拖鞋	针线盒
洗发水、沐浴露、护发素	当地旅游指南小册子
吹风机	桌游
烧水壶	游戏道具
饮用水	
衣架	
厨房用品（为保证食品安全，只备厨具不备调料）	

在准备齐全这些物品后，建议最好自己先入住一晚，体验整个入住流程。这样才能更好地从消费者角度发现还有哪些不合理或者不完善的地方，以便及时改进。

体验中服务：入住中的指南与关怀

与酒店给人千篇一律的感觉相比，客户是直接与这个独一无二的民宿背后的民宿主发生联系，因此民宿主的接待与服务在很大程度上会影响客户对民宿的体验。当客户在平台下单后，民宿主的服务就开始了。无论是民宿主自己接待，还是有专门的民宿管家来管理，民宿主都需要制定既可复制、又有温度、还不显得太过标准化的流程，让客户有宾至如归的体验。

第一步：身份登记服务。客户下单后，我们需要第一时间跟对方取得联系，并做好身份登记。其中需要核实如下关键信息：入住人数、是否有老人或孩子随行、有无特殊需求等。这步可以通过途家 App 后台的"入住登记功能"来实现。民宿主选择好相应的日期和房间，把链接通过微信发送给客户即可。客户登记的信息会自动打上水印，以防止信息外泄。

第二步：确认入住时间。正常情况下，民宿跟酒店一样都是当日下午2点后可入住，离店日中午12点前退房。民宿主提前跟客户确认时间，一方面可以提前协调保洁员的工作时间——很多民宿主在同一个地方有好几套民宿，如果都需要清洁、打扫，就可以根据不同房间入住时间的早晚来安排打扫顺序；另一方面有利于尽可能满足客户的特殊需求，如需要提前入住、半夜入住或者延迟退房等。

第三步：发送入住指南。入住指南包括房间地址与定位、停车场、停车费用、入住与退房时间提醒等。至于房间密码，建议客户入住当天再发送，以防中途退单等情况发生。

第四步：共情性服务。我们可以提前把周围的旅游、交通、购物、餐饮等吃喝玩乐信息做成入住指南，发送给客户，这样既可以提高客户的消费体验，又可以避免同一问题被反复询问，还可以争取让客户在退房后能主动给予五星好评。

（1）提前通过天气预报了解天气变化情况，并及时提醒客户做好准备工作。

（2）备置一点海盐薄荷糖果、欢迎入住指南或欢迎卡片。

（3）准备放有日常生活小物件的百宝箱供客户使用，如多接口充电器、外用创可贴、防蚊虫叮咬药水、橡皮筋、针线包、红包、便笺纸、女性生理用品等。一旦我们的民宿走进了客户的心里，其带来的口碑宣传和重复成交是不可估量的。

（4）多跟客户产生互动。在客户入住后次日上午，询问其入住体验、对服务是否满意、是否有需要改进的地方等。如果从客户入住到退房，民宿主都没有跟其发生互动，等其退房后再索要好评，就会很尴尬。所以在入住期间，适当的互动和关怀会让客户对民宿留下好的印象。

以上四步在客户下单后即可实时操作。到了入住当天，我们向客户发送欢迎入住的信息，让客户感受到被人等待的感觉，也可以借此体现我们服务的温度。同时，发送的信息中包含入住房间密码、Wifi密码、房东或管家联系电话、热水器使用方法等细节提醒信息。

追踪性服务：退房后的评价管理

好评率和评论数量是关系民宿排名和曝光率的一个重要因素，因此，我们不能放过每一个客户的评价。那么，如何获得客户的好评呢？

第一，房间干净整洁，能与酒店标准媲美，这是基础。对于卫生细节的追求，我们丝毫不能放松。如果保洁是外包的，而保洁人员又不是专业人士的话，我们在前期一定得把保洁流程和细节交代清楚，尽量自己随时监工，确保保洁工作的每个细节都落实到位。

第二，细致的入住指南和适当的互动关怀。走心的交流和全心全意为客户着想的小细节，会给客户增加好感。当然，如果客户已经被你的服务所打动，那么即便个别地方的服务稍微有些瑕疵，对方也容易报以宽容之心。总之，酒店标准的保洁和宾至如归的体验是民宿产品的生命线。

第三，客户离店当日晚上的6~8点之间，向其发送关心的问候。一是关心客户是否到家，二是表达入住的感谢，三是请求好评。这样索要好评既不显得突兀，又能让客户觉得受到重视和关心。为什么选择这样一个时间段呢？因为，民宿主若在客户刚退房时就索要好评，客户会觉得民宿主太过功利、太直接。晚上6~8点是人们看手机频率比较高的时间点，客户回复或者写点评的概率也较高，而且当天刚退房，他们对入住体验的记忆也比较深刻。

第四，通过五星好评返现红包或者下次入住给优惠的方式，引导客户进行点评。我们在沟通时要让客户知道，五星好评对民宿和自己的重要性。很多客户会比较耿直，认为四星已经很不错了，殊不知除了五星以外的评价，都会拉低民宿的评级。因此要提前暗示客户，尽可能写五星好评。

第五，如果客户在入住期间就表示出不满，一定要做重点标注并及时解决和补救。且莫置之不理，任由差评发生。如果因民宿自身卫生条件、硬件、服务方面的问题导致客户体验不满意，一定要做出诚恳的道歉，并妥善处理解决。如果因客观无法避免的原因，比如外面施工或者临时断水、断电等情况导致的投诉，也应及时安抚客户，并通过水果盘、小伴手礼等方式进行问候与沟通，疏解客户的情绪，用最快的速度在线下或入住期间把矛盾解决。除了当面表达歉意之外，在客户退房之后，还应该发送信息表达歉意和关怀，以降低客户在网络上写低星评价的几率。

若真的遇到客户给出差评，也要学会灵活应对。首先判断对方是否是恶意差评，如果是恶意差评，可通过平台进行申诉；如果客户的描述基本属实，自己的民宿和服务确实存在问题，那民宿主就需要诚恳道歉并就客户提出的问题提供一个有效解决方案。当然，针对这种情况，如果能动之以情说服客户删掉评论是最好的结果。但要注意，不要多次致电客户，打扰对方，这样反而会引起对方的反感。如果跟客户沟通后，客户还是没有删除差评的意愿，这时就需要及时去回复差评，回复的几个关键词就是感谢、致歉、说明、安抚、解决和二次营销。可以参照如下示例：

非常感谢您的入住和点评，未能让您十分满意，我们深表遗憾。我们的民宿装修好已经有近半年时间，并做了专业的甲醛处理。通过您的反馈，我们再次请专业人士做了甲醛检测，确定房间的甲醛含量在国家标准范围内；也排查了房间有味道的来源，可能由于我们安放的香格里拉香薰味道过于浓烈，让您误以为是其他味道。后续我们也会注意在客户入住前尽可能通风，并更改为淡雅的香薰，以免客户对香味敏感。希望通过我们的改进，能在下次为您带来一个不一样的入住体验。

民宿的收益管理：如何提高收益率

虽说很多人开民宿是出于情怀，但是光有情怀没有利润是走不远的。作为一门生意来说，民宿运营想要获得更好的收益，也需要科学地管理。民宿的收益率可从几个方面去提升。

■　1.拿房成本

拿房成本的高低直接影响到未来几年的利润率，这就需要用到我们在第三章中讲到的拿房谈判技巧。如果能签订超长年限、每年一个月甚至更多的免租期、租金能够5年甚至10年不递增的租约，那么在经营之前，我们就比别人赢得了更多的利润空间。不管包租还是民宿，时刻谨记我们的利润决定于签合同的那个瞬间，后面的运营只不过是在固定利润基础上的锦上添花。

■　2.装修成本

在拿房之前，我们要核算房子的装修成本和回本周期。这里再重申一遍，千万不要动硬装。硬装既不出效果，又费钱。一个卫生间的改造最少要上万元，而大开间从空房到所有小物件都摆设好，所花的费用也不过6000~8000元。很显然，把钱花在大开间的装修上，更能看得见效果。这就要求我们前期一定拿硬装条件好的房子，这样就可以把装修成本全部用在软装上。那么，软装花多少成本合适？通过统计许多学员的实操数据，我们给出如下的参考标准（见表4-2）。

表4-2　民宿软装成本参考表

户型	软装费用
40平方米大开间	约7000元
50平方米一室一厅	8000~10000元
80平方米两室	12000~15000元
90平方米三室	20000~23000元

以上参考成本是空房除去家电外所有物品重新采购的情况下计算出的成本。那么，再加上中介费、刷墙、民宿耗品等支出，基本就是所有成本了。

■ **3.耗品采购成本**

在民宿运营过程中，牙刷、纸巾等消耗品是每日必不可少的支出。这些单价虽便宜，但用量大，每月支出也不少。如果我们在采购时多方比较，找到质量好、价格又便宜的卖家，长久算下来也能省下不少成本。根据学员的经验，多数的民宿主都会在淘宝、阿里巴巴、闲鱼等线上平台采购耗品。

淘宝：基本所有的软装物品都可通过淘宝采购完成，淘宝上也有很多厂家直销店，能买到性价比高的物品。

阿里巴巴：批量的毛巾、浴巾、牙刷、洗发水、沐浴露、一次性拖鞋、纸巾等量大的日常耗品，通过阿里巴巴批发会更合适。

闲鱼：闲鱼虽为二手闲置置换交易平台，但其中也不乏全新的物品。仔细淘淘，也能买到性价比高的物品。

■ **4.保洁成本**

房租和保洁是民宿的两大块成本。雇一个全职保洁人员成本较高，在运营的民宿房间数量未上规模前，不太建议雇佣全职保洁人员。而专业的保洁人员往往收费较贵，且不太愿意接时长较短的保洁单。最好的方法是寻找小区里或者公寓楼的保洁人员，请他们在兼职时间负责打扫。这些有本职工作的保洁人员对兼职工作的收费要求不会太高，且离民宿近，可以随叫随应。一般建议按次计费，而非按月计费。因为我们在运营过程中偶尔会接到连住的长单，甚至租一两个月的单子，如果按月计算，那保洁成本就太浪费了。

如果民宿里有洗衣机和阳台，可以要求保洁人员对床品进行清洗。但是如果民宿是公寓，没有阳台，就需要另想办法了，比如可以准备带有烘干功能的洗衣机，或者找附近的洗衣店长期合作。

■ 5.水电成本

对于公寓和住宅楼而言,水费差距不大,客户主要在洗澡、洗漱时用水,这些也很难节省;但是两者的电费差别很大,公寓的电费属于商业用电,比常规住宅的民用电要贵。如果民宿属于 Loft 公寓,空调制热和制冷慢,则更费电。住宅民用电相对省一些,但若客户进出不关空调,整日整夜开,电费也会很贵。所以我们在装修时就应考虑安装节能灯,或者类似酒店插卡取电的设备、智能电表等;也可以在门边贴"节约用电""出门随手关电器"等温馨提示。

■ 6.时间效率

早一天装修完上架,就多一天的利润。所以在时间控制上要尽可能提升效率,缩短装修周期。在装修时,有些环节可以同步进行,比如利用采购后的快递配送时间做好刷墙保洁工作,提前预约摄影师等。按照时间顺序,可以这样安排:

第一,量房,草绘户型图、拍摄照片和每个角落的视频;

第二,设计、采购(请专业设计师或自己动手);

第三,刷墙 / 深度保洁;

第四,布场、摄影师拍照;

第五,上架。

总之,不管是线上运营,还是线下服务,我们为的都是提升民宿的利润率。把每个细节优化和落实,一定能让我们的民宿产品秒杀当地的其他同类型产品。我的学员中也涌现出了一批又一批的优秀民宿作品,他们或是全职宝妈,或是高级白领,或是企业主,不同的人群都能够从零开始,把民宿打造成一条长期稳定的被动收入渠道,甚至很多人在民宿上的收益远远超过了其本职工作的收入。

来自河南三、四线城市的学员王英，之前是一名全职宝妈，买件衣服都要问老公拿钱，生活过得捉襟见肘。在参加课程学习后，她在当地做了10套民宿，从一开始设想能有3000元左右的被动月收入就足矣，到真实经营后民宿供不应求，她的包租产品与民宿产品加起来，每月利润达到了2.6~3万元。对于一个普通的全职宝妈来说，有这样一份收入必然能活得更有底气。

　　不管在一、二线城市，还是在三、四线城市，城市民宿都是一个新兴行业。它既能满足人们对美好生活和情怀的追求，又能从中赚取可观的收入。民宿运营投入小，回报高，是一门可复制的生意。如果你对民宿运营有兴趣，也可以找准自己的定位，通过系统学习持续深耕，在民宿行业闯出一番天地。当然最后还是别忘了我们的初心——做二房东全为做房东。我们运营民宿，也是为了打造源源不断的现金流，最终实现买房这一大目标。

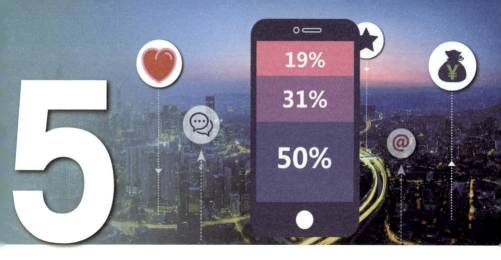

构建四种收入管道之财商传播 第五章

"

佩娜 佩合社群运营创始人

⭐ 房爸爸平台

📍 宁波 / 深圳

👍 **最有成就的三件事情**

① 15年游戏人

② 20个月打造1200+全球合伙人团队

③ 2020年社群传财商30000+人，
　　线上营销从0到6000w+

🔔 **我能给大家提供的资源**

① 国内优质房产理财/投资圈

② 社群变现实战经验

③ 独家私域流量点人成金术

📅 **我用社群筑梦**

通过社群为1000万人传播正确财商知识

"佩合"你有钱有闲有爱

0成本的自动化社群运营秘诀，
就是看见、回应、种种子。

第一节　可能被忽略的5大个人财商要点

什么是财商？财商的本意是"金融智商"，英文缩写为FQ（Financial Quotient），是指个人或集体认识、创造和管理财富的能力，包括观念、知识、行为三个方面。在我看来，财商细分为三种能力：正确运用金钱的能力、处理物质欲望的能力、驾驭金钱极限的能力。从这三个方面来学习财商知识，才能更好地学会如何赚钱。一个人只有具备了关于财商的正确认知，才可以清醒地面对欲望和财富，也才可以在日后面对金钱问题时能合理安排和解决。

我曾经是一个非常缺乏财商的人。因为家庭的原因，我15岁就开始用游戏养活自己。在游戏行业摸爬滚打了十多年时间，我收获的不仅仅是游戏世界的一大批"粉丝"，还有在外人看来优渥的财富。但拥有财富不等于拥有财商，因为曾经的我不具备管理财富的能力，所以很快就把自己所积累的财富全部换成了能够看得见、摸得着的物品，如价值近200万元的汽车，而且用的是非常简单粗暴的方式——全款。其实我购买的也是后来子安老师所说的"负债"，但当时的我不具备任何财商知识，所以还非常地乐在其中。

西方的孩子从2～3岁起，父母和学校就有意识地教授财商方面的知识。甚至在很多国家，他们对一个孩子财商的培养远比对智商和情商的培养更为重视。智商高的人，可以搞定事；情商高的人，可以搞定人；财商高的人可以通过人和事来搞定钱。但是我在传播财商时发现，很多30岁、40岁的成年人对于财商也只是一知半解，甚至很多人在子安老师的课堂上第一次听到"财商"这个词。我们常说：理财理财，你不理财，财不理你。而财商越高的人，赚钱越容易。这也是我在社群传财商的过程中所深刻体会到的。

王　成

男，"85后"
城市：宁波宁海县
职业：工厂老板

　　这里我想聊一位让我印象深刻的学员——来自四线城市的王成。2018～2019年期间，我在自己学习和践行的过程中，使用社群的方式进行了其他知识的传播，他一直在我的社群关注着我。受到我的影响，他付费走进了课堂，但仅限于初阶的学习，浅尝辄止。

　　后来，当我选择使用社群传播财商时，他又一次选择了跟随我，而这一次，他一路学习，紧跟子安老师，在短短15个月的时间里，做了320多套长租公寓，平均每月赚得被动现金收入达27万元。这件事让我愈发意识到用社群形式来传播财商的重要性。相比于其他知识，财商更能从根本上帮助个人甚至是家族实现命运的改变，有着巨大的社会意义和价值，它值得我投入更多的时间和精力去深耕，进而去帮助更多人。

　　结合我从"小白"不断成长的经验，我把提升个人财商的过程总结为5个关键点。

关键点1：一味守钱、攒钱，并不是高财商

日本曾有一则新闻，说一名30多岁的女白领通过省吃俭用，用自己10年的工资全款买了两套公寓，并宣布退休，她计划以后的日子里省吃俭用，用租金养活自己就可以了。你觉得她是高财商的人吗？并不是。学习财商知识，并不是教我们守钱、攒钱，成为葛朗台，这是愚蠢的理财方法。真正的高财商是懂得如何花越少的精力来赚更多的钱，也就是懂得赚钱的科学方法。如果靠牺牲当下的生活品质来积累财富，这也是一种负债，我们可以叫它"精神负债"。提高自己的财商，是为了改掉我们曾经墨守成规的不良理财习惯，学会用更正确的理财方法来让钱忙起来，让人闲下来。所以，提高财商会帮助我们在保障生活品质的前提下，为自己创造更多的财富。

关键点2：挖掘个人价值，将你变成更值钱的"产品"

其实不管是有钱、有资源的行业精英，还是像你我一样的普罗大众，人们都有一个共同的需求，就是实现个人价值。也就是说，我们需要找到自己的个人价值，为个人价值打造一套别人能够消费、买单、获益的商业系统，努力实现个人价值最大化。更直白点：让你自己变成更值钱的产品，进行价值交换。我可以短短两年间实现年收入300万元，并打造出一支具有超强战斗力的百万业绩团队，并不是因为我比别人聪明，而是我找到了自己的商业定位：通过社群来传播财商。当我明确了个人价值在哪里，并努力去让自己的价值具有不可替代性时，我这个"人"作为一个产品的标价就在不断提升。

关键点3：深耕特定领域，静待长远回报

选择一个适合自己的领域，挖深井。我所说的适合自己，是符合自己一贯的方式和习惯。就拿理财来说，如果要我花费很多时间、精力去研究股票、基金之类的金融产品，然后经常关注动态和趋势，频繁进行交易，以我一贯的"懒"，我大概率是做不来的，也无法坚持。我更愿意把时间、精力花在变量比较少的事情上。而家庭房产理财体系这个理财手段，恰恰符合我的需求。我只需要做两件事：①选一个一定会增值的标的，支付首付。②每个月定期还月供，就像存钱一样。剩下的只需要交给时间。

所以我们提高自己的财商，并不是为了赚更多维度上的钱，而是能够在自己最熟悉的领域上赚到更多的钱。正所谓"凡为一事，事皆贵专；以专而精，以纷而散"，如果将精力分散到很多关联性很弱的维度上，我们储备的知识并不足以让我们在每个领域胜券在握，那我们在每个维度上遇到的风险就会很大，成功的概率就会很小，很可能落得竹篮打水一场空。我们对自己钻研的领域越熟悉，抵抗危机和风险的能力就越强，成功率相比他人自然会更高。

2017 ~ 2019年，我走进了知识付费的课堂开始学习。学习期间，我一边在积累和精进自己的技能，同时也在用教练的身份以教为学，把自己在游戏世界练出来的"带人"技巧，打造成一套自动化的践行体系。这个过程中，有人看到的是"没有任何报酬，你为什么要付出那么多"，有人看到的是"佩娜教练，这套系统太牛了，我照搬到企业也很好用"。外界的声音纷纷扰扰，只有我知道自己在做什么。我在修炼，也在验证，修炼自己从游戏世界踏入现实世界的生存技能，也在验证自己的带人技能是不是具有可复制性。

从自我沉淀到价值变现，获得更多认可，我并没有重新开发创造一套系统，不过是将游戏世界的待人技能平移到了现实世界，并证明了它的可复制性，再经由房爸爸平台为我验证这套技能，这套可以在不同领域迁移、被不同人复制的技能，这些都为我的价值变现打下了坚实的基础。

如果你也正在打磨你的技能，不妨多思考它的迁移和可复制性，这个过程会帮你成为更值钱的人。

关键点4：你能实现价值变现的核心是对他人有价值

找到并实现自我价值是每个人的需求，自我价值的变现就是最直接的衡量。而价值能否变现的关键在于，你的价值能否帮到更多的人。

如果你是专家，你是价值信息的创造者和输出者，你要做的事情就是不断输出对他人有价值的信息，包括你的技能、经验、价值观等。如果你不是专家，那可以做价值信息的学习者和分享者。你可以在自媒体平台（如微信公众号、喜马拉雅、视频号等）或社群，通过音频、文字、视频等方式传播通过向其他老师学习所获得的知识和思想及自己的实战经验，来帮助更多人破除盲点。

不管你选择什么样的方式，发心很重要。无论是企业还是个人，价值变现的核心一定是去帮助更多人。发心越正，你就越能帮助更多人。当你能够帮助更多人的时候，他人就越会通过知识付费或者其他形式为你支付报酬，这是理所当然的事情。你唯一需要做的，是敞开心扉，接受财富。

我经常遇到一些伙伴，他们总觉得自己不够优秀，而迟迟不敢开始，或者认为自己不能实现价值变现。因为他们在价值变现这条路上，往往对标的是百万级甚至更高级别的"大咖"。我个人一直坚持的是，不管在哪个领域，只要确信自己的能力是能够帮助到身边的人——哪怕帮助一个人，就是有价值的，这个价值就值得去被变现。我经常跟学员分享一个玩游戏的升级理论：你是一个新手，当你刚刚进入游戏或者一个新领域时，你需要的一定不是100级的高手，而是5级甚至是2级的人带你玩，因为这才是你追得上的水平。等你到了5级的时候，10级、15级的人的经验对你来说才是最珍贵的。

所以，当你拥有了2级的经验、技能和技巧的时候，尽管去帮助新手入门级的小白吧。陪伴他们不断成长，你的级别也会随之升高，那么你的变现能力也会随之升高。你不需要等到自己很厉害时才开始，而是开始了就会很厉害。

关键点5：不关注钱的人注定贫穷，只关注钱的人注定平庸

财商并不是我们赚多少钱的能力，而是我们能拥有多少钱的能力。人永远赚不到认知以外的钱。假如我们很幸运，突然拥有了一笔财富，但是没有能力来驾驭它，它也很容易消失。所以，知识和思维才是驾驭金钱的法宝。巴菲特说过这样一段话："小孩子具有长大后就淡忘的智慧，孩子们懂得时间比金钱更重要，而成年人，尤其是当他们处于职业生涯的上升期，尽情享受公司分红的时候，往往认为金钱比时间更重要。之后，当金钱失去吸引力而时间变得紧迫时，他们才蓦然回首。"

对于职场人而言，敢于谈钱是一种能力，更是一种智慧。你越关注自身所能创造的价值，就越能明白如何让自己实现更大程度的价值变现，但只关注钱而忽略成长，也会得不偿失。

如果一个人只是把眼光放在金钱上，他注定是一个平庸的人，他连自己的人生都改变不了，自然无法去影响或改变其他人的命运。如果我们能把金钱看作实现财务自由的一部分，那我们就会去不断学习，

获取知识，让自己思维更具高度，不再天天想着"人找钱"，而是想办法让"钱找人"，这时候，我们不是为钱而工作，而是钱为我们而工作。懂得了这点，我们才不会在面对金钱时表现得贪得无厌，而是能打开朝着财务自由前进的大门。

 第二节　点人成金构建"黄金人脉圈"

从这个章节开始，我会将社群传财商的实操方法展示给你，也期待你可以边阅读，边尝试。社群传财商的过程简单来说就是"人脉变钱脉"的过程。关于人脉链接的重要性，中国著名商业顾问刘润说得很精辟："一个人的财富基本盘，有两个组成部分：第一，你自己的能力，第二，你和其他人链接的本事，而后者是前者的放大器。"

不管你是否愿意承认，我们不得不面对的一个不争的事实：自己辛辛苦苦几十年积累下来的人脉，绝大多数都在微信里。现在不妨停下来，打开自己的微信通讯录，翻到最下面，看看微信里有多少个好友？几百个也好，几千个也罢，这都投射了过去我们在"和其他人链接的本事"这件事上的结果。我相信，大多数人的人脉圈具有下面三个最具代表性的困局。

第一，通讯录人很多，但杂乱无章。

细看之下我们会发现，通讯录中的有些名字完全陌生，我们已经忘了双方是如何认识的，不知道对方是做什么的，更不知道其他个性化的私人信息。杂乱无章的通讯录，充其量就是占手机空间的几个符号而已，基本发挥不了价值。

第二，本末倒置，忽视最重要的少数关系。

我们的时间、精力有限，人脉管理也讲究二八法则。我们80%的人际经营时间应该花在20%的重要人脉身上。无意识的刷圈、点赞，没有选择性的互动，都无法实现"人脉变钱脉"。

第三，只和固定领域的人交往，缺乏多样性。

人们倾向于待在舒适的社交圈，更愿意和喜欢自己的、与自己有很多共同点的人交往。其实强大的人脉圈需要年龄、性别、行业、级别的多样化，这样才能拓宽我们的见识，提升我们的能力，接触更多人脉资源，从而回头为人脉圈服务。如果走不出人脉困局，其结果就是：遇事找不到合适的人协助；个人成长缓慢，无法借力；人脉链接能力弱小，无法激活圈内资源，发挥最大作用。

前面聊到人脉的重要性，接下来我将以"微信"这个工具为例，来给你演示如何将"点人成金"进行应用，帮助你找到你的黄金人脉圈。选择微信，是基于绝大多数人都非常习惯使用它来进行沟通和人际联系。当你真正用起来和掌握以后，你会发现，这套理念是可以被平移和复制到任何人际关系机构里的，工具只是载体而已。

做法其实也很简单，就是使用微信来搭建微信社交宫殿，把私域流量集中起来，进行高效变现。搭建微信社交宫殿这件事的本质，是建立以"我"为中心的黄金人脉圈。

搭建微信社交宫殿，建立以"我"为中心的黄金人脉圈

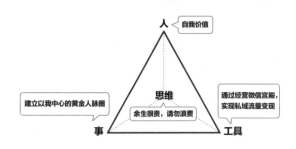

图5-1　佩娜黄金人脉拆解示意图

以"我"为中心，要理解：

第一，我是谁？在告诉别人自己是做什么的之前，先让别人了解自己是谁。

第二，我能给予别人什么？我在传递什么价值，对哪些人有帮助？

第三，我寻求什么？也就是我有什么计划，需要寻求什么资源的协助？

黄金人脉圈是20%重要的人脉，他们具有我们欣赏的智慧、能力、资源，为了促进互相成长，我们努力寻找机会为他们创造价值。我的黄金人脉拆解示意图的核心，是余生很贵，请勿浪费。所以我主张大家把重要的时间花在重要的事上。在我的逻辑里，每个模块都可以拆成人、事和工具。每个人都渴望找到和发现自己的自我价值，在这个过程中，我们可以不断地用微信社交宫殿这个工具来经营自己，实现私域流量的变现，建立以自己为核心的黄金人脉圈，并在这个循环内不断地完成自己和人脉圈层的升级。只要你坚定了自己的核心思维，就能用人、事、工具完成拆解，从而完成从"想到"到"做到"。

园长

女，"85后"
城市：东莞
职业：体制内

　　私域流量是近几年很火的一个词，不同的领域对此有不同的理解。在微信中，你的私域流量就是你的微信通讯录里面的人。你的通讯录有多少人，就意味着你的私域流量池有多大的存量。

　　学员园长的微信通讯录里现有2378个微信好友，之前她从没有使用微信朋友圈进行过个人价值的变现，因此对于微信私域流量变现，她完全不抱信心。我们接触后，她把散落在自己微信通讯录里的人进行了梳理，搭建了自己的微信社交宫殿，并学习主动创造链接的机会，找到自己最重要的人脉，并实现了从人脉到钱脉的跨越。2019年9月，她从零开始开创"空无一物整理训练营"，从30天免费开始做起，到开设收费训练营，最终成功举办多届训练营，并实现累计付费人数超过700人。一年下来，她靠微信朋友圈的有限人群，创造出13万元的收入——比她主业的年收入还要高。能否充分利用好这些人脉，实现个人价值的变现，需要我们掌握一套从个人价值定位到激活，再到销售转化的方法。

设计微信社交宫殿，建立个人人设

在这个时代，比学历、知识、工作岗位更值钱的非人脉莫属。一个人走得快，一群人走得远。特别是在信息越来越发达的今天，一个人成长的速度远远赶不上一群人成长的速度。这就是"人以群分"的价值，而微信社交宫殿就是每个人可以快速实现"人以群分"的工具。

微信是我们最高频使用的与人链接的工具，我们是否对自己辛辛苦苦积累的这些人际关系管理过呢？我们都知道圈子的价值，也有越来越多的人愿意知识付费，与其说买到的是知识，不如说更在意的是圈子。

新增加一名好友时，我们习惯打上备注，如地区加名字，职业加名字，单位加名字。如果我们想打造属于自己的微信社交宫殿，实现微信社群变现，有效的昵称备注方式是十分关键的一步。大家都知道，很多通过微信做生意的人会在自己的微信昵称前面加上字母 A，这样就会在别人的通讯录里中排名靠前。基于微信通讯录排序规划，我设计了自己的微信社交宫殿（见图5-2）。

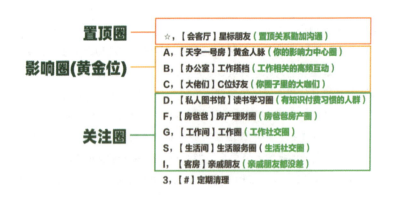

图 5-2　微信社交宫殿字母示意图

■ **微信社交宫殿设计的两大核心**

第一，经过设计整理，你会发现你的手机里不是拥有26个字母，而是拥有8类关系，我的使用习惯将字母从26个减少到了8个。

我的分类是基于日常人际交往关系，也就是通过什么样的机缘跟这个人产生了什么样的联系。比如，D类"私人图书馆"就是有知识付费习惯的人群。

我相信很多朋友跟我一样有知识付费的习惯，我们会参加很多课程，并认识新的朋友，而这些朋友有一个共同的特征就是都愿意为知识进行付费，所以在我的大类里面会有一个"私人图书馆"。当我看到某个朋友名字前面有个D的时候，就知道我跟他是在某类课程上认识的，并且这个人有着知识付费的习惯，那未来有可能我也能够为他提供价值，他也可能成为我私域流量变现的客户之一。至于这个朋友的地区、职业等，大家可以根据自己平时的习惯进行标注，我所提倡标注的内容一定要是对自己有价值的。

第二，我会根据自己打开通讯录后与之联系的频次来确定其首字母是什么。

比如排在第三位的B类是"办公室"搭档，G类也是一个工作圈，这两个字母的区别在哪里呢？我们可以把B理解为在同一个办公室的同事，因为工作的关系，我们需要高频沟通；而G是大公司的同事，可能是不同部门，可能一周甚至一个月才能跟他因为工作的关系联系一次。

至于字母的使用，大家可以根据各自的习惯，如S代表服务（service）。上述字母是我使用了很长时间，不断试验和迭代多次后的版本，仅供参考。

微信社交宫殿设计步骤

清楚了设计逻辑后，下一步就是根据自己日常的人际关系情况，开始着手搭建属于自己的微信社交宫殿。

■ 首先，设计宫殿首字母

按照以往的经验，很多朋友在这一步时非常兴奋，他们会马上打开自己的通讯录修改备注，但到后面就会发现改不下去了，因为可能用了太多字母，而且自己也记不太清楚这些字母背后的含义。所以在动手修改备注之前，要先设计好自己的宫殿。

建议用12个之内的字母理清自己的社交关系，尤其是要清楚哪部分人是影响力中心圈（A位），哪部分人是对自己能够产生高价值的（D位），哪部分人是重点需要去学习和跟随的（C位）。这个部分的整理不仅仅是让我们的通讯录看起来整洁，而且能让我们正确客观地审视自己过去几年中在社交关系上的积累和沉淀。

有人会发现自己的圈子里完全没有大咖或榜样，这就意味着当你需要帮助的时候，能够给到你支持的可能跟你属于相同层次，你很难通过链接更优质的人脉实现圈层的跃迁。我不是一味鼓励大家在通讯录里一定要存有多少大咖，而是我们要知道：自己的榜样是谁？自己和他的差距在哪里？当他遇到我们现在遇到的困难时，他会怎么做？我们要做什么才能够为他提供价值？

将自己的人际关系做好分类之后，就可以根据使用习惯给他们标注好字母，做好字母和对应人群的标注。这样，你微信宫殿里的房子就挂好门牌号了。

■　**其次，分类整理人脉**

接下来就是实操的部分，打开微信通讯录从 A 开始，逐步给好友修改备注名称。如果自己选择的某字母下对应的人数很少，可以对不同字母的人数进行合并，最终减少使用的字母数。

有一位学员的反馈让我印象非常深刻，他在修改完所有的备注后，发现工作关联的人占整个通讯录的80% 以上。换而言之，他发现自己的人生完全被工作占据，生活里只有上下游供应商、客户、同事，而在这之前，他是完全没有意识到的。

我们经常说的一句话是，时间在哪里，结果就在哪里。这句话放到微信通讯录上也同样适用。在过去的人生中，我们花了多少时间在某个领域，他们在微信通讯录中就占到多大的比例。这个过程看起来是整理微信通讯录，实际上是在对自己的人脉关系进行整理，甚至清理。只有找出真正对我们能够产生价值的那一部分私域流量，才能在未来快速实现社群变现。

■　**最后，关注重点人群**

每个人的重点人群可能不太一样，我的标准是你对他有价值或他对你有价值。在确认好重点人群后，接下来要做三件事。

第一，定期翻阅他们的朋友圈，了解他们的最新动态。

第二，翻到自己感兴趣的朋友圈，真诚地留言，这比随手点赞更容易让人记住。

第三，带着一份利他之心去思考：我有什么能为他做的？如果我把正在做的事情分享给他，对他有没有价值？

时刻带着这样的思考，我们就会找到更多链接的理由，高频的链接会带来更多价值的互换。

第一批为我们买单的人在哪里

微信社交宫殿能帮我们理清自己的人脉关系，找到更加容易实现变现的那部分高价值人群。接下来还有两个非常重要的动作。

■ 1. 一键管理，粉丝激活

如何在做社群之初找到第一批为我们买单的人？我用到的方法其实就是群发。有人也许会说，群发有什么特别的，自己在收到别人的群发广告时常会很厌烦，也很少去买单。因此换位思考，在群发这件事上，自己并没有多大期待。正是因为大家都有这样的共识，所以在群发时才需要特别设计（见图5-3）。

图5-3　佩娜精准锁粉3步法示意图

首先是群发的对象。我们做微信社交宫殿的目的就是为了能够筛选出高价值人群，在群发之前要确定这群人对消息是感兴趣的，这样群发成功的几率才会大大提升。

其次是群发的内容。为什么很多朋友对群发容易产生厌烦，因为收到的往往是长篇大论的广告。综上，我来举个例子，我在群发时，首先会选定特定人群，比如有知识付费习惯的高价值人群，也就是字母 D 开头的朋友，然后我会设计一条看起来不像群发的内容，如问候或者某个话题。大部分人收到之后会与我聊上几句，这样一来，群发就不再是广告，而是以一对多高效地链接准用户了。群发的最高境界是别人在收到我们的信息后，把它当作私信，这样才可能有所回应，进而产生更多价值交流。

■　2. 群分标记，终身锁定

分享完群发的技巧，下一步就是回应我们群发信息的人，这里要用到群分标记，也就是我在微信通讯录里经常会用到的动态标记。我们可以通过微信里自带的符号，给人群打上可以实时调整的标记，这些标记能帮我们快速识别对方对我们感兴趣的程度，进而更精准地跟进（见图5-4）。

图5-4　佩娜群分标记示意图

第三节　让价值11倍变现的吸金发售3招

中国有句古话说得好，攘外必先安内，当你对内梳理清楚自己的人脉关系后，下一步就可以开始对外展现自己的价值了。

当我们想到某个演员时，很容易想起他身上的标签，如"霸道总裁""行走的荷尔蒙"，这就是演员背后的经纪公司为他设定的人设，他的言行举止都是为了让这个人设更加立体，让自己拥有更强的辨识度，让粉丝能够更深刻地记住自己。而微信朋友圈也有人设一说，可以简单地理解为我们给别人留下的深刻印象。打造朋友圈人设有一个重要前提，那就是真实，真实的才是最有力量的。我并不鼓励大家为了去达成某种人设而弄虚作假，我们只需要巧妙地展示最真实的自己就好了。

人设三板斧，悄无声息地打广告

■ 第一板斧：微信名字，念念不忘

一个好的微信名字能让别人念念不忘，那么怎样才能让别人一下子记住我们的微信名字呢？比如我的微信名字是"佩娜｜社群架构师"，所有人一看到这个名字就知道我最擅长的事情是社群架构，这就巧妙地运用了"姓名＋职业后缀"的方式。你也可以根据自己的喜好设置一个微信名职业，后缀或前置都不是最重要的，重要的是要给别人传递的最大价值是什么。

■ 第二板斧：朋友圈背景图，增加信任

名字分分秒秒都是硬广，那优秀的封面就能让别人一秒读懂我们。如果别人打开我们的朋友圈，能够读懂我们的资历和我们可以给对方

提供的价值服务，那这就是好的封面。关于封面内容，列出两点来即可：我是谁？我能为别人做什么？在朋友圈背景图上，一张本人形象照必不可少，我们常说"闻名不如见面"，真人出镜，往往可以极大提升对方对我们的信任感和好感度。

■　**第三板斧：签名，自带"撩人"属性**

好的签名惜字如金，每个字都有价值。我的签名是"我有四种收入方式，其中三种可以教给你"。这就会极大地引发朋友圈好友的好奇。有的人问我有哪四种？有的人问我可以教会给他们的三种是什么？还有人会问我为什么有一种不能教？通过这样的签名，我就达到了让别人主动来链接自己的目的（见图5-5）。

图5-5　人设三板斧图

吸金朋友圈，24小时不打烊的店铺

我们可以把自己的朋友圈，想象成一个24小时不打烊的店铺，人设三板斧就是我们的店铺招牌。别人一看就知道我们能够为他提供什么样的价值和服务。感兴趣的人自然会走进我们的朋友圈，了解我们所提供的产品到底是什么样的，这个时候我们所发的朋友圈就至关重要了。我的朋友圈里有一些朋友，他们的朋友圈要么设置三天可见，要么完全不公开，如果我没有对他们进行特殊的备注，且想不起跟这些人是在哪里认识的话，他们就很容易成为我定期清理的对象。

所以，我在"社群变现7天实操课"中讲关于朋友圈这一课时，首先会聊的一定是放大公开象限。樊登老师在课程"可复制的领导力"中讲到，我们每个人都生活在四个象限中：我知道、别人也知道的公开象限，我知道、别人不知道的隐私象限，我不知道、别人知道的盲点象限，我不知道、别人也不知道的潜能象限。

公开象限放大得越大，越容易获得别人的关注。比如，演员、歌手这种群体就属于隐私象限极小、公开象限极大的人群。一般来说，放大公开象限的方法有演讲、出书、做直播等，但对我们普通人来说，做好朋友圈的经营，无疑是放大公开象限最简单、最有效的方式了。

朋友圈内容跟我们的人设、目标有很大关系。我们希望朋友圈给好友留下什么印象？是什么风格的？这些都需要好好去设计。

如何发自带吸金体质的朋友圈

第一，产品推广。这个是很多人都非常擅长的，他们往往从不同的角度向别人展示自己的产品有多好。但如果别人点开的每一条都是

介绍产品的朋友圈，除非他对这个产品有着极大的需求，否则很难看下去。即使人们需要这个产品，但如果你并不是他可以买到这个产品的唯一人选，那么比产品更重要的是背后的人。产品可以作为朋友圈发文的重点，但不可以是唯一。

第二，团队展示。比如，有些人可能会觉得做微商的没有团队，但事实上他们背后的供应商、上下游的合作伙伴，都可以是团队的成员。越多地展示跟自己在一起战斗的人，越能让别人产生更多的信任感。

第三，家庭日常。很多人最有成就感的事情就是有一个和睦相处、关系融洽的家庭，这样的信息可以给别人传递有爱的能量，让对方感受到温暖和生命力。

第四，个人近况。也就是个人的动态，如我们参加学习小组，参加比赛，或者去旅行、聚会。这些都可以让别人从更多方面了解我们的个性，感受到我们是鲜活而有生命力的个体。

第五，思想状态。朋友圈呈现的是真实的自己，我们可以分享生活日常，包括自己觉得好玩的、有趣的、开心的或伤心的经历，并向外界传达自己本来的样子。这在本质上就是一种与世界的对话和交流，对话多了才会有互动，有互动才容易有链接。

活跃秘籍：一套环环相扣的剧本，激活社群

我们打造了一个具备吸金功能的朋友圈，朋友圈里的好友对我们感兴趣之后，自然会与我们产生链接。刚开始我们可以与他们一对一互动，随着好友越来越多，我们就需要一个以自己为中心的社群。

一谈到建立社群，很多人就头疼，觉得建群容易管群难。大家经常遇到的问题无非以下两种：

（1）除了发红包，其他时候都不活跃，甚至发红包都没人领。

（2）除了群主，其他人都不发言，甚至有人热场也回应寥寥。

如何能够避免上述情况，实现社群活跃呢？在我看来，社群和大家在现实中的社会关系是一样的，社群就是社会关系的一个缩小版，这个联系是很多人在建群时容易忽略的。

那么，如何建立一个活跃的社群呢？

■　**建立社群要满足三个要素：一群人、一个目标、一件事**

一群人，这很好理解，一个社群可以少到三五人，多到五百人。

一个目标，这点很容易被忽略，有的社群是临时组建的，比如公司同事为了点奶茶凑单而成立的奶茶群，长辈为了秒杀产品而成立的秒杀群。不要期望这类群有多高的活跃度，只要能实现群友的目的就是它的价值了。

一件事，更多时候是指相对长期的事，比如我之前带领的学习践行群，大家上完课程之后要进行为期90天的整理践行。在这个过程中，所有人会因为共同的目标而互相交流、互相影响，群活跃度就能保持时刻在线。再比如我现在运营的房爸爸合伙人群，大家的目标是通过房产这件事情实现家庭资产增值，过上有钱、有闲、有爱的生活。所以日常话题可聊的很多，也很聚焦，自然不会冷场。只要社群是围绕着同一个长期目标在活动，就会有很高的活跃度。

一旦社群不再活跃，群主要做的第一件事是辨别这个群的功能是什么？这个群是否已经完成了使命？到断舍离的时候果断就地解散，而不是一味思考如何激活这个群。

■ **运营社群时关注：一个圈、三条线、三个角色**

关于一个圈，是由氛围、行动和结果组成的运营闭环圈。

氛围是基础，如果别人在我们的社群感受不到良好、愉悦的氛围，就不可能有下一步的互动。所以，我们要在活跃氛围的基础上为社群中的人设计一些行动步骤来完成共同目标。只有投入了更多的时间、精力，大家才会提高对社群的关注度。更重要的是，我们的社群设计要帮群员们拿到各自想要的结果。这三者之间是逐层递进且相互作用的，所以我们在运营社群的时候要考虑到这三层的设计。

关于三条线，是指氛围线、行动线和结果线。

第一条线是氛围线，在微信社群中，一个人是否活跃，对群消息是否关注，关键在于他是否能在这个群中感受到轻松、愉快、有归属感的氛围。如何才能让大家在社群中感受到良好的氛围呢？这里不得不提一个角色，叫做"点亮天使"。社群中往往会有很多人自愿担任这个角色，他的日常就是鼓励和回应其他人的发言，以激励更多人在社群中活跃起来。当"点亮天使"越来越多时，那些不怎么发言的人也会被带动起来。

有了这样的角色之后，我们还会精心设计一些小环节，让大家感受到这个社群的不一样。比如禁言，我的社群会设计22：30到第2天早上7：00为禁言时间，不允许任何学员发言。大家可能会觉得奇怪，不是说希望社群能够有活跃的氛围吗？为什么又要设计禁言呢？因为每个人都有大量的社群，尤其是到了晚上需要休息的时候，群消息很容易引起学员的反感，从而将群屏蔽。我设计的禁言非常巧妙，会在禁言之前总结群内当天的精华，等到学员22：30准备睡觉的时候，会发现这个群虽然安安静静，但可以不需要爬楼就获取重要的信息，也很容易在这期间养成定时看群的习惯。

第二条线是行动线，我们一定要设计大家可以共同完成的事件，如我的"社群变现7天实操课"中的打卡、践行。能够放大行动的人，我们为他取名"佩合星探"，从名字就能够看得出这些人的作用。在房爸爸社群运营过程中，有大量的学员因为房产落地而取得很好的成绩，我们的星探会敏锐地发现这些人，然后鼓励他站上分享的舞台，参与到一个名为"喜悦分享"的环节。被邀请分享的学员一方面可以通过以教为学，加深自己对这件事情的理解，也能够体会到站在舞台中央被关注的感受；另一方面，其他学员看到与自己同期入学的学员或者学长、学姐拿到了这么好的成绩，也一定会更加向往。这样做有两个好处，一是从侧面展示了课程价值，让大家看到成绩；二是为社群沉淀下很多学员案例。

第三条线是最重要的，也就是结果线。大家因为同一个目标来到同一个社群做着同一件事，一定是希望拿到结果的，而我们群主要做的就是要帮助这些人获得结果。"辣手教官"这个名字是不是一听就觉得有点凶？是的，他们存在的意义就是用点、催、答的方式去帮助学员拿到结果。在我的脑海里，这群人手上都是有教鞭的，不断地鞭策群里的学员去践行。在我开设的社群运营课上，每一次课后都会有作业，而这些作业都是帮助学员完成社群运营动作而设计的。当然这个学习本身就是大家工作之余完成的，难免有些人会掉队，这个时候教官的作用就非常重要了。点一点，催一催，答一答，他们通过不同的方式推一把，很多学员也就因此赶上了进度。

当然，每个群主在运营社群的时候会有不同的技巧，我认为不管是什么样的技巧，万变不离其宗，最终还是要实现一群人、一个目标、一件事这三个要点。只有围绕这个核心设计的社群才会拥有旺盛的生命力，并为后续成交打下坚实的基础。从团队合作角度上来说，我们要找到跟自己天赋、优势相匹配的人才能走得更远；从社群角度上来说，我们要去激活那些参与学习的人，让他们自己玩起来。好的社群是给学员设计游戏环节和舞台，让他们自己玩起来，这才是真正的好氛围。只有这样的社群才能带来好的行动，实现自动化运转，让群主从"如何使群活跃"这个日常动作上解放出来，从而设计更多陪伴方式帮助学员拿到结果（见图5-6）。

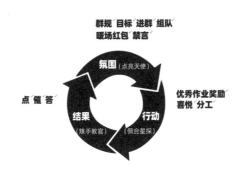

图5-6　环环相扣社群激活示意图

■　**环环相扣，激活社群**

第一环：三个方法，营造氛围。

第一，善用情绪。情绪会感染所有的人，帮助创造一个轻松、愉快的氛围。第二，幽默。合时宜的玩笑可以让别人觉得轻松。第三，善做铺垫。每次环节正式开启之前，我们都会用游戏、问答、红包为这一环节的启动进行预热，让大家充满期待。

第二环：设立目标，以终为始。

一个好的社群是一群人向着同一个目标做一件事。在房爸爸的合伙人社群，每年、每个季度，我都会发起"亿起见证"这个目标见证环节。当你拥有明确的目标，且被更多人见证时，往往有更大动力去实现它。

第三环：个体间组队，促成深度链接。

群内学员组队学习，不仅能够增强学员的黏性，还能够降低社群运营的管理成本。如果能够实现群内成员的分层级化的管理，我们就不再是"一管多"的局面，而是所有人都在群里拥有角色感和归属感。每个人都有明确的任务分工，这个群就自动玩起来了，这就是自动化运营。

如果是三人成队，很容易形成这样的一个状态：一个成员做完作业后，他能够被"点亮天使"看见、回应，整个人都充满动力。而这时候，第三个人就可能带着新的任务来求助，如"我们一起去做个毕业典礼的分享""我们一起来探索一下新的功能"。三个人之间有做事，有看见，有哄抬氛围，学习就变得非常有趣。最重要的是我们创造了一个让这三个人自己玩的场景，这也是我实现"自动化社群管理"的秘诀之一。

第四环：队内任务分工。

组队后，进行思维升级的工作之一就是角色设计，对人员职责进行分工。我们为队伍内部的三个人分别赋予一个角色："点亮天使""佩合星探""辣手教官"。角色分配完后，每个人就有了自己详细、明确的职责。这样，每一件事的推进都有确切的时间点和具体推进的人，自然不容易流于形式。

第五环：定时禁言。

定时禁言，不仅为大家提供休息环境，也可以方便白天时间不宽裕的同学有效获取群的重要信息，为大家节省了爬楼时间，这个功能的好评度爆棚。

第六环：喜悦分享、优秀作业红包。

喜悦分享和红包都是对学员的一种奖励，设计宗旨是将舞台让给学员，让他成为这群的主角。在这个过程中，他有机会充分体验被看见和被回应，自然也会被种下无数种子。

第七环：结果环节。

结果环节里面有点、催、答。点是点评作业，催是催队友做作业，答是队友之间相互答疑。这个可以根据社群设计。

此外，在管理运营一个社群时，还需要避免犯一些低级的错误。

第一，不要去做走形不走心的动作。比如，频繁引导成员在社群里面看到消息后，回复"＋1"，这样的刷屏回复会让成员遗漏重要的信息。所以在运营社群时，不要只关注环节和流程，而不关注人的体验感。

第二，重要环节，绝不出错。比如，禁言的目的是营造一个良好的社群学习环境，因此不能只强调流程和规则，而忽视人的感受。关于具体的运作程序，其中很多细节需要我们根据情境去做微调，例如如何为用户营造氛围，如何帮助成员达成目标等。让成员通过行动拿到结果才是真正重要的氛围和目的。所以，我们制定的所有流程都是为用户服务的，行动和结果都要围绕着用户展开，而不是将环节和流程死板化。

第三，正视社群文化。往更高层次来说，社群氛围就是团队文化、企业文化。很多人羞于谈钱，他们可能会认为钱会让自己的灵魂不再纯净。可是如果有能力支配更多的钱，有能力去帮助更多的人，那么钱就是一个好的工具。我希望大家能够快一点从自己的小剧场里面走出来，开始去正视自己是一个有价值的人，能够在爱来爱去、钱来钱往的过程中让福报流转，最终开心地接纳钱。如果你的前半生在小剧场里面度过，不去看见，不去回应，不去行动，那我希望你能够因为看到这本书让自己的后半生在舞台上绽放，从而拥有"有钱、有闲、有爱"的人生。

 第四节　提升社群运营效能的常用工具

前面聊到的都是从个人角度进行社群运营的方法，接下来我想谈谈关于工具的话题。团队规模越来越大，琐事也将越来越多。为了能100%复制，一套统一标准的工具流将为团队管理带来极大的便利。打造卓越的销售系统，那必不可少的是一套完整的辅助工具。一个优秀的系统一定是一个会使用工具的系统，一个优秀的带领人也一定是一个会运用和管理工具，甚至会制造工具的人。

那么什么是工具流呢？简单来说，就是把一些工具进行组合，借助工具尽可能满足我们在整个流程中的工作需求。

在了解社群工具之前，首先要做好心理建设。有人对工具会产生抗拒，觉得太麻烦；还有人希望学会一种工具就可以解决所有问题，导致对于多种工具的学习产生厌烦感。但是我们要知道，使用工具可以帮助社群运营更高效，而不是被工具绑架，工具只是我们实现目的的一个路径，并非终极目标。我们的社群运营工具其实都比较常见，只是根据不同的使用场景做了一些组合，以便每个工具在适用的场景中实现效能最大化，这样就形成了独特的社群运营工具流。

按照功能来分，社群运营工具一般会分成三个部分。

第一部分：营销推广类工具

营销推广类工具的功能是为了实现"粉丝"和流量增长，我们常用的工具有微信和微商水印相机。2020年上半年，因为疫情原因，很多人都足不出户，线上成为学习和工作的主战场，我们开始进行线上课程的推广。对于房爸爸平台的合伙人而言，通过线上发放海报，粉丝扫码购买，就能够完成个人粉丝的识别，那么新学员后续的报名大概率上就被锁定，这对于合伙人为粉丝提供持续的服务提供了有力的支持。

微商水印相机也是一款很强大的工具，其中"素材圈"这一个功能能够做到朋友圈内容一键转发，极大地提高了宣传效果。微信朋友圈是一个高频使用的营销推广工具。这种营销功能并不是体现在大量关于产品或课程的千篇一律的广告，而是需要经过精心而巧妙的设计来获得精准宣传的效果。好的朋友圈往往自带吸金效果，会让很多不太熟悉的朋友主动询问产品和课程。

第二部分：社群运营类工具

社群运营类工具就是让我们与"粉丝"产生更多链接和互动的工具，如金数据、石墨文档、腾讯会议、小鹅通等。这些工具的配合使用增加了我们和粉丝之间的互动，能够促进双方进一步地加深了解，实现最后的转化。

举个例子，当学员加入社群后，我们可以使用金数据来收集一些诉求。如果能采取比较新颖灵活的方式来收集数据，效果会翻倍。我往往不会使用墨守成规的表单，而是用考试的方式来提醒成员目前的进度和下一步的动作。在明确每个学员的进度安排后，我会建议他们用石墨文档来完成目标管理、小组间信息处理等内部协作。石墨文档最大的好处就是可以实现任何地方、任何时间、任何地点、任何人的协作，减少不必要的沟通成本。

　　腾讯会议可以承接线上实时语音互动的场景。当群成员遍布五湖四海、全球各地时，面对面的场景就很难实现，那么线上实时的语音通话可以实现有温度的链接，让成员的思想更加同频。作为一个学习型的平台，小鹅通的功能很齐全，从授课、作业到统计，它能够满足大部分知识付费型的需求。

　　很多时候，仅仅依靠营销推广类工具，无法实现产品的高效成交。很多微信朋友对朋友圈的产品和课程感兴趣，但并没有立马就下单，这个时候就需要用一些社群运营的方式来加深跟他们的链接。比如，使用腾讯会议来分享个人的成长、最近的动态及收获。在这种深度链接下，很多朋友圈的朋友就会被种草。

　　很多人会觉得这种语音分享耗费时间又不容易见效，而做这件事情最重要的就是坚持。当我们经常对同一个主题进行分享，自然而然会吸引对该主题感兴趣的人留在自己的社群里，并跟我们产生更多的链接和互动。在分享时，不要只是一味地输出，要给成员发言的机会。因为每个人都渴望被倾听。我们做社群运营，重要的不是输出知识，而是给更多人勇气，让每一个参与其中的人都能够有表达和被倾听的机会。一个人在社群中表达得越多，投入的时间越多，他对我们的社群重视程度就会越高，自然也更能成为忠实粉丝。

第三部分：粉丝管理类工具

　　前两种管理工具更侧重群成员之间的互动和沟通，而粉丝管理类工具则倾向于运用高效管理思维，实现对大规模成员的管理。举个例子，微信社交宫殿建立之后，我们就能够轻松知道微信里的几千人是在什么样的场景下发生联系的，以及他们的需求是什么，并实现信息的精准触达。社群运营的工具非常多，我们在实践中可以根据业务运营的情况，实时地对工具进行优化和调整。

很多人把讯飞输入法当作一个输入工具，但事实上它在粉丝管理这件事上有非常强大的功能。讯飞输入法最常被使用的功能是常用语，当我们添加一个新好友或者社群新成员后，可以在第一时间调用常用语跟他交流，这样可以极大提高效率，也可以让学员感受到被重视。尤其是针对产品和课程，我们可以分类储存一些经常会被重复问到的问题解答，这样可以保证快速回复。

事实上，每一类的工具都有很多，我只选择性列举了其中的几种。在使用时，我们可以根据自身情况去尝试更多的 App。我们没有办法期待一个 App 能够解决所有的问题，那就在每个 App 里面去选取我们觉得最重要的功能，然后打成一套组合拳，并将其使用到每一个场景中。

从使用者角度来说，社群营销的高效利器分为个人和团队（企业）两大类型（见图5-7）。

图5-7 社群运营高效利器结构图

在个人IP形成初期，很多人都是单打独斗的状态。只有当自己的粉丝积累到一定量的时候，才有可能拥有团队来进行细化管理。在这个时间到来之前，我们都需要亲力亲为，对粉丝进行管理。

而企业社群运营使用的工具和个人有所差异，但基本的逻辑是一样的。我们同样需要完成粉丝管理、社群运营和营销推广三个功能，这三个功能的终点是企业能通过社群运营完成业绩倍增的目标。在大家越来越重视线上社群运营的今天，每个企业所面临的线上运营问题各不相同，但只要根据企业的基础选取匹配的工具进行工具流的设计和组合，基本上就能用社群运营的思路来解决大部分问题。

 第五节　社群从活跃到成交的7字心法

我在前面花了很多篇幅聊实操技巧，我一直认为技法可以随所在行业、社群属性，甚至是客户群体的特征去调整，而我有一套自己独创的7字心法，它才是让社群从活跃到成交的核心。有一个学员，我只教给她一句话，就使她的社群成交率从2%翻到了29%。这就是7字心法：看见，回应，种种子（见图5-8）。这套心法跟我的成长经历有很大关系。

图5-8　佩娜7字成交心法示意图

每个人都应该被看见

我出生在一个重男轻女的家庭。在我6岁的时候，父母如获至宝般地拥有了一个儿子，这让本就不受重视的我处境更加艰难。父母开了个小卖部，早出晚归，我就必须要承担起照顾弟弟的责任。一个6岁的孩子连自己都照顾不好，却要像妈妈一样关照另一个小小孩的日常起居。如果这种体力上的付出和照顾能够获得父母的关爱也就罢了，恰恰相反的是，不管做了多少，我始终是那个不被看见的孩子。

在学校，我也不被看见。我穿着亲戚朋友给的旧衣服，留着几乎不需要打理的短头发，活脱脱活成了一个假小子。在女生眼里，我是不好看的"小男生"；在男生眼里，我又是跟他们玩不到一起的小女生。就这样，我度过了孤独的小学和初中时光。

15岁时，我开始用游戏养活自己。终于，我不用和现实中的人交流，游戏里的人也不会因为现实中的我不爱打扮、不出色等原因而孤立我。我一头扎进游戏世界，一待就是15年。

心理学家阿德勒说过，重要的不是我们经历了什么，而是我们赋予这段经历什么样的意义。现在回头来看，我很庆幸自己没有走偏。这种源自童年时代的对"被看见"的渴求深深地扎根在我的骨子里。我一次又一次地告诉自己，如果想要被看见，就要足够优秀，就要对别人有足够的付出。所以在往后的人生路中，我总是会刻意要求自己去多多看见他人，不管对方多么平凡、普通，他们来到我的生命里，来到我的身边，就值得我去看见——看见对方的存在，看见对方的付出，看见对方的需求，看见我能为对方做点什么。

自己开课以后，我发现"看见"原来是一个属于心理学范畴的词汇。资深心理咨询师武志红说："看见，就是爱。"当我们有意识地去感受对方的感受，并给予回应时，对方就会觉得自己被看见了，存在感就发生了。试问哪一个人不希望自己能在对方眼中拥有存在感呢？

看见只是前提，我更多的是强调看见之后的回应。看见是为了温暖氛围，只有看见了，我们才能理解对方的需求。如果我们不去看见对方，那所有的给予可能都是我们自以为是的给予，因为我们并不知道对方真正想要什么。

无回应之地，就是绝境

我曾在电视剧里看到，监狱里打架闹事的犯人所获得的惩罚是被关禁闭，我当时就觉得，这算什么惩罚？一个人待着，不用和一群人挤在一个房间里，多安静惬意，这怎么算惩罚呢？我对此一直很不理解。

后来看到武志红老师对此做出的解释是："在完全黑暗且自己不能动弹的房间里，人的内在心灵会陷入彻底的幻想状态，没有任何外在事物或人和你互动，于是你内心的一切都找不到可以投射、嫁祸和归罪的对象。然后，黑暗本身会成为一个空无的屏幕，接受你的一切投射。"

这时候我才理解，把犯人关在没有回应的小黑屋中，确实是一种惩罚。世界的本质是关系，人是一切关系的总和。哈佛大学进行过一项历时75年关于幸福人生的研究，研究人员追踪研究了724个人的一生，结果发现：人际关系会影响我们的幸福感。关系对每个人而言都很重要，但是如果关系中只有物质的满足，而缺乏情感的互动，那这个关系的质量就很一般。那如何才能有高质量的人际关系呢？武志红给出了一个答案——看见，并及时回应。

我们要看见什么？我们要看见感觉，回应感觉。每个人内心都渴望被看见，特别是被自己在意的人看见。如果你希望别人懂你，就得把自己的感觉拿出来给别人看，感觉是很有力量的，谈感觉的时候就是把自己的心捧出来给对方看。我们要如何回应？其实回应这件事没有高超的技巧，唯有说出真实的感受。如果你确实从某个课程获益，就试着把你所收获的跟其他人分享；如果你看到了其他人的付出和努力，就试着真诚地去赞扬他们。

种种子，静待花开

自出生起，我们每时每刻、有意或无意在这个世界播撒种子，我们的微笑和友善是善的种子，我们的坏脾气和恶行是恶的种子……时机成熟后，种子自会开花结果，这就是因果规律。

为什么有些人总能平安顺意地生活在祥和的氛围之中，有些人却事事碰壁？那是因为因果。打个简单的比喻，如果我们种下了一粒苹果的种子，最大的收获是硕果累累，当然也可能遭遇天灾人祸，收成减少或颗粒无收，但绝不会收获满树的梨。种下苹果种子，必定收获苹果，而不是其他果实。苹果生长的过程中所遇到的适宜气候或天灾人祸是助缘，即大家常说的运气。道理显而易见，只要播了种子，它就会生长，播得越多，收获越多。

普通人的运气大多处在中间水平，太好的并不多，太差的也极少。而最终收获的果实和数量取决于你我播了什么种子，又播了多少种子。播下美好，收获美好；播下丑恶，收获丑恶，无一例外。若碰不到合适的助缘，未必每粒种子都会开花结果，但种下的种子始终在，一旦遇到合适的条件就会萌芽生长。这就像经历一些事件，结果需要较长时间才显现出来一样，其实这个种子早已在暗地萌芽，只是时机还未成熟而未显现罢了。

种种子跟成交又有什么关系呢？我几乎没有学过营销或者成交的课程，但个人业绩始终排在第一。除了娴熟的社群运营技巧外，一个重要原因源自我对"看见、回应"的坚持。不管是在生活中，还是在社群里，我都尽自己所能去观察别人的需求，做出利他的回应动作。这些很可能被忽略的善意，会在不经意间播种下无数的好种子。当我们不断做出"看见、回应"的动作时，就会有很多人通过其他场景来回馈给我们善意。

我参加过一次108公里的徒步敦煌活动，当时有两个选择，一是自己付款，二是采用众筹的方式。我犹豫了一会儿，最终选择了众筹。在生成众筹链接以后，我按照主办方的提示，转发到了亲友群。本来很热闹的亲友群瞬间安静下来，此后很长一段时间都没人发言。无奈之下，我只好转发到朋友圈，接下来发生的一切让我简直不敢相信。只用21小时35分，我完成了19800元的众筹，速度在整个400多人的众筹团队里排名前10。

房爸爸平台求真、利他、精进的思想，吸引到很多行业优秀的伙伴走进来，在这里学习房产财商，学习社群运营思维，学习构建多种收入管道和优化资产管理。

张娜是来自北京的房爸爸平台合伙人，她学习认真、积极向上、乐于付出，很有亲和力、行动力。她是一位文化艺术设计公司的策划人，也是一位家庭教育终身推动者，主要服务企业文化形象和学校的文化建设。学习了社群自动化思维之后，她立即行动，重新在自己的微信宫殿及朋友圈构建新形象，打造"爱成长，更幸福"社群，快速提升了微信社群和朋友圈的经营、服务质量，还开了自己的视频号——AI成长课堂，作品输出的质量和效果都得到了很大提升！"粉丝"越来越多。来到房爸爸平台后，她有几点感悟颇深。

张 娜

女，"70后"
城市：北京
职业：文化艺术策划人
　　　房爸爸平台合伙人

　　第一点，终身学习，不忘初心。张娜很喜欢科幻作家阿瑟·克拉克在他墓志铭上的一句话，"我永远都没有长大，但我永远都没有停止生长。"她说，学习和分享是一种生活态度，她愿意一路向阳，链接、帮助更多同频的伙伴们种下一棵财富的种子，一棵幸福的种子，和房爸爸平台一起蓄势成长！

　　第二点，行动是爱最好的说明书。嘴上一直说利他，却一直没有行动的人，就像个从不浇花的人说自己爱花。她认为，爱应该是动词，不仅有心动，更需要有行动做见证。只有去爱，我们才能感受到自己的成长、力量和富足。

　　第三点，教育＝教＋育。教和育，是两种行为。教，是别人的行为；育，是自己的行为。教，是要我学；育，是我要学。在每次大大小小的线上学习群交流和线下课程学习活动中，总能听到她的积极分享，看到她给予伙伴们的及时回应、点赞和肯定，她的微笑始终如故。

读万卷书，行万里路，是为了让我们能够摆脱心中的局限和狭隘，最终在相互沟通、学习交流中看到自己的局限和不足，而不断争取进步。当我们在说谢谢的时候，我们是幸运的，那说明我们得到了帮助；而当我们在听到谢谢的时候，我们是幸福的，那说明我们已有能力去帮助别人。

因为懂得，所以珍惜。用心，真心，开心，生命一定绽放，让我们一起用生命影响生命。爱出者爱返，福往者福来。

只要在平日播撒下了足够多的好种子，接下来我们要做的就是静待花开，然后给别人创造回馈喜欢、欣赏和感谢的机会。这个机会可能是他们在朋友圈快速地为我们付费，也可能是成为我们的客户，甚至产生更多可能。每一份给予都对应一个接收者，因为每一份给予其实都会期待被接受。金钱、爱和能量，都是一样，只有不停地流动，才会通过交互产生更大的价值。所以，播下足够多的好种子，静待花开。花开之时，也请你欣然接受来自他人的善意和馈赠，这也是另一种形式的给予。

看见=无我利他

那么回到社群运营本身，这7个字如何体现出威力来呢？看见，可以简单地理解为 @。建群已经成了司空见惯的事，每个人的微信都有几十个群。我们很容易忽略群消息，但当自己被 @ 的时候，对话框就会有红色的提醒，我们会更加容易关注到。

什么时候 @ 呢？任何时候、任何场景都适合。对方很活跃，可以 @，表示赞赏；对方从来不发言，可以 @，表示关心；某个时刻想起了谁，可以 @，表示挂念。虽然这个动作很简单，但从人性的角度出发，当单独被 @ 的时候，心理感受是截然不同的。

看见是起点，如果我们做不了主动看见的动作，也可以先从回应开始，因为回应意味着被动地看见。我们要如何去看见呢？看见的关键是必有回应，我们没有做任何回应的动作时，就没有办法跟他人产生链接。真正的回应是不放过任何一条需要被看见的信息，尽己所能去关注每个人。当我们满足了对方被看见（爱）的需求，也就收获了人心。

在运营社群时，我们遇见的最尴尬的场景就是"死群"（不活跃）。我们在群里发的所有消息都石沉大海，没有任何回应。我们不知道如何跟群成员互动，不知道如何带动氛围；又或者我们设置了很多活动参与环节、游戏互动环节，但是依然没有人回应，那应该怎么办呢？

分享一个办法：喊对方的名字。因为每个人都希望自己是特别的，而他的名字是其最特别的记号，所以我们要呼唤对方的名字来找寻回应。在线上会议时，这个方法特别好用。我会提前10分钟到会议室，在会议开始前5分钟的时候，我会逐一跟提前抵达会议室的成员打个招呼，一个个喊出他们的名字。如果时间允许的话，我还会对每个人说一两句不同的问候语。这看起来是个简单的动作，但对于把自己定义为观众的学员来说，有不一样的意义。这就像我们小时候被老师点名的场景一样，在那一刻总是会精神为之一振，身子不由自主地坐直。

如何才能真正做到无我利他的看见呢？当面对"买不买""卖不卖""是否该答应帮忙"等问题时，我们总是会瞬间做出判断，这种判断是基于本能做出的。日本著名企业家、哲学家稻盛和夫先生说过，要以利他之心做出判断，我们不能只想着自己是否赚钱，还要考虑对方的利益得失。因此，在判断前，我们可以先深呼吸一下，把利己的本能暂且搁一边。在得出结论前设置一个缓冲器，在真正确信自己的想法能够利他后，才允许自己做出最终判断。

利他之心的极致体现是即便会牺牲自己的性命，也要帮助对方。在人的一生中，这样的大义之举顶多只能有一次，因此我们这些凡人无法把这种极致利他行为作为人生规范，但利他还有多种实现方式。"在让自己活下去的同时，也给予对方生存的空间。"这便是地球上所有生物共生共存的理念，而这种理念正是利他的体现。所以，在思考这一过程中预设一个理性的程序是非常重要的。养成这样的思考习惯，可以帮助我们做出真正利他的判断。

回应：点亮对方

回应可以简单被理解为回复。从社群运营的角度而言，就是看见别人发的信息，并且给出自己的回应。这里我分享一些小技巧。

■ 回应技巧1：抓住每一个人的第一次发言

如果我们能够在做社群的第一时间认识并实践这个技巧，社群氛围一定不会差。因为每一个进社群的人都被及时看见了，都感受到在敞开和接纳的氛围下被给予尊重和爱，也能快速体验到"找到组织"的归属感。在每个人的第一次发言时，我们要如何去回应呢？回应最简单的方法就是我们看见一个闪光点就描述——看到对方一个情绪点，就描述他的情绪点；看见对方的一个动作，就描述这个动作。总之，看见什么，就描述什么，这是做回应的公式。

相比于整齐划一的刷屏方式，我更加推荐个性化的回应方式，也就是二级反馈。复制前一个人的话来参与刷屏，跟真心实意地向对方说出我们所看见和感受的，效果完全不一样。这跟定制化商品和批量统一化产品，带给人的差别感受是一样的。所以在时间允许的情况下，我建议你可以带动成员尽量发自内心去回应对方。

■　**回应技巧2：个性化回应中给予正向肯定和支持**

当我们看到群成员的一个闪光点时，要及时给予正向的肯定和支持。针对一个成员，如果我们能够对其持续输出正向回应，就很有可能点亮对方。如果不擅长正向肯定，描述风格偏于中肯也是可以的。我们可以只描述自己看到的闪光点，不加任何的表扬语句，只是表达自己的感受，也能够与人快速建立链接。

■　**回应技巧3：培养成员养成回应的习惯**

一个社群能否保持活跃的氛围，还在于群成员能否养成积极回应的习惯，这就要求群主去给成员创造回应场景。不管社群中的人多还是人少，如果发言的只是那几个人，不管他们发言的内容多么精彩，气氛冷下去是迟早的事情。只有越来越多的人养成了回应的习惯，群内才能一直保持温暖的交流氛围。你的问题，有人回答；你的动作，有人支持；你的发言，有人响应……这个群的存在才会在成员心中占据位置，这就是回应的力量。当他将越多的时间投入在这个社群里时，他就会得到越多关注，自然也会更去珍惜。

种种子：自主成交

种种子，即想要开始为他人提供价值的行为，如催队友做作业、分享有价值的东西。在种种子时，很多人缺乏行动的勇气，害怕被踢群，害怕被评判，或者害怕没人回应。我教授大家三句自我暗示语，它们可以给你种种子的勇气。

第一句：只要我想说，没有什么不能说的。我们在表达的，都是在这一刻想要说的，我们表达出来的那些观点一定是跟内心有链接的点。

第二句：只要我想做，没有什么是不能做的。如果我们有一点点"我要那样做"的想法，请满足自己去做尝试，哪怕最后失败又如何呢？我们至少获得了一次经验。

第三句：只要我的初心是善的，就放手去做。当我们的初心是善意的时，去看见、回应、种种子，这时温暖的氛围自然会让所有人真实地去表达。

Lily 陈丽

女，"70后"
城市：深圳&香港
职业：StoryBridge
麦豆悦读（香港）
创始人、英阅邦
创始人

Lily 陈丽是 StoryBridge 麦豆悦读（香港）创始人。2018年9月，她找到我学习社群自动化思维、玩转各种社群文化和提升领导力思维方面的课程。两年时间，她和麦豆悦读团队完成了从线下英文绘本阅读推广培训到线上课程体系的搭建和升级，并成功搭建了英阅邦英文绘本阅读在线教育团队。

从2018年9月学习到现在，看见、回应和种种子成了她的口头禅，她的社群活跃度上升了好几倍。2019年2月，她找我做过一对一服务，之后，开始研究社群运营和英文绘本阅读线上推广事业。2019年6月，她推出了第1期英文绘本阅读 KOL 创业营，社群两周内接龙小伙伴超过100人，最终报名60多人，课程收入达30多万元。英文绘本阅读 KOL 创业营创办后，她从一名英文绘本阅读培训讲师升级为英文绘本 KOL 培养导师。如今，她已拥有一支100多人的线上课程合伙人推广团队。

当你渴望一个东西时，你要去加强它、放大它，你的思想、你的眼睛、你的嘴巴、你的心、你的动作、你的行为都要时刻去做。最好的练习，是不断看见、回应、种种子，这样你的社群文化和氛围的成功塑造就近在咫尺了。

"看见、回应、种种子"不仅适用于社群运营，也适用于身边的人际关系维护。这是我们一生要掌握的能力，因为它会为我们带来无穷大的回流和美好的福报。

毛毛姐是一位非常有感染力的学员，她是高端装修定制公司的创始人，主业是个性化定制产品销售，副业是创收房产、五星级酒店经营及知识付费型课程分享。她在学习我的"社群变现7天实操课"和"社群变现21天特训营"后，将7字心法用到了极致。不管是什么类型的产品，她都可以迅速从自己的社交圈中找到精准的黄金人脉，挖掘消费者的核心需求，去深度链接，提供极致创新的服务，从而实现自己的价值最大化。下面，我用她的实例来为大家提供实操建议。

第一点：把第一件产品卖给自己。如果你向别人推销一个产品，可是这个产品你自己没有使用过，没有实际的体验感，你觉得别人会相信你的推销吗？毛毛姐做经营18年，一直都是对未知保持好奇心，愿意做第一个吃螃蟹的人。比如各大平台新书众筹时，她是先行的支持者，自己先深度学习，再与他人分享。她坚持"将心比心"，切实去感受产品带给自己的提升和帮助，并设想如果自己是客户，自己成交的阻碍在哪里，把要解决的问题前置，就很容易"投其所好"不显成交痕迹，用最有效的时间为客户呈现产品的最大价值。

毛毛姐

女，"70后"
城市：江苏常州
职业：定制家居企业主

第二点：把自己作为产品成交出去。其实我们每个人一辈子都在做一件事，就是销售自己。我们一直走在发现自己的价值，并向世界呈现自己的价值的路上。所以从更大的角度来说，我们每个人都努力去跟这个世界发生链接，你链接的人越多，就会有越多人看到你的价值，你自然也越具有影响力。毛毛姐认为销售不是在卖产品，不是单纯甲方乙方的关系，而是在多维空间寻觅同频人的过程，更是同频人在不同维度交换价值的过程。每一次成交，毛毛姐都是带着利他之心去向他人呈现对方所未知的领域，把自己定义为"价值传播者"。而当有需要的人认可了她的这个人设，她无论销售什么产品，皆会因被需要而更容易成交。

零成本的自动化社群运营秘诀，就是看见、回应、种种子。这将是我能够送给你的最好的礼物。当你真正去体会、实践这7个字时，你一定会享受到这份利他之心所带来的惊喜。

6

"

勇哥

【S+I】新富人模型创始人

📍 坐标 广州

■ **爱好** 滑翔伞/钓鱼

■ **最喜欢读书类型** "富爸爸系列""企业家自传""中西哲学"

■ **3个标签**

房产私人定制专家 | 房爸爸金融讲师
【S+I】新富人模型创始人 | 35岁成功退休
留守儿童家庭房产定制方案 发起人

■ **经历与优势**

曾只身一人带1000元出门闯荡，从打工者到公司股东，到创业者(全国140家连锁)再到投资人，亲历创业、股市、房产3个领域差点破产又爬起来的完整周期；投资大脑100多万元学费，研修信用金融、房产金融、资本金融三大金融体系；买卖过70多套房产，拥有一、二线城市房产操盘经验，在包租、谈判、银行融资等方面有很好的实战经验。同时有一整套完善稳健的家庭资产配置理念，特别在解决首付、打造被动现金流、与银行打交道方面拥有专业的系统技能。实行租住分离的策略，让刚需买房者提前5年实现置业梦想，让留守儿童不再留守！

■ **我能给大家提供的资源**

① 稳健实用的房产金融知识
② 家庭资产5年配置计划
③ 广州/武汉/深圳/上海/杭州房产金融资源

■ **勇哥的使命**

运用财商思维，为10000个留守儿童家庭提供
房产定制方案，让他们留在大城市，留在父母身边

金融思维：
只求支配权，不求拥有权，万物皆可支配。

现在我们知道了如何建立四种被动收入管道，并逐步配置三个中心标准的物业来让财富保值、增值。但是很多人可能会有疑问：钱从哪里来？每个月就5000元的工资，如果没有家里的支持，要什么时候才能存到首付款？没有做包租和民宿的启动资金，又如何有足够的现金流来支持月供？当然也有很多人买卖过房产，他们在这个过程中或许还遇到过这些问题：批房贷的时候显示账户流水不足？首付突然增加几十万？贷款压得自己透不过气来？看中一套笋盘却因为没有钱而错过？想置换一套房子却不知如何实现？……

这些问题都是金融这个加速器可以解决的。比如，我们手里有100万元，全款购买一套100万元的房产，若房产增值20%，则利润为20万元；而如果购买一套300万元的房产，首付100万元，贷款200万元，若房产增值20%，则利润为60万元。在不计算负债贬值获利的情况下，后者的收益是前者的3倍。金融加速器能让我们在买房路上更轻松，把曾经不敢想的买房梦变成可能。

 第一节　金融思维：支配权和以终为始

司马迁的《史记·货殖传列》中有这样一句话："去就与时俯仰，获其赢利，以末致财，用本守之。"用今天的话说就是，到商海中恣意扑腾，大把赚钱，然后用这些钱买房子和田地，将钱紧紧守住。但这种思维已经不再适用于现代商场逻辑，中国的城市化水平不断提高，只有买中心城市、中心区域、中心地段的物业，也就是三个中心标准的物业，才是相对安全的。

| 跨时空价值交换

　　古希腊物理学家阿基米德有一句流传千古的名言："给我一个支点，我就能撬动地球。"这是杠杆原理，也就是用小的力量撬动大的重量。这个原理用在金融领域就是用少量资金撬动大量资金，实现跨时间和跨空间的价值交换。这也是金融的核心，即跨时空价值交换。银行贷款给企业，银企双方通过借贷的形式完成价值的交换，这就是金融交易。现货交易是一手交钱一手交货，不存在跨期交割和连带性的信用、违约等问题。贷款买房是金融交易的一种，购房者用未来二三十年的赚钱能力来交换现在住房的支配权，银行用现有的资金来交换未来二三十年的利息回报，这个过程存在着跨时空的价值转换。

　　通过杠杆原理，银行用少量的资本吸收个人和企业的存款作为自己的可支配资金，并将其放贷给有资金需要的个人和企业，将资金价值在不同群体中实现更有效率的转换，从中获取利差收入。近年来，以阿里、腾讯、小米为代表的优秀企业都较好地运用了杠杆思维，简单来说就是：羊毛出在猪身上却用牛来买单。比如，腾讯的微信和QQ牺牲前端利润，靠后端赚回来；小米的电视牺牲行业利润，靠跨行赚回来；阿里的淘宝网牺牲实体利润，靠金融赚回来。

　　罗伯特·清崎在《富爸爸杠杆致富》中说道："现金流是金钱王国中最为重要的词汇，第二个最重要的词汇就是杠杆。杠杆是一些人致富而另外一些人贫穷的原因。杠杆是一个可以为你带来好处，也可以为你带来灾难的力量。因为杠杆是一种力量，一些人正确运用它，一些人滥用它，还有一些人畏惧它。只有5％的美国人是富人，因为只有这5％的人懂得如何运用杠杆的力量。许多人梦想致富却未能如愿，原因就在于他们滥用了这种力量，而大多数人未能致富的原因在于他们畏惧杠杆的力量。"

罗伯特·清崎就是利用金融杠杆原理进行房产投资，从而实现资金增值的。1989年，他开始投资房地产的时候，其自有资金仅有够支付首付的5000美元，他通过贷款4万美元买下了一间小巧玲珑的两居套房用于出租，出租所得在支付完抵押贷款月供、管理费和其他费用后，每月还有略低于40美元的纯收入。接下来，他将这套房产卖出，然后继续买入其他房产，由2个房间的房产变为12个房间的房产，再到30个房间的房产。1996年，这幢有30个房间的房产价值120万美元，每月现金流超过5000美元。可见，罗伯特·清崎用7年的时间凭借5000美元的启动资金，撬动4.5万美元（首付5000美元，贷款4万美元）的房产，并在不增加投资且持续正现金流的情况下，实现房产价值增长240倍（从5000美元到120万美元），每月现金流增长125倍（从40美元到5000美元）。这就是运用杠杆的力量。

　　基于我们买房的经济现状和房地产现状，我们普通人往往也需要求助于银行。例如一套价值100万元的房产，只要首付三成、贷款七成就可以买入，杠杆率达到七成，而房产所产生的租金和增值部分全部归购房人所得。在这个过程中，购房人用小部分的资金获得整个房产的使用权，借助银行的资金换取未来房产的收益权，实现了跨时空的价值转换，这就是借鸡生蛋。

支配思维：不求拥有权，只求支配权

　　借鸡生蛋的金融思维总结起来就是不求拥有权，只求支配权（使用权）。我们用两个故事来说明。

　　有一个富豪到华尔街银行贷款5000美元，借款时间为两周，银行放贷款需要借款人有抵押，富豪用一辆劳斯莱斯做抵押。职员将劳斯莱斯停在地下车库，并贷给富豪5000美元。两周后富豪如期还款，并支付利息15美元。职员发现富豪的账户上有几百万美元，问富豪为何还要贷款，富豪说："仅用15美元停车两周，这在华尔街是永远找不到的。"这就是支配权和拥有权的案例。同样是停车，如果只是拥有而不懂得支配，那就会找正常价位的停车场。但是只要思维一转变，就可以用15美金在华尔街停车两周。

再分享一个好玩的故事。一个人开车不小心倒进了花坛，如果用拖车的话，费用至少在1000元以上。他学习过金融知识，灵机一动点了10份外卖，每份30元。等所有外卖小哥到齐之后，大家合力抬车，不到两分钟就把车抬出来了。他把外卖送给小哥作为回报，用300块钱干成了1000块钱的事情，投资回报率也高过300%。学会"不求拥有权，只求支配权"的金融思维，我们的投资回报率就能迅速提升。

香帅在"香帅的北大金融学课"里面也说道："为什么人们要进入更好的学校学习，到更好的企业工作？因为这些学校和企业都是杠杆。同样的专业，985大学的毕业生就能够得到更多的面试机会；同样的创业项目，BAT（中国互联网公司三巨头：百度、阿里巴巴、腾讯）出身的创业者就会得到更多VC（风险投资）的关注，更容易拿到启动资金。"在金融领域，我们也可以看到，稳定的大公司的借款人更容易获得银行的贷款，普通人利用身后的强大平台也能撬动更多的资源。

富人擅长运用支配思维实现共赢。《富爸爸财务自由之路》中也提到，商人拿到政府的项目，开发大量低价的公寓给居民以增加供给，这样居民、政府和商人的利益都得到保障，这就是一个共赢的局面。而罗伯特·清崎也指出，最高一级，也就是第6级投资者是资本家，资本家通过使用别人的智慧和财富，为自己和他人创造投资，然后再卖给市场。真正的资本家挣钱不需要自己有钱，因为他们知道如何使用别人的钱和时间。

支配是为了更好地分配，分配是为了更好地拥有。所以我们只求支配权，不求拥有权。我总结人生大概需要学会四种支配能力。

第一，向银行学习：学会像银行一样思考，银行没有钱，却能赚钱。

第二，了解房产：学会让房养人，而不是人养房。

第三，企业思维：（如果你是企业主）学会将金融思维应用到企业管理或运营中，以实现企业的长青和发展。

第四，支配人生：我们来到这个世界上，来也空空，去也空空，除了要学会从0到1的智慧，同时也要尝试掌握从1到0的勇气，人生随时敢于归零！

逆向思维：以终为始，顺瓜摸藤

《有钱人和你想的不一样》中有这样一句话："要改变果实，得在种子和根上下功夫，要改变有形的结果，得先在无形处着手。"这就是逆向思维。

前文中提到一些买房陷阱，如商铺、公寓、旅游地产等，有很多学员已经踩了坑，交了不少学费，在学习后也有更成熟的考量，并做好把房子卖掉的决定，及时止损。所以，在买房过程中，能否让自己具备优质的金融逻辑是十分必要的。你可以通过我和一个学员的对话来深入体验金融的思维和逻辑。

学员："我的商铺是360万元全款买的，我准备卖掉，可是挂出去260万元都卖不掉，怎么办？"

我："260万元卖不掉，就180万元卖吧。"

学员："我360万元买的，现在180万元卖掉，岂不是亏掉一半？"

我："260万元是不是卖不掉？那放在手上10年，有没有可能变成1000万元呢？"

学员："那好像不太可能，目前260万元都卖不掉，也租不出去。"

我："如果180万元能卖掉，可以去购买一套500万元的一线城市住宅（首付三成，按揭七成），未来10年涨到1000万元，这有没有可能？"

学员："这是有可能的。"

我："这就是以终为始的逆向思维，我们要的是未来10年估值1000万元的结果，如果以这个结果为导向，那么这套商铺要不要以180万元卖掉？当然要卖掉。"

很多人舍不得亏钱卖掉手里的房产，就是因为没有看到10年后的这个结果。根据我的实践经验，如果你当下的现金流低于5%，那你就可以卖掉手上的房产。如果你的现金流极好，比如100万元的商铺能收取1万元左右的月租金，那么你的现金流就是稳定的。根据杠杆原理，1万元的现金流可以支配100万元的负债，最多可以配置280万元左右的资产。我们最终的目的就是要配置未来增值的资产，以未来的结果为导向，当下就能做出最正确的选择。

不谋终局者不足矣谋开局，我和爱人黄逸娜正在进行一个帮助留守儿童的计划：运用财商思维，为10000个留守家庭定制房产方案，帮助留守儿童留在大城市，留在父母身边！

逸娜在乡村支过教，我们发现要帮助这些留守儿童，仅通过捐赠书包、书籍或学费，作用非常有限，因为他们和爷爷奶奶在乡村生活、读书，只能依靠电视或手机度过童年岁月。他们的思维方式没有变化，圈子没有变化，所以成年后留在老家的概率很大，人生和命运很难改变。如何用以终为始的逆向思维帮助他们呢？改变不了孩子，那我们就改变父母。我们了解到很多留守儿童的父母在一线城市工作，家庭月收入能够达到3万元左右，完全有能力买房并解决孩子的上学问题。可是他们总认为自己买不起房子，所以我们打算帮助他们通过买房留在城市，并定制了房产方案：

第一，在一个带学位的小区购买一套40平方米、价值100~200万元的房子，用于解决孩子上学问题，同时房子可以用于出租来减轻月供压力；

第二，老人和孩子都在城市生活，40平方米的房子不够住，可以在同小区包租一套三室两厅的房子；

第三，在同小区再包租四套三房两厅的房子，利润用于支付自住的房租。

这套房产方案可以让留守孩子和父母生活在一起，渐渐地，孩子觉得自己就是这个小区的主人，是这座城市的主人，身边也有很多优秀的朋友，他们的人生会完全不一样。人是环境的产物，思维方式的转变会造就行为模式的变化，最终的结果也会朝着我们计划的方向发展。

读万卷书不如行万里路，行万里路不如阅人无数，阅人无数不如名师指路，名师指路不如自己开悟。金融中的支配思维和逆向思维为我们打开了一条快车道，掌握这项驾驶技术，就能缩短我们到达终点的时间。

第二节　银行：助你事半功倍

金融思维能为我们打开一条实现买房的快车道。在普通思维的框架下，假设一套房子市值100万元，月薪1万元、每月储蓄3500元的普通人需要24年才能攒够全款，而攒三成首付只需要7年。在金融思维的框架下，适当运用银行融资，同时打造被动收入管道，提升管理房产的能力，就可以大大缩短买房时间。是不是很心动呢？在这一节，我们就具体看看金融这个加速器是如何帮助我们实现买房梦的。

银行融资的秘密：本金安全和收益保证

想要运用好金融这一加速器，获得银行融资，我们需要先了解银行融资的底层逻辑。我们是不是都遇到过这样的场景：有亲友找我们借钱，我们首先会考虑这几个问题：他要借多少？我有没有这么多钱？他借钱干什么？会不会还？能不能还得起？什么时候还？有没有利息？他的人品和信誉怎么样？……

同样，我们所考虑的问题也是银行会考虑的。银行的运行模式是左手吸收存款，右手发放贷款，从中赚取利差。2019年，全国商业银行非利息收入（包括手续费及佣金净收入和投资收益）在其全年收入中占比为21.93%，也就是说，银行有近八成的利润来源于利息差。

在这样的模式下，银行发放贷款时首先要考虑的问题是本金安全，因为银行用于贷款的钱也是付息借来的；其次银行需要获得高于存款利息的收益，这样才能保证存在利息差，获得利润。围绕这两个要点，银行会对借款人的资质、借款用途和还款能力进行一系列的评估，如借款人的征信、房产及其他资产、存款、婚姻、工作单位、社保及公积金、学历、每月现金流等，以确保贷款的本金安全和收益保证。

银行融资产品：信用融资和抵押融资

《巴比伦最富有的人》中有一段话很形象地描绘了银行融资的逻辑。

古巴比伦有个放债人叫马松，他的房间里有一个箱子，箱子跟他的手臂一样长，包着一层红色的猪皮，上面还镶嵌着一些青铜纹饰。马松说："每个向我借款的人，我都会要求他们留下一个抵押物做担保，我把这些抵押物都放在这个箱子里，直到他们还清欠款。当他们把欠款全部偿还完，我就把抵押物还给他们，如果他们不还，抵押物就会提醒我这些人不值得信任。"

"还有一种人，他们有能力赚钱，辛勤劳动，或者服务于人，以此来换取报酬。他们有收入来源，只要他们诚信可靠，而且没有遭遇不幸，我同样也能确信他们能偿清欠我的本金和利息。这一类的借贷是建立在个人信用基础之上的。"

"剩下的就是那些既没有财产基础，也没有赚钱能力的人。生活艰辛，总有一些人没有办法调整自己以适应这种状况。对于这些人，即使我借给他们的钱数目很小，我的抵押箱还是会怪罪我的，除非他们得到深知他们信用底细的好友的担保。"

放债人的借钱逻辑和银行融资是一样的，如果借款人有超过借款金额的财产作为抵押，可以借钱给他；如果借款人有稳定的收入来源并且诚信可靠，也可以借钱给他；如果借款人自身信用不好，但是有足够还款能力的人来担保，也是可以借钱给他的。

与银行打过交道的人一定会觉得银行的产品让人眼花缭乱，装修贷、抵押贷、按揭贷等，这么多贷款到底有什么不同呢？

其实，银行的产品虽然名称众多，但主要就是两种类型的融资，一种是信用融资，即以借款人的信用作为衡量标准，根据借款人的资信状况和还款能力给予一个授信额度，借款人根据自己的需要进行实际的提用和偿还，如信用卡等；另一种是抵押融资，即借款人除了满足银行对于资信状况和还款能力的要求外，还需要提供抵押物，如房产，在不能按时还款的情况下，银行有权处置抵押物用于贷款本息的偿还。

■ 银行信用融资：少卡大额

由于银行的规模和经营策略差异较大，能提供的信用融资产品也不尽相同。中国工商银行资产雄厚，客户基础坚实，信用卡额度可达80万元。中国建设银行是传统的四大国有银行之一，它有一款非常具有竞争力的信用融资产品——快贷，这款产品的授信额度最高达30万元，年利率最低3.85%，期限最长36个月，而且还款方式是到期一次性还本付息，这对于借款人来说是资金使用程度最大的信用融资产品。招商银行是中国第一家由企业创办的银行，它也有一款网络申请的信用融资产品——闪电贷，授信额度最高为30万元，0手续费，随借随还，每月还利息，资金使用效率也比较高。

尽管各家银行的信用融资产品不同，竞争也很激烈。但对于信用融资来说，建议是少卡大额而非多卡小额，也就是办理一两家银行的信用卡或信用贷即可。我们可以按照每家银行提额条件尽可能拿到这家银行最高的信用融资额度，跟几家大型银行合作才是明智的选择，不需要办理很多家银行的信用融资产品。

■ 银行抵押融资：为买房加速

信用融资产品主要是应对临时性融资需求，而银行真正喜欢的是抵押融资，更进一步说，是房产抵押融资。这是因为房产本身的价值为融资行为加了一层保护伞，房产除了具有居住属性，还有融资属性。而正是因为融资属性，我们才能利用房产融资来缩短买房的时间。目前银行提供的抵押融资主要是住房按揭贷款。

各大银行的住房按揭贷款是支付部分首付款，并以购买的房屋作为抵押，由银行直接把贷款作为剩余部分的房款支付给卖家。除了一些细微的审批流程和利率水平的差异，各大银行的这款融资产品基本是一致的。目前，全国统一实行的是首套房三成首付、利率不低于相应的 LPR，二套房六成以上首付、利率不低于相应期限 LPR 加60个基点。目前，大多数人购房都采用住房按揭贷款的模式，不仅购房压力得到很大缓解，还可以使用公积金还款。但是住房按揭贷款也有局限性，一是只能在购买房屋的时候使用，原来购买的已经还清贷款的房屋不能再使用；二是二套房贷款成数较低，对于购买改善型住房来说，首付压力较大。

很多学员灵活运用金融方法加速了自己的买房进程，使得家庭资产迅速提升。

燕佩

女，"90后"
城市：宁波
职业：自由创业者

案例一：学员燕佩在宁波有一套房子，2020年从宁波转移到深圳工作，并获得深圳的购房资格。她通过整合家庭资产解决了155万元的首付，再增加360万元的住房按揭贷款实现了购置市值515万元的深圳房产，将普通人在深圳打拼多年才能买房的任务缩短至一年完成，两套房子到现在都获得了增值。在这个过程中，燕佩打造了四条收入管道，一是包租民宿（每月利润稳定在1.5万元左右），二是经营一家自动化运营的美容院（每月分红在1万元左右），三是房产公司业务收入（每月收入约1~2万元），四是房爸爸合伙人业务收入（不固定，每月收入5000元~4万元）。她每个月累计有超过4万元的主动收入和被动收入，能够完全覆盖月供支出。

温军军

男，"80后"
城市：深圳
职业：贷款专家

案例二：学员温军军在2019年9月开始计划买房，他的目标是2019年底买入一套深圳中学的学区房。在2019年11月11日深圳出台取消豪宅税的房地产政策当天，他特意开车一个多小时到龙岗找业主去谈一套114平方米的深圳中学学区，本来预计630万元购买的房子因调控政策最终以648万元签下，2020年9月同户型的挂牌价已经高达900多万元。温军军的这套房是以五成首付、五成住房按揭贷款的方式买下来的。目前房子以每月1万元租出去了，而月供也只需要1万元左右，实现了被动收入覆盖月供支出。

从这些学员的案例中我们可以看到，银行在我们买房时能够给予至关重要的帮助。当你有买房的计划或开始买房行为时，一定要多跑几家大型银行，了解所在区域的买房政策和银行政策，学会寻求银行的帮助，助自己一臂之力。

银行喜欢的借款人：有良好信用和稳定现金流

银行融资最关注的是本金安全和收益保证，而银行喜欢的借款人要有良好信用和稳定现金流。

第一，在银行眼中，良好信用是排名第一位的。征信报告可以证明我们是否有过违约的记录，如果有长期违约、恶意欠款，我们就会上征信黑名单，那么银行是不可能再借钱给我们的。

第二，有房产、车子、存款等抵押物。如果我们需要贷款300万元，那么在银行抵押市值500万元的全款房，银行是很愿意把钱借给我们的。同样，如果我们在银行有5年期定期存款100万元，而现在需要50万元急用，那么银行也会借给我们。

第三，有固定收入或现金流。如果我们在国有或事业单位工作20年，每月都有工作单位的稳定工资入账，那么银行大概率也愿意借钱给我们。

第四，婚姻、保险、学历等其他影响因素。银行更喜欢已婚者，他们更加稳定，有家庭的责任，不太容易违约；社保、公积金和保险能反映一个人是否安全、稳健、有保险意识；另外，银行对高学历者的信任度也更高。

总结起来，银行会通过借款人的各种资质来打分，以评估借款人是否能够按时偿还本金和利息，其中良好的信用条件和充足的现金流是银行评估的关键，也就是能够保证银行贷款资金的安全性和收益性。因此，我们需要打造良好的信用和稳定的现金流，以成为让银行安心的人。

■　提升信用等级：优化征信报告

财富来源于信用，信用来源于数据，数据来源于积累。银行如何判断我们的信用呢？答案是看征信报告。在理财和家庭资产配置这门课上，征信报告就是我们的成绩单。目前，我们的个人信用报告来自中国人民银行征信中心，它全面记录了个人的信用活动，包括个人的基本信息，向银行申请如信用卡、房贷、助学贷款等融资的借贷记录、还款记录和查询记录，个人申请过的通信、水电、燃气、缴税记录等情况，以及个人是否被纳入失信被执行人名单等法院信息。而银行在每一笔贷款的审批、每一张信用卡的发放、每一笔风险产品的定价、每一个客户的风险预警、每一笔不良贷款的清收等过程中都需要查询当事人的信用报告。因此，征信报告就是个人的"经济身份证"，每个人都可以凭身份证登陆中国人民银行征信中心官网查询自己的征信报告。

符合安全条件的征信报告主要具备三个条件：第一是负债率不要过高，第二是工作生活稳定，第三是讲信用不违约。相应地，优化征信报告主要也是从这三方面入手。

第一是负债率。对于个人和家庭来说，我们都建议负债率不要超过60%，过高的负债率会对现金流产生较大的压力。一旦现金流出现问题，个人或家庭的财务状况会受到较大的影响。如果借款人已经有较多的负债，银行在审批房贷的额度时会酌情减去这部分额度。

第二是稳定性。如果借款人有频繁变动工作、家庭住址、手机号码的记录，这代表工作或生活处于不稳定的状态，银行会认为这样的借款人不安全。

第三是黑名单。黑名单指的是征信报告上有连续贷款逾期的记录，主要原因有以下几个方面：一是信用卡连续逾期3次或两年内逾期6次，二是房贷累计逾期2~3次（无宽限），三是车贷月供逾期不还，四是贷款年化利率上调导致欠息逾期，五是家庭水、电、燃气费不按时交款，六是个人信用卡出现套现的行为，七是助学贷款拖欠不还，八是信用卡透支为第三方担保且没按时偿还，九是手机因欠月租费逾期而被停用，十是别人冒用自己身份证办信用卡欠费等。我们需要特别注意自己在这些方面的信用记录，以防影响未来房贷和抵押贷款的申请与发放。在一些周转不灵的特殊时期，可采取一些特殊的方法避免逾期，比如只还最低还款额、申请宽限期2天、逾期后开具非恶意欠款证明等。

特别注意的是，如果已经上了黑名单，这是不可能被洗白的。长沙李先生从事销售工作，平时工作很忙，总是粗心忘记按时还信用卡，等到他想贷款买房的时候，通过查询个人征信报告才发现信用卡上有7笔款逾期。他在网上查到："只要5000元，就能洗白个人征信记录。"于是他赶紧联系了中介，中介承诺7天内就能消除所有不良记录，并要求先付定金2000元。李先生按要求将自己身份证扫描件、联系电话、预付款和个人信用记录报告发了过去，然后开始焦急地等待中介的消息。但是7天后才发现，逾期记录不仅没有消除，名下反而多了一张被恶意透支的信用卡，且不断有骚扰电话打进来。当他再次联系这位中介时，却显示自己已经被拉黑。

不良征信记录不仅影响贷款的审批，还会影响到出国、工作、招聘、开立期货账户、租房子、子女上学等。饶先生的儿子高考发挥出色，考上了北京某知名大学。正当一家人沉浸在喜悦之中，大学的一个电话却让饶先生犹如遭遇晴天霹雳："我校在资格审查时发现您存在失信行为，请立即处理，否则我校将不予录取您的孩子。"原来，饶先生因跟银行贷款20万元后，未依约履行还款义务，被银行诉至法院。判决生效后，他依然拒不履行生效判决。后来经银行申请，该案进入执行程序，经法院方努力，穷尽执行措施，执行款项依然未能全部结清。饶先生被纳入失信被执行人名单，限制高消费。但即便如此，饶先生依然没有去还钱。直至儿子临上大学突遇这个事情，饶先生才意识到事情的严重性。看到儿子数年的努力可能因为自己的失信行为化为泡影，他后悔不已，马上联系银行还清了20万元贷款。

■ 证明还款能力：打造稳定现金流

银行喜欢有良好还款能力的借款人。前面我们掌握了打造四种被动收入管道、收获稳定现金流的方法，这体现到账户上就是银行流水。银行流水指银行活期账户存取款交易记录，指在该银行开设账户中所发生的存、取（往、来）业务的一个流水账。这是个人或公司收入情况的一种证明材料，是向银行申请贷款所必需的材料。完善银行流水需要注意的是：

第一，切忌用假流水或假证明，一旦查明，银行将会拒贷并将其列入全国联网黑名单；

第二，家族成员转入转出的资金不列入收入；

第三，多进少取，账户的钱尽量不要转出，如果有急用，最好能隔夜后再转出；

第四，产生收入的收款卡最好不要做其他金融投资；

第五，现金流最好是月供的2~3倍；

第六，银行更喜欢固定流水，比起商业的不固定零售收入，固定流水每月虽不多，但胜在稳定。

潘 帅

男，"80后"
城市：广州
职业：国企

　　学员潘帅在广州购买第一套房的首付款用的是自有资金，月供为13000元，他每月的稳定现金流有工资收入、租金6000元和公积金7000元。他的情况非常符合银行对流水的要求，所以申请房贷期限为30年，完全没有问题。

　　根据银行融资安全性和收益性的逻辑，我们一方面优化自身的征信报告，让自己成为负债率低的稳定借款人，另一方面打造稳定的现金流来支撑月供，防止资金链断裂，同时综合运用银行的融资产品减轻首付及月供压力。通过科学的方法、合理的策略，我们可以让买房落地过程更顺畅，同时实现家庭资产的合理配置。

第三节 金融防火墙：良性债务

这本书是关于买房实操的指导性书籍，书中所涉及的案例几乎全部来自房爸爸平台的学员。我们也注意到，尽管金融思维能加快财富增值，但是杠杆本身起到的作用是放大，无论是正向的还是负向的。如果是盈利，那么放大的是收益；如果是损失，那么放大的就是损失。因此在运用金融加速器的时候，我们需要确保加的是正向杠杆，也就是在盈利比较确定的情况下才能运用金融加速器。

严防错误借力

在寻求银行帮助时，一定要学会正确借力，而不要错误借力。否则，不仅不会让买房过程事半功倍，还很可能造成无法想象的压力和损失。

有个学员在学习我们的课程之前是这样操作的：他只花了20多万元就在深圳买了一套价值1000万元的房产。这20万元基本上只是中介费和各种利息贷款税费的总和，也就是说，他一共贷款了1000万元，包括按揭贷、信用贷等，月供接近9万元。但是这套房产的特征是"老、破、大"，而且区域也不是很好。虽说他在拿到房产证之后，一下子晋升至千万资产的行列，但实际上净资产基本上为零。在近两三年，他还一直通过还贷持有这套房产，每月巨额的还贷压力让他苦不堪言、几近崩溃。这就是错误使用杠杆的典型。他犯了以下几个错误：

第一个错误在于选错了房产。这套房产是一套位置不太好的"老、破、大"，与我们所倡导的三个中心标准的优质物业存在很大差别，其未来的增值空间和流动性都不太好。

第二个错误在于杠杆率过高，超出了自己的还款能力。在没有净资产的情况下，一旦房价稍有下跌，他就极有可能选择断供，进而造成损失。

第三个错误在于运用并不优质的贷款，如信用贷。信用贷期限短且利率高，按照现行利率水平，贷款1000万元、期限30年的按揭贷款，月供应该在6~7万元。在买房融资的过程中，我们倾向于使用期限为20~30年的长期贷款，而不使用期限3~5年的短期贷款。

因此，我们要注意合理运用金融加速器，不要让自己发生现金流断裂导致财富损失的情况。良性债务是防火墙是否坚实优质的衡量标准，那什么是良性负债呢？我总结了三点：一是优质物业，二是能力圈内，三是正现金流。

构筑防火墙之一：优质物业

巴菲特曾经说过："我把确定性看得非常重，只要找到确定性，那些关于风险因素的所有考虑对我就无所谓了。承受重大风险的根本原因，是你事先没有考虑好确定性。"房产占中国家庭80%的资产比重，因此房产的价值对于中国家庭财富的保值和增值尤为重要。

房产的价值90%来源于房子之外，买房就是买资源，包括江、河、湖、海、山等自然资源，餐饮、娱乐等生活资源，CBD中心、银行、酒店等商业资源，学校、医院、公园等公共资源，地铁、公交、停车场等交通资源。因此，优质物业必须位置好且流通性好。子安老师也总结出了满足中心城市、中心区域、中心地段三个标准的物业才是优质物业，尽管这类物业只占全国房产的5%，但它们在未来的10年、20年甚至更长时间是一个相对确定的增值资产。而我们在前文提到的七大房产陷阱，那些物业的位置或流通性相对较差，不能说完全没有增值空间，但却是我们要特别注意避免踩坑的。

学员潘帅对此深有体会，2019年上半年，他在广州花都交了10万元定金准备买新开盘的复式楼，同期又在深圳交了15万元定金准备买入一套市值143万元的公寓。他不仅没有选择三个中心标准的优质物业，还连续踩了期房和公寓这两个大坑。在我和子安老师的指导下，潘帅果断做了调整，选择亏掉定金退出。一年后，潘帅重新在广州购买了三个中心标准的物业，市值700万元，半年不到的时间，这套房子已经涨了100万元。而他之前退掉的期房不涨反而跌了，公寓更是卖不掉。如果当时没有退掉，这一年多的时间还将吞噬他20万元左右的月供。亏几十万元和赚100万元，这就是购房陷阱和优质物业之间的差距。

来自东莞的周婷婷也给我们讲述了她心酸的觉醒之路。

第一，"失之交臂"。2009年3月，周婷婷每天中午都会和同事讨论一个话题：房子。同事王杰说："错过这次机会，深圳关内再也没有单价1万元以内的房子了。"但周婷婷总担心他另有目的，心想单价几千元的房子跟自己有什么关系呢？一个半月后，有5个同事买下了深圳鼎泰风华这一小区的6套房子，其中有一人买了2套。她就这样与人生第一套优质物业失之交臂。同年6月，她和先生在东莞以10万元的首付和30万元的贷款（月供2000元）买下了一套满足她对房子所有幻想的婚房，一切看起来都是那么顺利、美好！

第二，"万箭穿心"。2010年5月，婷婷去鼎泰风华小区办事，顺便去王杰家坐坐。她在参观这套房子的时候一直在挑毛病，比如小区旁边有垃圾场、高压电站，两室一厅，面积小，小卧室的窗台是斜的，阳台小，等等。她如此挑剔只是想竭力证明自己当初的选择是对的。

周婷婷

女，"80后"
城市：东莞
职业：民宿老板
　　　民宿导师

　　临走的时候，她很骄傲地说："我东莞那套房子的绿化特别好，小区大，户型也挺方正，南北通透，我住那边也挺好的。"表面的自信挡不住心里的不踏实，回到家后，婷婷立刻上网查鼎泰风华的房价，每平方米1.3万元。那一刻，她确信自己错过了一个好机会，开始为过去的选择而后悔不安。

　　从那天起，婷婷几乎每年都会查看鼎泰风华的房价。2010年国家对前海的规划出台了，这个位于前海核心区域的房子房价一路猛涨，到2020年，婷婷东莞那套房子单价为2.5万元，而深圳鼎泰风华的房子单价为9万多元。中心城市的房产单价是非中心城市的近4倍。

　　第三，"三个中心标准"。2019年，周婷婷来到房爸爸平台学习后才明白：买房原则就是要购买三个中心标准的优质物业。这种物业与其他房产的差距在10年甚至更长的时间里会越来越大，而这个差距将远远超过一般家庭几十年主动收入的财富积累，更成为未来换房的资本。

投资是道，金融是术。没有优质物业，或者物业长期不增值，加杠杆就存在很大的风险。只有选对了三个中心标准的优质物业，才能保证杠杆带来的是扩大的收益。

构筑防火墙之二：能力圈内

既然三个中心标准的优质物业能带来房产的大概率增值，那就意味着这类物业比其他物业更贵，比如北、上、广、深一线城市核心区域、核心地段的房子动辄成百上千万元，杭州、武汉、成都、重庆等新一线城市的三个中心标准的物业也要几百万元，这对购房人的资金、现金流和还款能力有较高的要求。因此，当我们没有足够的认知和能力，还不能对杠杆、资金、现金流有成熟的评估和把控时，切忌盲目加杠杆。我们与学员做一对一咨询的时候，曾劝退过十几个想加杠杆的购房者，因为超出还款能力加杠杆很容易造成资金链断裂，甚至严重影响家庭的正常生活。

我的很多学员不但自己买房，还会为朋友在买房道路上出谋划策，学员温军军就是其中之一。他朋友手里只有20万元，每月工资加奖金2万元，想买一套价值600万元的房子。如果按照三成首付、七成按揭的政策，他的朋友需要首付180万元，按揭420万元，月供2.5万元左右。以他朋友当时的收入水平，首付和月供的压力都非常大，这个价位的房子并不适合他。于是温军军给朋友推荐了一套市场价380万元的房子，并通过谈判把价格压到305万元成交，通过银行的帮助合理完成了贷款，月供是14400元。房子以6000元的价格出租，他每月只要再支付8400元就可以了。温军军帮助朋友买到了自己能力范围内的房子，而且还款压力也在可承受程度，皆大欢喜。

构筑防火墙之三：正现金流

富爸爸罗伯特·清崎说过，区分资产与负债的关键是是否带来现金流，也就是收入，带来收入的是资产，带来支出的是负债。如果我们买入房子后直接用于自住，那从家庭资产来说，它本质上属于负债；但是如果买入后先用作出租，能够带来出租收入，那么它就成为资产了。从客观现实来看，出租房子带来的收入用作还月供，在一、二线城市确实有难度。但是，如果我们打造好出租、民宿、社群等稳定的被动收入管道，用被动收入覆盖月供，完成闭环，就能实现正现金流。

杨小会

女，"70后"
城市：郑州
职业：自由职业

我们来看看学员杨小会的故事：2001年，她大学毕业后在郑州一家通信设计院上班，经常和诺基亚、爱立信等外企员工打交道。她发现这些人每月的房租基本上是自己工资的两倍，于是也给自己定下了买房的人生目标。在摸索买房的过程中，她积累了不少经验，也踩了很多坑，比如有两套房子分别在买房5年后和10年后才拿到不动产权证，购置房产的首付大部分来自信用卡和向亲友借款（需支付利息）。

2017年，她的房产积累到一定的数量，不想再受朝九晚五的工作约束，于是辞职成为自由职业者。刚开始，她的收入不是很稳定，有些亲友会抽回借款，每到要还信用卡和利息的时候，她都要绞尽脑汁。

　　她越来越认识到现金流的重要性，开始寻找打造被动现金流的方式。2020年5月，她接触到房爸爸平台，跟着学习包租课程，开始试着重新拿房。她曾经不相信房东会答应付10万元的违约金、给2个月的装修期和1个月的免租期、10年甚至12年不涨房租。但是在实际谈判过程中，这些慢慢地都变成基本条件。不到半年时间，她已经拥有两套长租公寓、4套民宿，每月现金流达3万元左右，纯利润达1万多元，她以前从来没想过能在这么短的时间内拥有这么多被动收入。

袁林

男，"70后"
城市：深圳
职业：企业主、
　　　法拍房代购

　　可见，正现金流是防范资金链断裂的防火墙，通过打造包租和民宿获得长期稳定的现金流，并完全覆盖月供，这就是实现理性购房的闭环。身为国际旅游业的企业主袁林于2019年7月成为房爸爸平台合伙人，并开始用自己所学知识来实践买房，2019年8月买入一套三个中心标准的房子。但是，2020年1月底赶上新冠疫情，旅游业务全部停滞，他的首期款资金压力巨大。在多年的客户和亲友的支持下，他周转了500万元，解决了部分客户退款的燃眉之急，同时也支付了房子的首付款。下半年国内疫情好转后，国内旅游业务继续进行，他很快恢复了较为充裕的现金流，月供有了稳定的来源，他所购买的房子也获得巨大增值。同时，他帮助身边的亲友买了三个中心标准的房产，增值也不错。

只有通过打造足够多、足够稳定的被动收入来覆盖月供以实现正现金流，才不会被不可控的变化而影响。突如其来的疫情影响了很多行业，如旅游业、餐饮业，如果没有被动收入，仅靠主动收入维持房贷月供是相当困难的。因此，用出租、民宿及社群打造多管道被动收入，就能维持正现金流，构筑坚实的防火墙。

第四节　终极人生：【S+I】新富人模型

我们学习金融思维，不仅仅是为了用小钱赚大钱，而是渴望改善收入结构，增加被动收入，也就是非工资性收入，从而跳出劳动层，站稳资产层，进而跻身金融层。这也是罗伯特·清崎所倡导的财务自由人士，他们的非工资性收入大于总支出，不用通过劳动付出也可以维持理想的生活。

收入来源四象限：ESBI模型

罗伯特·清崎在《富爸爸财务自由之路》中对财富是这样定义的："不进行体力劳动（或者你家里的所有人不进行体力劳动），你所能生存并仍然维持你的生活标准的天数。"例如，你的存款是3万元，每月的花费是5000元，那么你的财富就是6个月。财富是用时间来衡量的，而不是金钱。罗伯特·清崎根据收入来源的不同途径，把世界上工作的人分为 E、S、B、I 四个象限（见第一章）。

■ E象限的雇员

雇员就是被雇佣的劳动者，即工薪一族。雇员用时间和劳动赚钱，为老板创造大量的利润，但大部分利润是被老板拿走了，雇员只获得固定的工资。事实上，在大多数情况下，教育体系教给我们的都是毕业后找一份稳定、有保障、薪水高、福利好的工作，也就是成为雇员。

这个象限对应的群体主要是文员、程序员、房产中介、职业经理人等上班族。他们大多追求的是一份固定的工作、一份确定的保障。他们朝九晚五，甚至996[1]，每天辛勤劳动，遵守公司的规章制度，从来不敢迟到，连请假都要看领导的眼色。

他们每天思考的是：

一是，什么时候能够早点下班？

二是，能不能不用上班还能领到工资？

三是，公司发多少钱，就干多少事，如果没有加班费或升职加薪预期，就不可能加班。

他们尽管每天的生活压力都很大，但又不敢轻易辞掉工作，因为他们是在为钱而工作。不工作就没有收入，他们的收入都来自主动收入，并且收入水平是由老板决定的，能不能升职加薪也由老板决定。因此，E 象限的人在时间和财务上都很难实现自由。

1　996 工作制指的是早上 9 点上班，晚上 9 点下班，中午和傍晚休息 1 小时（或不到），总计工作 10 小时以上，并且一周工作 6 天的工作制度。这代表着中国互联网企业盛行的加班文化。

■　S象限的自由职业者

自由职业者就是自己为自己工作，主要指拥有专业技能、能独立提供服务或产品的一类人。他们是一群想做自己的老板或者喜欢为自己做事情的人。通过时间和劳动的付出，他们为自己创造利润。很多人努力读好大学，学习一技之长，就是为了成为这个象限的人。

这个象限对应的群体主要是自己开诊所的医生、自己开律师事务所的律师、在商场开门店的小老板等。他们有着专业的手艺或者产品，靠销售自己的技能和时间赚钱，上班和下班时间都是自己说了算，规模大一些的还可以雇员工。

他们每天思考的是：

我的手艺或技能是不是方圆5公里最好的？

我的手艺或技能是不是只有我会，即使亲弟弟也没有我做得好？

如何能让别人在每一次想消费的时候都能找到我？

S象限的人尽管收入不错，但每天的工作节奏也是很快的，因为工作的时长决定了收入的水平，且这些收入还是需要工作才能得到。因此S象限的人有可能很富裕，但如果要增加收入，就必须增加工作的时间。

■　B象限的企业家

企业家就是开大公司的人。这部分人致力于构建一套可以自动运转的系统，为大多数人共有的问题提供解决方案，并由此创造价值。他们喜欢分配工作，人生座右铭是："如果你能雇佣别人为你做事，并且他们能做得比你更好时，为什么要自己做呢？"这一点是B象限与S象限人的最大区别——S象限的人总认为自己做得最好，不喜欢委派工作，事事亲力亲为。

这个象限对应的群体是有着一定公司规模的企业家，他们即使一年不在公司，公司也能运营得很好。

他们每天思考的是：

能不能让所有不联系的人都能经常联系？

能不能让天下没有难做的生意，让中小企业互通有无？

能不能做出花小钱买配置最高的电子产品？

能不能在网上只卖电子产品正品？

能不能做出跑得最快的车子？

B 象限的人没有固定的上班和下班时间，他们大部分时间都在思考，思考如何构建系统，如何杠杆别人的时间和资源，如何提供最好的解决方案。美国福特汽车公司创始人亨利·福特有一句名言："思考是世界上最艰苦的工作，这就是很少人从事这项工作的原因。"一个成功的企业所有人拥有对系统的所有权、控制权和领导力，他们能够实现财务自由和时间自由。

■　I 象限的投资者

投资者是用钱赚钱的人，主要指的是投资企业系统的人，他们还有一种身份叫做企业投资人。但是这并不是全部，因为所有象限的人在赚到钱后都面临用钱投资的问题，这也是所有人最终都会有的一个身份，差别在于投资收入在所有收入中所占的比重是多少。罗伯特·清崎说："不管人们在哪个象限中挣钱，如果他们希望有一天变得富有，那么最终要进入 I 象限。正是在 I 象限，钱变成了财富。"

这个象限对应的群体是拿着钱找好项目的投资人，把钱放在未来增值的领域和行业来获取超额利润的人。他们擅长用钱生钱，能让钱为他们及家人工作几百年，如股神沃伦·巴菲特。

他们每天思考的是：

未来10~20年的发展趋势是什么？

有哪些是值得投资的？

能不能复制目前的系统到世界的每一个地方？

比如，麦当劳卖的并不是汉堡包，它的盈利模式主要在两个方面：一方面是卖标准，麦当劳是加盟模式，加盟商在开店之前支付高额的费用，换取麦当劳一整套的开店标准；另一方面是房地产运营，麦当劳负责帮助加盟商寻找合适的开店地址，然后购买或者签订长期低价的房屋租赁合同，再将店面转租给加盟商，获取其中的差额，这类似于我们前面的包租模式。麦当劳创始人雷·克洛克曾经说过："麦当劳真正的生意是经营房地产，而不是汉堡包。"当然，这种商业模式的成功也有赖于麦当劳餐厅出色的食品、优质的服务和良好的运营管理，毕竟只有把餐饮做好了，才能聚集庞大的客流量，从而为后续的良性运转及模式复制打下基础。

I象限是有钱人的游戏场。他们不必起早贪黑去上班，挣钱很多，能够很好地实现财务自由和时间自由。

在罗伯特·清崎看来：E象限和S象限的人不管是为自己打工，还是为别人打工，都是劳动性收入，也就是主动收入，俗称一分耕耘、一分收获，这种赚钱方式非常辛苦，他们一旦生病或者退休，收入也就停止了。而B象限和I象限的人都是通过一个系统或者趋势及非劳动的手段来获得非劳动性收入，也就是被动收入，他们不用辛苦赚钱就有很多收入来源。

根据这四个象限的特点，我们可以发现，如果一直处于E、S象限，就很难实现财务自由，因此罗伯特·清崎倡导的是从E、S象限修炼到B、I象限，像一个投资者一样去思考和行动，逐渐增加被动收入。当被动收入逐渐超过主动收入，超过总支出，我们就能慢慢实现财务自由，成为富人。

新富人模型：【S+I】模型

对于大多数普通人来说，要从 E、S 象限跳到 B、I 象限，成功建立一个有一定规模的企业或者成为专业的投资人是存在很大难度的。通过十多年的创业和投资经验，我在罗伯特·清崎富爸爸理念的基础上总结出全国首创的新富人模型：【S+I】模型，即打造个人 IP 创收与资产配置紧密结合，开创适合中国普通老百姓从主动收入到被动收入的转化，实现从工薪阶层到富人的跃升。

【S+I】新富人模型中的 S 代表的是自由职业者。目前互联网新媒体的迅速发展和知识付费时代的到来，使个人打造有价值的 IP 成为可能，如网红主播、带货达人、培训讲师、健身教练等。每个人都可以为自己代言，输出自己的品牌价值，并获得可观的收入。个人 IP 产生的收入可以在买房时作为首付和月供资金的来源。资产的增值进一步带来资产性收入，也就是 I 象限的赚钱模式，从而能帮助我们慢慢地实现从拥有房子到拥有好房子、理想房子的目标，最终进阶富人圈层。

如何打造个人 IP 呢？就是要做到兴趣圈、能力圈及财富圈三圈交集，打造个人品牌价值。举个例子，如果你很喜欢美食，无论赚不赚钱都喜欢做美食和分享美食，这是兴趣圈；如果你做出来的美食特别诱人，能够吸引"粉丝"，这是能力圈；如果美食能为你带来收入，"粉丝"愿意为美食分享付钱，这就是财富圈。这样你就可以做一位美食博主，实现三圈交集，从而获得一定的稳定收入。在这个新媒体时代，有无数的平台能够支持我们实现打造个人 IP 的梦想。在十几年前，要成为一个公众人物需要付出巨大的努力，而现在互联网把全世界的人快速链接在一起，我们可以相对轻松地找到自己的个人 IP 定位，找到属于自己的"粉丝"。

打造好 S 象限稳定的现金流后，我们就可以开始加杠杆配置优质资产，成为 I 象限的投资人，用钱生钱。在中国，我在亲身经历股票、基金、债券、股权、数字货币等投资品之后，发现普通人能够安全持有并实现逆袭的唯一资产就是房产，房产也许是未来10～20年内唯一能够稳健、安全实现财富保值和增值的利器。

■ 【S+I】新富人模型的成功案例

新富人模型中最成功的案例其实就是罗伯特·清崎。罗伯特·清崎虽然主张只有跨入 B 和 I 象限才能成为富人，但实际上他是一个 S 象限的人。从写书到演讲，再到创造现金流游戏，这些都能为他带来很多的财富。在获得这些财富之后，他源源不断地把现金流为优质房产进行输血，这些房产的增值为他带来了丰厚的资本利得，最终使他成为 I 象限的人。罗伯特·清崎在70多岁的时候来到广州分享经验，他并不是因为缺钱而来，而是因为他的使命、他的终身目标——他想把正确的财商知识分享给全世界所有人。

第二个成功的案例是子安老师。他创造了子安买房笔记，也就是现在的房爸爸平台，通过财商知识的传授和知识付费的力量，帮助更多人改善了自己的家庭财务状况，也获得了源源不断的现金流，并用来配置一线城市优质的资产，甚至成为一个财务自由者。他为什么不是一开始采用 B 象限的企业模式呢？这是因为在中国创办一个200人以上的大型企业，并且交由职业经理人打理，从而实现企业系统自动创造现金流的模式非常困难。对大多数企业来说，如果创始人不在了，这个企业大概率很难维持良好的被动性收入（资源型、垄断型企业除外）。因此，一开始从 S 象限打造个人 IP 相对容易一些，规模形成之后，可以向 B 象限的企业发展。

第三个成功的案例是我自己。我花了100万元的学费才接触到房爸爸平台，通过学习买房、出租、民宿、社群等一系列的课程，我重新认识自己，同时找到人生使命及价值，帮助1000万人提升正确的财商理念，为10000个留守家庭提供一线城市定居方案。我特别喜欢分享，我的分享很容易打动人，学员既爱听，又学得会，因此我成为房爸爸平台的金融课程金牌讲师，同时运营500人的付费社群，提供一对一家庭资产配置服务。在这个过程中，我通过个人IP获得了源源不断的现金流，然后将现金流用于偿还广州、深圳优质房产的月供，实现了财务和时间自由。

■　普通人的逆袭

【S+I】新富人模型所要传导的理念是一个普通人如何通过自己的努力和认知觉醒来实现财务自由，这和年龄、出身、籍贯、性别、智商的关系不大，因为这个模型传授的思维和知识是你自己可以掌控并改变的。给人金钱是下策，给人能力是中策，给人观念是上策。现在的中国是一个互联网经济和网络新媒体的时代，每个人都可以成为品牌，关键在于以正确的观念进行模式的选择。如果我们一直使用为别人工作的思维，哪怕工资再高，也很难保证没有下岗的那一天。所以我们需要把【S+I】新富人模型融入自我的成长和选择上，首先打造S象限三圈交集的个人品牌，然后用赚到的现金流做专业的投资，成为I象限的投资人。

在这个模型下，我们的学员也在实践的路上。东莞的周婷婷在进入房爸爸平台学习后向着【S+I】新富人模型迈进：

第一步，打造S象限的个人IP。周婷婷在买房路上踩过很多坑，也曾陷入家庭现金流跟不上月供的泥潭中。2019年，在上过房爸爸平台的包租和民宿课程后，她开始拿房运营民宿。到2020年8月，她已运营8套民宿，每月利润达到2万元以上。婷婷的民宿名字是"婷安民宿"，取自她的名字"婷"和子安的名字"安"。她说"婷安民宿"不仅带着为客户提供高品质住宿产品的初心，还肩负着影响一代又一代中国人建立正确家庭房产财商知识的使命。在运营民宿的同时，婷婷将家庭房产财商知识传播给更多的人，这又增加了一条收入管道。仅仅9个月的时间，多条收入管道为婷婷带来每月4万元的现金流。婷婷现在的目标是5年内做100套民宿，人生使命是影响并带领10000人成功落地民宿，开启10000人的财商思维转换，改变10000个家庭的财务状况。

第二步，进入 I 象限成为投资人。周婷婷打造现金流的目的是要实现在5年内买下两套一线城市的优质物业。尽管周婷婷的新富人之路才刚刚启航，可是我们已经可以看到她的这个模式在未来5～10年内大概率是成功的。

我们还有很多学员已经踏上这条道路，他们都是和你一样的普通人，通过这个模型一步步创造财富，持有财富。他们可以做到，相信你也一定可以做到。

7

房产落地有办法 | **第七章**

子安

房爸爸平台创始人

📍 坐标 深圳

🟧 **一句话介绍自己**　愿景：坚持价值投资57年

🟧 **最有成就的三件事**

① 跟偶像罗伯特·清崎同台演讲

② 撰写《买房可以很简单》书籍，让更多人了解房产理财

③ 搭建房爸爸平台，让更多人可以学习房产理财

🟧 **我能给大家提供的资源**

① 人人都需要的房产理财知识

② 由1000＋房产大咖构建的平台

🟧 **我对房产的理解**

① 用房子构建家庭稳健资产

② 没有资本利得走不快，没有现金流走不远

③ 良性杠杆让富债变富人

④ 投资必须先以风控为核心

" 不要满足于艰辛的成功，
因为富有是天生的权利。

第一节　我的个人成长之路

根深蒂固的"穷爸爸"执念

　　小时候，父母对我极其严格，特别是父亲，他几乎做了他所能做的一切，把一生辛苦赚来的钱全花在我和姐姐身上，他希望我能完成他未完成的人生梦想和抱负。所以，我的童年基本上没有玩乐时光，而是立志要成为人群中最优秀的人——考上名牌大学，过与众不同的人生。这段经历对我来说压抑又沉重，我是带着包袱成长起来的。我也想借此书告诉所有年轻的父母，不要把希望寄托在孩子身上，他有他的人生，你有你的人生，你们各自的生命都是独立的。你应该追逐你自己的梦想，而不是试图让孩子来改变你的人生，他完全没有这个责任和义务帮你完成你的使命。

　　和大多数家庭一样，我的父母也用很辛苦的方式赚钱。从小到大，他们总是告诉我赚钱不容易，必须很努力才能赚到钱。父母也经常因为金钱而吵架，因为金钱与他人起冲突。看到父母为钱陷入痛苦，听到他们诉说赚钱多辛苦，我会更加珍惜他们给我的每一分钱，更谨慎地生活，过着清苦的日子。但我在内心也有一点点质疑，难道赚钱都那么辛苦吗？为什么那些开奔驰、宝马的人可以一边很开心，一边赚很多钱？他们是如何做到的呢？

　　我想过一个完全不一样的人生——我可以很轻松地赚到很多钱，我想要在年轻时就退休，我不想为金钱而工作一辈子，我不想做金钱的奴隶，我想要更丰盈富足的人生，我想要更自由的人生选择权。然而，这些都只是想象。虽然我不认同父母的想法，我也没有办法、没有机会、没有能力去呈现不一样的想法。财务自由对我来说太遥远了，我身边也没有任何人实现过，也没有任何人告诉我这样的梦想是可以有的，我只是懵懂中觉得父母的方法一定有问题。

跳脱执念，让财务自由成为现实

2004年正值我大学毕业，我看到了富爸爸罗伯特·清崎的书，这是我一生中的关键时刻，他改变了我的命运，成为我的精神导师。

我们大多数人每天要花8~10个小时来工作，仅仅为了领取一份微薄的工资。如果我们一生中用大部分时间在赚钱的话，为什么不研究一下快速赚钱的方法呢？除了上班以外，是否还有更高效的赚钱方式？这样我们就可以提前退休，不再为金钱所困，做自己真正想做的事情，实现自己的人生价值，也可以帮到需要帮助的人，为世界做一点贡献，甚至可以改变世界。

我一直在思考，什么技能是一生都可以使用，并且不会随着体力衰减而价值递减的？这种技能就是用眼光赚钱，用鹰一样的眼睛识别资产和负债，识别好的投资和不好的投资。即使到了年老体衰的时候，我们仍然能够通过这种技能来获得利润，而且随着经验的累积，我们的利润会越来越高。

越老越吃香的行业，不外乎会计、律师和医生等，但很少有人提及理财这个行业。所以，从大学刚毕业起，我就开始思考理财的事，并立志要练就一个不会随便被替代的技能，不会因衰老而被替代的技能，那就是拥有超越常人的眼光和理财的能力。我一直在看罗伯特·清崎的书，他的每一本书我都看了近百遍，把里面的每一句话、每一个字都反复琢磨，努力重现他当时面临的困难、场景、时代背景和内心选择。我非常理解他，他好像就站在我身后诉说他所经历的故事。

辞掉银行工作，步入理财规划行业，是我财富道路上的正确选择。读理财规划师时，我研究了股票、基金、外汇、保险、遗产传承、期货、黄金、投资房地产等，通过观察，我发现身边确实没有人通过做期货、黄金、外汇、股票赚到很多钱，他们往往会说自己盈利很多，但生活近况并没有实质改变。我在想，对于一个没有任何资产和积累的人来说，什么行业可以低门槛进入？什么工作能够让生活境况改变？这时候，罗伯特·清崎给我指明了方向：房地产。一个人可以在没有任何积累的情况下白手创业，可以低首付买到物业。只有在房地产这个不公平、不对称、不透明、非全局竞争而是区域性竞争的行业，我们才有可能自己制定游戏规则，用很少的成本获得资产的增长。这也是我坚定地选择房地产这个行业的原因。

我一步一步往前走，通过长租公寓等方式让自己的被动收入越来越丰裕，自己在财务自由和时间自由的道路上也走得顺畅而心安。我希望可以把自己财富增值的经验复制给你，让你在买房路上走得更轻松一些，让遥不可及的城市梦可以更早实现，让你可以更早拥有一个温暖的家。

在很多外人看来，我曾经的银行工作经历只是在打一份工，但在我看来，它具有完全不一样的意义，它是我人生拼图中的一部分。当然，这也是我多年以后才逐渐明白的。当时我只是想找到一个更好的工作，能够让所学的理财规划知识有所用。这段经历为我播下了财务自由的种子。2012年4月，我年收入50万元左右，有房有车，但仍然坚决选择了辞职。因为我想要的不是一份高薪的工作，也不是一个当行长的承诺，而是一份能实现财务自由的事业，并探索出一条普通人也能实现的财务自由之路。

我的财务自由探索之路

小时候没有人带领我探索财务自由之路，因此我走过很多弯路，踩过很多坑。我请教了很多人，听他们讲自己实现财务自由的过程和投资房地产的方法，我试图用自己的人生经历为更多像我一样的人探索出一条可复制的路径。

罗伯特·清崎有一个穷爸爸，一个富爸爸，但大多数中国人只有一个穷爸爸，所以只能重复穷爸爸的一生，家族的贫穷是可以代际传递的。我想给大家一个罗伯特·清崎一样的富爸爸，让他们跟着完整的指导路径来走我们已经走通的路，实现财富增值的梦想，打破世代贫穷的诅咒和枷锁。子安买房笔记的创立就是一个种子发芽的过程，它是一个非常自然的产物，是为了给全中国人一个富爸爸的心愿而生。

我做的是一个成人教育的机构，希望通过改变家庭中最年富力强的生产力——经济支柱，以此来改变夫妻关系、亲子关系和家族命运。我希望更少看到那些有才华的人困于金钱、跟伴侣吵架、打骂孩子，在贫穷之后又把自己一生的希望寄托给孩子。父母是家族当中最核心的人，如果他们不能改变命运，孩子的内在也无法被改变，家族也无法打破贫穷的桎梏和枷锁。

从2015年到2019年，子安买房笔记帮助了来自4个国家近60个城市和地区的学员，成功帮助他们获得了被动收入，构建起自己的资产防火墙，让他们的资产保值、增值。我们在线上帮助了179万人，使其全面了解科学买房全流程；我们在线下累积帮助30000多人，让他们通过付费学习开启财富增值的路径。

心理治疗大师海灵格提出过一个关于财富的观点："钱具有生生不息的能量和灵性，钱不是来自头脑，而是来自我们的内心。"所以，只希望自己富有并私吞致富方法的人并不能守住财富，也不会成为真正富有的人。我希望在教别人赚钱方法的同时，不仅这些人的命运能改变，他们还能循着这个路径帮助更多人，把求真、利他、精进的价值观传承下去，成为一个开明开放的千万富翁、亿万富翁，而不是一个守财奴。

第二节　致富的关键要素

人是一切的核心，挖掘人心的力量

在第一章家庭房产理财体系中，我们讲过人是一切的核心。一个人的信念、价值观和思维方式，都是他的内在软件，这些内在软件决定了个体的财商教育水平、自我学习力和终身成长程度，而这些又是个体创立其他所有一切的核心。很多人之所以能成为富人或成功人士，并不是天赋异禀或具有家族优势，他们也跟大多数人一样经历过贫苦的生活，但是能够支撑他们走下去并占领财富金字塔尖的，是内心的力量，是让自己变得更好的驱动力。

你有怎样的价值观和核心信念？你的童年经历如何影响自己的现在？很多人会发现，自己的理财观和关于财务的整个架构模式，都跟父母一脉相承。所以改变源自内心，只有挖掘人心的力量，才能实现外在的蜕变。没有内心的力量，即使学到最好的实操技能、方法与技巧也没什么用。

喜多见先生是一名日企高管，年薪30万元。两年前，他学习房爸爸平台的课程，利用下班和周末时间打造了25套长租公寓和2套民宿，用一年时间线上运营165万元业绩。我认识他的时候，他刚刚在广州买了一套远郊区的房子，但是距离自己工作地址较远，于是在2020年7月，他在广州落地一套价值500多万元的三个中心标准的物业。如果只是依靠主动收入，月供一套房子都略有压力。成功的公寓长租、民宿运营实践，让他有了很可观的被动收入，最终两年内实现两套房傍身。这跟他所学到的买房技术和方法分不开，当然也离不开他内心不断超越现状、激励自己跃迁式成长的信念。一个人的认知高度决定了他的人生高度，喜多见先生从不给自己的人生设限，他总会在现有的发展状态下给自己重新设立目标，逼迫自己跳出舒适区，所以在买房这件事上才能成功。

喜多见先生

男，"80后"
城市：广州
职业：汽车行业

思维转换是根本

同样是上班，为什么有人月薪好几万，却永远觉得钱不够花？有些人却在上班之余通过被动收入将日子过得风生水起，实现阶层跨越？核心在于思维的差异（见图7-1）。穷人和富人的思维存在很大不同，这点已经得到哈维·艾克的证实。

哈维·艾克在年轻的时候创业十几次都失败了，但他没有放弃，总结经验后又开了一家体育用品公司，并在短短两年半内开了十几家分店。然后，他把公司卖了，赚了一大笔钱。但是，这些钱并没有让他更富有，因为他不懂得投资理财，随意挥霍，两年后又回到了起点。
他没有因此而颓废，反而好奇自己为什么无法留住财富。于是，他研
究财富和思维之间的关系，发现富人和穷人的思维模式有很大不同，
并将研究成果写成了一本世界级畅销书——《有钱人和你想的不一样》。
在整个过程中，他一边研究致富秘诀，一边改变自己的思维与行为，最
终成为一个大富豪。

图7-1　穷人思维／富人思维示意图

穷人一般把"读书、学本事、拿高薪、过稳定生活"当成人生信条，
他们往往只看到短期收益与表面美好，错把负债当作资产；而富人常常
能清楚认识资产与负债，能够理性利用杠杆，玩转投资。思维决定成败，
这里我想补充说明下资产与负债的关系。很多人分不清什么是资产，
什么是负债，给大家分享一个简单的方法：把钱放进你口袋的东西是
资产，而把钱从你口袋取出来的东西就是负债。一套房子，如果你需
要每月为它支付房贷，它就是负债；如果有人租了你的房子，你用房租
抵掉房贷，它就是资产。很多人之所以穷，正是因为分不清这两者的
关系，错把负债当成财富，导致自己掉入财富的陷阱，成为给财富打
工的"奴隶"。

不同的思维决定了不同的消费行为方式。同样是2005年，同样都有30万元，有些人付首付买了房子，有些人付全款买了车子。现在的结果是，30万元的车只能折现为3万元，30万元首付买的总价100万元的房子，现在可能都涨到了700万元，这还仅仅是一般城市房子的涨幅。这两者的资产相差233倍，这就是资产和负债的差距。

图7-2　买车/买房示意图

　　穷人的生活路径与富人不同。穷人的生活路径是：工作—报酬—支出—继续工作—报酬—支出，他们因为欲望而透支手中的现金流，被各种负债逼迫得不敢停下脚步，一直在重复"老鼠赛道"怪圈；而富人一开始可能也是穷人，但能够清楚认识资产和负债，靠投资摆脱"老鼠赛道"，将有限资金投入资产中，回避一切看似资产的负债，靠滚雪球般的投资最后成为真正的富人。

　　很多人会好奇什么是"老鼠赛道"？如果你玩过罗伯特·清崎创立的现金流游戏，就会对这个部分有所耳闻。简单来说，就是一群努力生活的人拥有一份稳定的工作，结婚生子后又告诫自己的孩子们努力学习，找一份安稳的工作。《富爸爸，穷爸爸》中这样写道："对于钱，除了从那些利用他们的天真而获利的人那儿学到点东西之外，他们什么都没学到。他们终生辛苦地工作，他们的下一代又将重复相同的过程，这就是'老鼠赛道'。"

《富爸爸财务自由之路》一书中也提到，多数人更注重收入，而不是投资，他们以为赚很多钱就可以无忧，而实际上财商不仅仅包括赚钱能力，还包括理财能力。比如，分析赚到的钱除去消费外还有多少剩余，还有多少能用来创造更多现金流，还有多少能作为资产累积下来，以及财富观传承能力——这也是财商需要被普及的重要意义所在。总之，财商是一个范畴涵盖比较广的概念，是一个人认识金钱、驾驭金钱的能力，是理财的智慧。网上曾有个故事，一个人在上海工作，月薪3万元，但他每天还是很焦虑，因为这3万元全部是他的主动收入，只有工作才能获得，如果哪天失业了，他就是零收入。如果月薪1万元、收租2万元，或者每月收租3万元，他是不是就不会焦虑了呢？

　　我们虽然受过高等教育，受过专业培训，但很少有人接受过财商教育的培训，终其一生都在选择稳定工作和偿还各种债务的路上奔走。从小到大，我们都在追求一种稳定感，大多数人要么没想过财务自由，要么只是凭空幻想，不知道真正的财务自由到底为何。从追求稳定到财务自由，是逐渐放下安全感的过程，也是改变自己思想的过程，同时也是需要学习的过程。

致富，无关天分，只关乎路径

　　内心的力量和思维转换都很重要，但仅仅有这些，并不够，还需要致富路径。很多人觉得致富需要天分，其实只要遵循致富的科学路径，任何人都可以致富。致富无关天分，无关环境，任何人在任何时间、任何体制下，只要制定恰当的路径，都可以变得富有。

　　首先，要完全投入到致富的世界中。有人可能纳闷，世界上哪有人不想变富的？可很多人只是嘴上说说，却未必真的愿意投入，或者他并不知道原生家庭的一些潜藏信念会影响他致富的旅程。我们要在生活中去觉察这些信念，必要的时候可能还需要一些专业支持，让"有钱"植入到我们的心中。不同的语言有不同的力量,"想要变得富有"和"致力于变得富有"给人的感觉并不一样,后者的力量感完全强于前者,它传达的是全力以赴,而非试一试。

其次,最好清楚自己要什么。我们需要把自己这块小拼图加入世界版图中,如果只是执着于自我的需要,我们也很难变得富有。我们要学会为他人创造价值,并用高效的行动朝着自己的愿景努力,将愿景变为现实。

一般而言,我们的行为直接或间接地受自我预期的影响,这种将设想的预期变为现实的现象被称为自我实现效应。也就是说,人们总会在不经意间按照先入为主的已知预言行动,并最终让自己的预言发生。我们只有从思想中勾画出自己想要的东西,并为这种思想附加物质,才会有清晰的奋斗目标。"我想变得更加富有"就很模糊,而"我想要在未来10年挣到1000万元"就相对具体。只要心中有致富目标,我们就会按照一定的方法朝理想前进。

最后,思想的确能够创造一切东西,但行动才是让这些东西从无到有的根本。静心、冥想、清晰的内心愿景,这些都是探索内在世界的工具,但仅靠这些,我们没办法变得富有。只有行动,且在正确的方向上持续行动,方能有结果产生。每天做好当天需要做的事情,就是最务实的致富智慧。

我们不必过度工作,一天把一周需要做的事情都赶出来;也不必过度焦虑,总是为明天或后天的事情着急。真正有价值的行动就是坚持按照自己的效率行事,保证每个单独行为的正向效果,那我们的一生都是高效率的,我们自然也会成为富有的人。然而,现实并非那么一帆风顺,我们也会有止步不前的时候,羁绊我们的大多是恐惧。哈维·艾克在大量实践的基础上发明了一项"启蒙战士训练营",这个训练营教大家如何面对恐惧,持续行动,而非摆脱它。

在困难面前，我们可以选择跨过去，也可以选择裹足不前，而往前走还是待在原地往往是贫富的分水岭。我们想要跨越到新的生命高度，就需要突破自己的舒适圈，尝试一些不舒服甚至有些挑战的事，同时多加练习，巩固新习惯，不断拓宽习惯领域，把自己训练成在任何不适或不便的情况下都能够持续行动的人。这样一来，我们才有可能成为自己生命的掌舵者，成为富有的人。

昱竹

女，"80后"
城市：深圳
职业：房产投资

昱竹是我2017年的学员，她在上完买房课后，就一个人拎着行李扎根深圳。她最开始的心愿是10年入手一套深圳房产，结果不到1年，她就入手一套当时价值500万元的房产（现在市值900多万元）；2020年7月，她又入手广州一套500万元的房产；不仅如此，她在深圳还有20多套长租公寓。是什么力量支撑一个小姑娘能够在3年的时间内有如此多成果，难道她是富二代吗？不是，她当时真的没有钱，她买第一套房子的钱全部都是借来的，半个月借了100多万元，连她都惊讶自己是如何做到的。这不仅和她爱学习有关，也和她极强的行动力分不开，当然也有房爸爸平台科学致富的具体实操落地的方法支持。我们希望能够把房产财商思维传递给更多需要它的小伙伴，支持更多人买到好的房产，支持更多人变得富有。

 第三节　买房有方法，帮你守住财富

| 学会增加被动收入，让买房之路更简单

很多人的富有是靠掠夺别人完成，也有少部分人是通过利他完成。买房，既不需要依靠庞大的资源和人脉，也不需要有特殊技能，只要能突破自己的思维局限，学习科学买房的知识，就可以走出一条寻常致富路。

在古代部落里，人们要靠生杀掠夺来占有财富。随着社会不断向前发展，现代工业文明下的人们要么出卖劳动力，要么借由一些机会、平台或信息成为财富创造者。虽然到处充斥着诱惑的信息，但整个世界的优质投资产品都比较难找，相比之下，黄金核心城市的物业、美国优质的股票、中国优质的蓝筹股，以及自己能够构建的公寓、民宿、酒店等现金流很好的企业，这些都算不错的资产。

对于致富，很多人认为财富的供给有限，因此在遇到机会时也不舍得与他人分享，沉浸于非此即彼的二元对立竞争世界中。实际上，只要我们相信自己能够变得富有，并一直通过学习朝着自己坚定富有的目标向前，任何人都能变得富有。让自己拥有一颗开放而接受的心，使自己的思想保持在创造性层面而不是竞争性层面，你会进入一个不同的世界。

房子是普通大众守住财富，甚至增值财富的好方法。财富的创造源于产业，产业可以扩大再生产，但都会有一个天花板，行业由盛转衰也是自然规律。当遇到天花板不能扩大再生产时，这个行业多年创造的财富便要找一个地方保存与积累，而大城市房产往往是财富积累的仓库。房产虽然不是财富创造的驱动力，但是属于从属驱动。无论行业如何变化，一线城市的房子总是核心资产，不会年年都涨，但是大方向是向上的。猛涨往往发生在主流产业成熟、一时看不到投资机会时。当新产业初现时，资金一般不会进入房地产，而是流向这些新兴产业。随着主流产业的产生、壮大、成熟、衰老，财富才会进入房产累积下来，然后再有一个新的主流产业再创造、再积累，这是财富的循环、创造、积累的过程。产业创造财富，城市房产积累创造之后的果实。与做实业相比，判断大城市房产的价值要容易得多，只要选对城市，找准时机买房，你的财富就不会轻易流失。

现在市面上有两种生意：第一种生意要求跟得上时代变化，永远走在时代的潮流上。这一种生意很好，但很少人能够把握住机会，时代的引领者与行业的弄潮儿永远都是少数的。第二种生意是无论世界怎么变化，它都可以岿然不动的，1000年前有它，1000年以后还有它，房产就是这样的生意。这种生意变化很少，但是一个好生意，它能帮我们获得想要的被动收入。

主动收入与被动收入

穷人为了钱工作，工作一次就获得一次的钱，不工作就没有办法获得钱，而富人为建立只工作一次就能带来多次收入的资产而工作。好的收入结构至少有三种收入类型，一种是主动收入的储蓄，一种是资产型被动收入，一种是事业型被动收入。

主动收入和被动收入会给生活带来完全不一样的回报，主动收入是通过体力和时间去换取的收入，而不需要工作也能获得的收入是被动收入。被动收入会让我们生活得更加从容、淡定，而主动收入则让我们无法停下来，否则就没有办法挣到钱、没有办法获得生活资源、没有办法解决生活的衣食住行。当然，主动收入是我们生活所必需的，它为我们带来工作，带来与别人交往的机会，带来和社会资源连接的机会，它是我们构建被动收入的基础和基石。

■　资产型被动收入

　　当我们获得主动收入后，就要去构建被动收入。比如，全款买的房子可以收租，好的股票可以分红，国债每年也都有利息，这些都是构建资产以后所得到的被动收入。只要资产是优良的，它就能持续稳定地产生现金流，这个就是资产型被动收入。我们可以把这种收入理解为有一个复制版的自己每天不知疲劳、全年无休地干活，产生的收入却都归我们。"TA"不需要吃，也不需要喝，没有情绪，也不会造反。

■　事业型被动收入

　　事业型被动收入是需要花时间构建和打理的事业所产生的收入，但它跟主动收入又不同。比如，我创办一家培训公司，教更多人财商知识，构建第二收入来源，让更多人能够买得起房子。当公司自动化运作时，它会源源不断地提供价值，这时它就变成一个事业型被动收入。比如，我加盟一家麦当劳，它的系统非常完善，有很大的客户群体，非常好的产品和服务系统，因此每年都能持续产生收入，虽然我依然需要花时间去打理，但也可以把它委托给同事来打理，它就变成一个长期稳定的现金流。再比如，我有几间签了十年租约的长租公寓，装修好租出去就会产生溢价。如果一个月有1500元的溢价，10年就有18万元，它会持续不断地为我提供价值，我只需花少部分的时间来打理它，这也是我的事业型被动收入。

财务自由方程式

在古老的中国智慧中，一个凉亭用四根柱子撑起，它就能遮风挡雨。用凉亭来比喻家庭，"家"是上面一个宝盖头，家就是为我们遮风挡雨的地方。中国大部分家庭都是双职工家庭，或者丈夫上班，妻子在家带娃，家庭所有的收入都来自老公。这样，"家"这个凉亭就只有一根柱子，当这根柱子在外面遇到波折、困难或意外时，如收入锐减、行业调整、工作不顺利，整个家庭的生活就会遭遇危机，面临各种隐患和不安全感。所以，我们要借鉴中国古老的智慧，至少建立四种不同管道的收入，这样家庭的幸福美好生活才有可能持续长久。

有没有一个公式能够告诉我们如何打造被动收入、实现财务自由呢？这就是我们在第一章讲到的财务自由方程式。在财务自由方程式中，我们的大部分收入来自主动收入，而目标就是有了主动收入后，除去储蓄和合理的支出，将其余部分用于投资以产生新的被动收入。

资产型被动收入包含三个中心标准的物业、企业股份、知识产权、股息和债息；事业型被动收入包含自由企业、民宿、加盟优秀企业、加盟知识付费企业、加盟麦当劳或肯德基等。而良性负债的存在可以帮我们抵御通货膨胀，它是我们实现财务自由之路的助推器。

举个例子，一套房子价值300万元，全款需要攒10年才能买得起，但如果通过3年时间攒100万元首付，并向银行贷款200万元买下它，我们就使用了良性负债，并用杠杆抵御了通货膨胀。为什么说是良性负债呢？因为买一套价值300万元的房子，向银行贷款200万元，贷款的时间是30年，而且只付5%左右的利息。不过，良性负债虽然可以帮助我们赚更多钱，但是加速之前，我们一定要清楚自己构建的资产是对的，走的这条财务自由之路是正确的，这样加速才会得到倍增的效果。

　　富人之所以成为富人，是因为他们不为钱工作，而是为打造资产而工作。我们不仅要了解主动收入和被动收入的区别，了解资产型被动收入和事业型被动收入的重要性，还要学会正确运用这个财务自由方程式（见图7-3）。

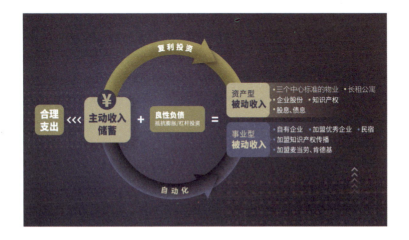

图7-3　财务自由方程式

富人消费策略：721理财法则

　　很多人没有攒下钱，不是因为没有理财意识，也不是因为不想存钱，而是常常等着每个月有结余再存。这是很难做到的，因为人们总是倾向于把自己账户里的钱全部花光。那么，富人的策略是什么呢？在理财当中，我们有个721法则：把70%的钱用于生活的开支来提高生活的品质，把20%的钱放在投资财务自由的账户，把10%的钱放在长期储备的应急资金账户。通过这个法则，我们能增加自己的储蓄，而钱累积到一定程度后就可以用来增加一种管道的收入。当我们有了人生第一笔可以理财的储蓄资金时，就有了做人生主人的感觉，也开始有了掌握自己命运的可能性和起点。这时候，我们就应该了解如何用这个钱来建立自己的第二个管道收入来源。

比如，签一套5~10年的长租公寓，即使一个月只能挣1000~1500元，但是，这个钱是不需要工作就能够持续稳定获得的收入。如果我们能签5套公寓，那一个月就能挣5000~7500元，这有可能等于你一个月的工作所得。如果我们仍然保持原收入的70%作为开支，存款就能够快速增长，积累人生第一桶金的速度就会像踩油门一样飞速。在熟悉长租公寓、有了一定经验并获得成功以后，我们就可以适当运用国家给的杠杆，来加速财富积累的速度。上班族要突破自己的桎梏，突破原有圈子的生活途径，打造自己的第二收入来源，迈向人身自由之路。

一些小企业主的公司收入不少，但支出也不少。行业周期有时候还不太稳定，生意有赚也有赔，公司忙着连轴转，又没时间顾及家里。对于他们，这时也可以尝试把自己的公司打造成自动化企业，解放自己的时间，去打造多个管道收入。这样公司的业务不再单一，有不同的业务收入来源，不容易受到单一行业的周期性影响。企业的收入可以分成两部分：第一部分用于继续投入公司运营，第二部分用于构建资产型收入。这样当公司发展很好的时候，可以追加投资让公司发展得更好；当公司发展得不那么好的时候，之前用来投资的资产型收入也能带来防守性收入。

第四节　求真、利他、精进

我们追求真实，因为真实最有力量；我们追求真诚，因为慧于中而形于外；我们追求真道，因为羊肠小道虽然可以走，也可以赚钱，但是走不了多远，我们就得重新换路或者折返回来。

成人利他和达己精进是合一的，它是宇宙思维和人生的底层思维。利他是为了精进，为了达己，只有成人之美，不成人之恶，我们才能得到自己想要的。那么用什么方式成人利他、达己精进呢？用顶配人生的方式实现财务自由，跟一群志同道合的朋友用玩的心态成就一番事业，在家庭美满、幸福的同时不断实现个人身体、技能、精神和情绪的成长。

真实最有力量

为什么真实是最有力量的呢？现实生活中，真正厉害的人并不都是精明的，精于算计的。无论是精于算计，还是大智若愚，实际上都基于对事物本身的真实有所参透。对我们而言，第一层关卡就是诚实地面对自己，面对他人，面对这个世界。知之为知之，不知为不知，是知也。我们要知道自己是谁，自己能做什么，不能做什么，这才是真智慧。

真实也表现在既能面对成功，也能面对失败。大多数成功人只讲成功的故事，不讲失败的故事，好像生命中只有成功，这并不真实，而现实生活中也根本不存在这样的人。只有不断地犯错，我们才能成长。假如一个人一生致力于不要犯错，他基本不可能成功。想一直不犯错的人，也不可能去行动。什么是正确的方法呢？用可控的成本，快速犯所有的错误，尽快成长为想要成为的人。很多人都希望能借鉴别人的经验和教训，但没有挨过刀就不懂得疼，没有摔过跤就不会好好走路。我们既要认真对待自己成功的故事，也要认真对待自己失败的故事。

诚实不是最好的美德，而是最好的策略

一直以来，中国人都秉持着诚实这一传统美德。然而，很多人在现实生活中因诚实吃亏之后，就渐渐放弃这种美德。那么，诚实到底对我们有什么帮助？它到底会不会让我们吃亏？我们是否可以选择部分诚实？

其实，诚实不是最好的美德，而是最好的策略。查理·芒格说，诚实策略为他赚了很多钱，它是这个世间运行中为人处事、做事业的最好策略。在他来看，在应该做的事情和就算做了也不会受到法律惩罚的事情之间有一条巨大的鸿沟。有些事情，即使做了法律也不会惩罚你，但是却有悖诚实。因为坚守诚实的做事原则，他赚到了很多钱，虽然他坚持诚实并不是为了挣更多的钱，而诚实的做事原则在他成功之后才被很多人注意到。按查理·芒格的原话，"诚实是世间最好的策略，它能够打败其他别的策略——不诚实的策略、行销行骗的策略、更加灵活的策略，或者是其他的策略。"

有的人做一次性的生意，有的人做很多次的生意，但是企业要长青的最好方法就是依靠老客户的转介和重复购买，新客户的获客成本是老客户的16倍，所以老客户的转介对于企业发展基业长青、业务的重叠使用及跟客户的长远合作来说都极其重要。而诚实就能让老客户愿意为我们转介新客户，诚实能让我们做的很多事情不会变成一次性的事情，而变成累积性的事情。

富人不挣一次性的钱，他们赚长期可以累积的钱，这仍然需要诚实策略。当我们诚实的时候，所有人都会觉得我们是靠谱的，我们的行为是被认可的，我们能和每个合作过的人都建立起温暖、踏实、靠谱的关系。他们会主动为我们转介新客户，传播好口碑。这样，我们做的事情就变成一个杠杆，自己就变成一个小支点，能翘起一个巨大的地球。当

然，诚实策略的回馈不是一时的、即时的，是长远的、可累计的。

我的很多学员在跟我学习结束后，会发信息感谢我对他家庭的帮助，或者有些新学员主动向我提及是老学员介绍来学习的。这让我更加坚信，原来我对别人的一次真心帮助可以对他的生命产生如此大的影响。

价值投资是真道

求真的另一个核心是价值投资，真正能给投资者带来长期回报的投资理念与方法只有它。价值投资最早由本杰明·格雷厄姆提出，后来，巴菲特和查理·芒格又将这一理念运用并发扬光大。价值投资的理念有四条，前三条由格雷厄姆提出，最后一条是巴菲特的独特贡献。

■　1.我拥有的不是股票，是公司的部分所有权

投资股票意味着投资一家公司，我们可以把自己当成一个股东来了解企业的运营、业务、利润结构和商业模式，我们就是这家公司的一部分，这是价值投资的第一条。我们要足够了解这家公司，并且对它有信心，目的是获取长远回报，与公司共同成长。如果只是根据股票价格追高杀低，那是投机，而非投资。

就房子而言，我们买的也不是房子，而是这个城市的一部分。把房子买在深圳，我们就与深圳共同成长，成为深圳这个城市的主人之一。同样，我们之所以不在县城或农村老家买房子，也是因为看中一线或新一线城市的房子值得购买。我的学员王洪长期生活在江西吉安的一个县城里，但是她在深圳有自己的资产，像她这样的群体是很有代表性的。生活在自己的小城市，把资产放在自己最看好的城市或者区域，这样资产也会跟着城市发展。

王 洪

女，"70后"
城市：江西泰和
职业：自由创业者

■ 2.市场是为我们服务的

市场的存在是为我们服务的。市场从来不会告诉我们真正的价值是什么，它只反映价格，我们需要根据很多信息来判断这个房子有没有价值，会涨还是会跌，哪一个地方是被低估的等。

我之前做过一个研究，2010年左右，厦门的十个楼盘都以每平方米4000元的价格开盘，现在有些盘每平方米价值4万元，有些盘每平方米价值8万元，有些盘每平方米价值2万元，差别非常大。没有人能告诉我们哪个楼盘一定会涨或跌，涨多少，跌多少。市场会告诉我们答案的。

■ 3.安全边际

投资的本质是对未来的预测，而未来是否会好，任何人都无十足把握。因此，为了降低犯错成本，我们在把损失控制在最小范围内的同时，要留有足够的退出空间，这就是安全边际。巴菲特曾说："我希望投资的企业是有高大的护城河，护城河底下有凶猛的鳄鱼，这样人们很难进入到城堡。"这就是巴菲特的投资理念。

举个例子，一斤萝卜卖10元，我们也以10元买进，如果它涨1元，我们就赚1元，如果它跌了，我们就亏钱，这是最简单的逻辑。格雷厄姆的策略是怎样的呢？一斤萝卜卖10元，他要想办法以7元买进，如果萝卜跌到8元或者9元，就赶紧卖了，这样没亏钱，还略赚；如果涨到12元，就相当于挣了5元。这样即使判断错误，也会有一个比较好的退出策略。

■ 4.能力圈

能力圈是巴菲特经过50年的实践总结出来的概念："清楚自己的能力圈，并且专注于能力圈，是我们这辈子干过的最好的事情。"

能力圈的内在逻辑是什么？一个人可以通过不断精进学习和成长而对一个事件有更深入的了解。因此，当我们的知识架构不断完善，看事情的角度更多维时，我们就更容易把握到节点，知道哪些事情一定不可以做，哪些事情一定可以做，也就能在行业里获得比别人更多的优势。我们在长期研究的行业里面就很容易赚到别人赚不到的钱，这就是能力圈的内在逻辑。

能力圈最重要的不是能力大小，而是边界。我们要知道自己的优劣势，如果不在自己能力圈范围内行事，市场一定会在某个时刻、某个形态下把我们整得很惨。所以，发现天赋很重要，去做别人干起来很困难、自己干起来却轻而易举的事。当然，能力圈也并非恒定不变，它可以通过学习得到扩展，但是要注意：任何时候不要轻易去碰能力圈外的事物。

举例来说，我和泰森同台竞赛拳击，肯定打不过他，但我不会和他打，而是选择一些拳击水平一般甚至比自己弱的选手对打，来确保自己会赢，这就是能力圈。实际上，那些顶级的投资家最常做的也是这样的事。《孙子兵法》中讲的"先胜而后求战"也是同一个道理。现实生活中，我们肯定要保证在信息调查得足够清楚后再投资，这样赢的概率会高很多。

尽管我研究了很多流派的投资方法，也可以教很多速成的方法，然而，价值投资仍然是我们投资的内核和方法论。

西方哲学中的利他

富勒博士是罗伯特·清崎的老师，他是改变整个20世纪的最伟大人物之一。他提出，我们服务的人越多，效能就会越大——这是他提出的财富三大法则之一。简单来说，我们服务的人越多，力量就会越大；服务的人越多，卖的产品越多，财富也会越多。这个道理并不新鲜，只是很少有人真正去做。为什么大家不愿意去做？因为还没有想通，还没有想明白，还不确定这个逻辑是否真实成立。大多数人的思维是先得到才有办法给予，而实际上是先给予才会有回流。

榜样是最大的慈善，如果我们能够成为别人的榜样，别人也会因我们而获得信心，因此做好自己就是一个榜样。就像前文提到的喜多见先生，他并没有因为自己在广州只有一套房，很多人的财富多于他，事业比他更成功而觉得自己什么都不行。相反，他用生命逆袭的故事不断地分享，激励到更多人，帮助更多人构建收入管道，受益的人越多，回流的正能量和财富也越来越多。也许他在做的过程中觉得没什么，但是因为遵循了底层逻辑，他赚钱就会变得轻而易举。

中国文化中的利他

《道德经》是我们中国文化的精髓，讲的是天地万物的规律。看《道德经》，我们就能理解中国的整个哲学讲的是什么，它教导我们要遵循"道"，践行"德"。那么，"道"是什么？"德"又是什么？

世间万物有规律，这个规律无法用语言描述，无法用文字记录，也无法给予命名，它是只能意会、不能言传的东西，这个东西，我们就称之为"道"。很多时候，文字只不过是这个世间的翻译工具之一。"道"是宇宙本身的存在，宇宙造物者是宇宙本身的规则制定者，我们在规则里面无法跳脱。如果我们遵循了这些规则，就能够得到更多，更顺利。得道者多助，失道者寡助，说的就是这个道理。

"德"是什么？"德"是"道"在人身上的体现和投影，用佛家的说法叫做"一花一世界，一叶一菩提"。宇宙的每一个分子、每一个人都体现着宇宙的所有信息。"德"也是器皿，能装多少水取决于器皿的大小，我们的财富、事业、家庭、婚姻，以及想要的美好一切，都跟器皿的大小有关。

总之，外在的得到基于"德"的大小，想改变有形的东西，需要致力于无形的东西。利他行为类似于金刚法则里的种种子，我们做的每一个善行都是种下了一个种子，可是种子什么时候结果？这个无法预测，但是种的种子越多，结果也越多。换句话说，投出去的每一个糖果，后面会有两个回来，只是回来的时间不一样。所以，我们要服务别人，每一次服务都会有回流，即使现在没有，以后也会有。每一次帮助别人，实际上是在帮助自己，而且回报往往超出自己的期待。

试想想，如果世界上所有人都需要我们生产的水，那么成为亿万富翁是分分钟的事。如果我们是所有人都需要的，那就根本不愁财富问题，也不愁失业问题。所以我们要做的就是经常问周围人——"我能为你做什么？"带着这样的心态去付出，我们会结到很多的善缘。

什么是顶配人生？

首先，实现财务自由是顶配人生最基本的部分。其次，我们能和一群志同道合的人用玩的心态干成一番事业。最后，我们在家庭幸福、美满的同时不断实现个人身体、技能、精神和情绪的成长。

身体是我们的殿堂和庙宇，灵魂就住在身体里面，我们听过的东西会忘记，看过的东西会忘记，只有理解的东西才会真正进入自己的身体。所以，我们一定要去行动、去践行，这样才能改变一生。

我们所学的如何与房东谈判，如何做长租公寓，这些都属于技能的部分。技能是我们谋生的方法，但是技能的实现必须有强大的精神。发心是最重要的，只要发心是善的，事情就已经成功了一半。简单来说，同样有一把枪，如果我拿起枪的目的是保家卫国，大家就会感觉到安全；但如果我的发心是抢劫，那大家就会很恐慌。

情绪是什么？情绪是愤怒、沮丧、悲观、盲目自信、自我膨胀……情绪会左右我们的外在表现，我们会因情绪变得更好，也会因情绪而摧毁外在的一切。我们没有办法驱赶黑暗，唯有让光明进来。为了有良好的情绪，我们一定要做自己喜欢的事，而且还要跟自己喜欢的人一起干。大多数不成功的人生，就是在跟不喜欢的人做生意，为了挣一点钱反复纠结，内耗严重，无法发挥所长。

最好的人生是不勉强，是和价值观一致的人用玩的心态成就一番伟大的事业。价值观很重要，我们都只能吸引和自己同频的人。我们把自己的人生理念说给别人听，如果他和我们一致，就会被吸引过来，这是一个自然筛选的过程。不论我们有什么样的价值观，不论我们做得多么好，总是会吸引一些人，也总有一些人不被吸引。

既然如此，为什么不把时间给到那些喜欢自己的人呢？

致 谢 篇

　　我从2014年开始做房产事业，到今天已经是第7个年头了。对大多数人来说，买房是一件大事，这大多数人当中当然也有富人。而且很多人勤勤恳恳一辈子，好好读书，考个好大学，找个好工作，好好上班、努力攒钱，也买不起自己渴望拥有的房子。

　　在买房置业这件人生大事上，很多人希望有人可以告诉他什么时候买、房价什么时候涨什么时候跌、什么时候出手能获得最大回报……很多学员跨越省市、甚至国度来上我的课，也希望我给予答案，期待我可以给予买房的精准预测。

　　而我想说的是：我不是预测帝。

　　为什么我不喜欢走"预测帝"这条路线？我从不会预测房价，告诉学员"哪个片区好""哪个楼盘好，快去买""买这里，买那里，听我的，准没错"，或许吹嘘"我曾经预测对了什么什么，帮助多少人赚到了多少钱"之类的。因为我根本不相信这个，也不认为自己能做到精准预测，我更相信大趋势和市场，所以我更愿意好好挣钱——赚钱买房收租金——我觉得这个对我来说比较有确定性。

　　在过往对自己决策的预测中，我做对了80%。但是往往这个时候，我会不断重复提醒自己：陈子安，这些并不是你的能力，只是你的运气。因为即使我的大多数预测都对了，使得我过去10年里走得相对顺利，但这也代表不了我有能力，更代表不了未来20年里我可以通过努力让预测技能更精准。

　　在我看来，我每一次预测成功的概率都是50%！当我发现我无法在这个部分（预测帝）通过做累积性的努力，以达成与别人不一样的不公平优势的时候，我就放弃了对这个技能的培养和训练，而是踏踏实实地做我能做的事情，比方打造闭环、做现金流、开公司、优化资产管理、构建防火墙、服务更多人……这些都是我可以做的。

我希望你不要相信"预测帝"。在房产理财这件事上，我更相信致富有科学的方法论。我构建的家庭房产理财体系，致力于帮助人们提高理财的能力，让人们能够更踏实地买到保值、增值的房子。

我的优势在于帮助人们优化资产管理，通过买房增值、长租公寓、城市民宿运营、传播财商四大支柱来打造四种收入的现金流管道，并借助金融的力量加快目标实现的速度，通过构建多级防火墙，形成稳健的、良性的财务自由方程式。

如果你的家庭能够构建多种收入管道，那么你就可以规避仅有一种收入所潜在的财富风险。

当你能玩转《买房可以很简单：实操版》这本书中介绍的赚钱逻辑，你就可以打造自己可复制、可循环的理财实操模式。我认为，这才是我们普通人践行《富爸爸，穷爸爸》作者罗伯特·清崎的理念的正确方式，是在中国结合中国特色国情实现财务自由的秘密。

写到这里时，看着沉甸甸的文稿，我百感交集。尽管这是我的第二本著作了，但从立意到构思，再到成稿、付梓，依旧不是一件容易的事。这个过程中，我获得了太多的帮助、支持和鼓励。在此书付梓之时，我想聊表自己的感谢与感激之情。

感谢我的妻子和孩子。我感恩拥有他们，他们是我生命中最美好的存在，因为有他们的陪伴与守护，我才可以全身心投入到房产理财的事业中；因为有他们的理解和鼓励，我才能够在人生道路上从培训到著书，实现无限可能。我爱他们！因为有他们，我的生命才完整！

感谢与我共同完成这本书的佩娜、勇哥和肖洁，他们的出现让我帮助更多人提升财务状况的路径和方法更加完整，他们的才华让我钦佩不已。因为他们的积极配合、热烈响应、无私分享，这本书才会大放异彩！

感谢我的同事佩娜、钟燕、陈晨、柯元秀、尹鹏、胡敏杰、罗敬仁、许丹丹、卢苹苹、王翠、张萍、刘仙庆、董叶彦、徐曼香、Lily、周浔等，他们都拥有了不起的技能，是我事业发展路上必不可少、无可替代的伙伴，感谢他们陪我一起来完成帮助更多家庭提升财务状况这个伟大的使命。

感谢写书路上的团队小伙伴们，他们是潘帅、李俊晔、马晓娜、佩娜、毛钥漪、孟富仙、园长、曾勇杰、周燕佩、周媛、陈衣萍、泳锦、张娜、云小漫、王力伟、年糕、张萍、Lily、敏杰、刘仙庆、董叶彦，没有他们的艰辛付出和慷慨奉献，我难以达成所愿。出书是特别专业的事情，也是我十分向往的事情。从采访、调研，到收集资料、文献，再到成稿、排版、设计、校对，每一个环节都凝聚着他们的心血。为了尽善尽美呈现我们共同想要的思想和成果，他们在每个细节上都反复雕琢。他们每个人都那么真实、美好，他们也会因为意见不一而偶见不欢，每每这时，我都感动满满！我想说：我真幸运，遇见你们！

我还要感谢信任我的学员们，尤其是愿意将自己的财富故事作为案例写进本书的学员们。谢谢你们愿意分享自己曾经的迷茫、困惑，甚至痛苦的经历，也愿意向我们分享你们成功的喜悦和方法。感谢你们真实呈现自己的生命过往。我由衷地感谢包包、蔡海红、蔡首容、蔡思婕、曹伶俐、曾广健、曾姵颖、曾勇杰、陈爱清、陈冰雄、陈访妮、陈继虎、陈舒卉、陈静兰、陈丽、陈丽娟、陈龙、陈少叶、陈伟财、陈小玲、陈妍、陈炎、陈远圆、程保秀、程相梅、邓斌、邓际娥、邓勤敏、邓诗怀、丁小军、董小清、栋栋、窦晓红、樊雯娟、方发喜、方红丽、方云学、冯宇、弗兰克、Gabi、高雪梅、龚纪华、谷建君、顾伟敏、顾晓东、管斌、郭翠碧、郭晋婷、何彩菊、何红丽、何末曦、何锡祺、何志刚、何智敏、洪荷音、侯秀青、呼吸、胡婵华、胡楠、胡蓉、黄翠圆、黄金凤、黄明、丰哥珍姐、黄燕君、黄燕兰、惠敏、季雅芝、姜洪玉、姜素军、蒋斌、蒋军、蒋盛洁、兰琳、兰徐、雷飏、黎旭、李红霞、李红燕、李金凤、新月、李俊晔、李鹏程、李启鹏、李秋菊、李瑞瑞、李素平、李雪梅、李育弟、李昱竹、李元、李月定、梁琰、梁烨、林桂炽、林金珠、林敏、林茜丹、林映茹、刘安霞、刘驰、刘金玉、刘莉（北京）、刘莉（深圳）、刘琪、刘清、刘淑红、刘蜀婷、刘小琳、刘艳、刘昀纾、刘志杰、龙智、罗丹、罗旻、罗文红、骆万里、骆训文、马丽霞、马小琴、毛钥漪、孟富仙、倪雪敏、欧阳欣昊、潘文平、潘昱、彭莉、彭美娉、彭鹏、彭媛、彭湛萍、蒲凡、戚浩哲、饶琴华、任培、瑞琪、三泥、沙莉、尚赛、少恋、沈爱华、沈晓娜、沈燕、沈燕凤、施梅丹、宋霖霞、苏媚、孙文艳、孙志强、谭煜霖、唐宇挺、唐玉雪、陶珍、田君敬、田宇、田雨、仝克听、童一博、涂贵娟、豌豆爸爸、万素英、汪燕、王成、王楚林、王聪灵、王红霞（泰安）、王洪、王慧、王军、王力伟、王丽萍、王敏超、王青松、王树影、王语浠、王赞东、王志英、韦腾、魏宏、温军军、文案人依依、文锦枢、蜗牛哥、吴春林、吴海静、吴海英、吴宏娟、吴井娣、吴林容、吴星宜、吴宜航、吴振鹏、喜多见先生、夏一跳、夏季萍、肖丽婷、肖子奕、谢光辉、谢力稚、谢丽婷、谢梦斯、谢育特、谢志明、熊芳、熊婷、徐蓓、徐春芬、徐慧、徐杰、徐莉苹、徐秋梅、徐殷、许祥玉、亚、闫爱红、杨带勇、杨帆、杨疆荔、杨立晓、杨清、杨小会、杨鸯安、杨永清、杨运助、姚庆科、银雁、映娴、余波、俞凤雪、园长、袁林、翟翎、张爱伟、张宝英、张海凤、静子、张晶晶、张灵龙、张玲娜、张娜、张佩燕、张素霞、张为、张小燕、张鑫、张烨、张元、张智峰、赵健昌、赵芷冉、郑迪华、郑素珍、智峻／刘君、钟福声、钟霞、周杰、周玲、周清霞、周婷婷、周玮、周燕佩、周英、周贞秀、朱鸿、朱金秀、朱瑞、朱小明、朱艳、祖培，你们的助力使我积攒了厚实的素材，让这本书更具有能量和魅力！

　　最后，我还要感谢愿意跟我一起做房爸爸房产财商传播的所有伙伴：感谢你这么优秀还愿意来到我身边，感谢你秉持"求真、利他、精进"的价值观一如既往去践行利他使命，带更多人少踩坑、买对房、走对路！

　　我们这一群人，到底在做什么？
　　我们在证明，好人更容易成功。
　　命运可以通过教育被改变。

　　我们在证明，富足可以被规划。
　　只要遵循科学的方法，
　　没有什么未来，不可抵达。
　　我们在践行，人人可以以本真相处。
　　利他之花也可以浇灌商业文明。

　　我们在践行，精进可以转化为谆谆美俗。
　　每个人都可以用点滴努力，达成社会和谐愿景。
　　房产安，则家庭安，安居乐业。

　　我们梦想有一天，
　　蔚蓝色的旗帜可以遍布全国。
　　人们向我们投来赞许的目光，
　　并不是因为我们的成就，
　　而是因为我们的善良。

子安

2021年3月30日

感悟寄语

　　我2020年6月结缘房爸爸房产财商，7月开始物色"三个中心标准"的房子，偶遇一套笋盘低于市场价20万时果断入手！11月拿到房产证，现用这套房打造民宿，已实现经营收入完全抵月供。学习房爸爸房产财商课程，未来人生一切皆有可能！

——吴星宜

　　提高房产财商，普通人买房不再是遥不可及的梦想。

——栋　栋

　　我，一名普通的国企员工，从房产小白到被很多人认可的房产大咖，从家庭资产只有几百万元到千万元，子安老师的家庭房产理财体系让我的生活变得不一样，生命又变得有激情！

——陈舒卉

　　富有是天生的权利。

——熊　芳

　　子安老师的买房思维，让房产小白的我把人生第一套房子买在了大城市，实现了财富倍增，租住在我想去的任何一个城市，身心自由。

——育　特

　　人无法赚到认知以外的钱！

——姜素军

感悟寄语

跟着子安老师学习、读书，学会将财商思维用在实际生活中。我第一次发现：原来方法对了，所有人都可以买得起房子！

——黄　明

子安老师的买房理念帮助我打开了人生的一扇窗，让我通过包租、民宿和买房成功打造被动收入！

——曾广健

子安老师的理念中最打动我的一句话是"富人不为钱工作"，富人思维是用钱生钱，这句话让我打破了自己的固有思维，重启人生。

——钟　霞

没有人可以影响你，只要你自己坚持最好的东西，好运总会向你奔袭。学习就像是修行，好运会常伴你左右。

——王力伟

一念破，世界开。勤行动，结果自来。

——孟富仙

学习了家庭房产理财体系，收获很大，我用3000元开启了包租获得被动收入之路，现在我已经成功运营了10套公寓，而且还实现了在一线城市的买房梦。感谢子安老师！

——王丽萍